All Voices from the Island

島嶼湧現的聲音

烏克蘭的不可能戰爭

反抗，所以存在

WAR IN UKRAINE

劉致昕、《報導者》團隊——著
楊子磊——攝影

目次

【推薦序】

歷盡磨難、堅持抵抗：學做烏克蘭人

⊙ 徐裕軒

二〇一一年二月，作為教育部獨立國協地區獎學金最後一屆赴烏克蘭的公費交換生，我搭上名為「德斯納河」（Desna）81/82號班次、由基輔開往利維夫的火車，滿懷期待地開啟一趟日後我將難以忘懷的旅程。那年春夏，我透過時興的「沙發衝浪」陸續探訪了烏克蘭大大小小二十五個村鎮和城市，東迄哈爾基夫（Kharkiv）與頓內茨克（Donetsk）、西及利維夫（Lviv）與烏日霍羅德（Uzhhorod）、北至車諾比（Chornobyl）與切爾尼戈夫（Chernihiv）、南達奧德薩（Odesa）與克里米亞半島（Crimean peninsula）。彼時是碩士生的我，正苦惱於如何完成那篇探討十九世紀烏克蘭國族運動的論文，經由這半年的旅行，讓我結識許多形形色色的烏克蘭朋友，一方面使得我的研究輪廓逐漸清晰，另一方面卻也讓我更加困惑：何以身處同一個國度的人們，會擁有如此不同的面貌與認同？這個問題的答案，得要等到許多年後，我才有能力一點一滴地拼湊線索、試圖理解。

二〇二二年二月，望著同樣一班由基輔開往利維夫的「德斯納號」，我的身分與心情已截然不同，肩負重任的我此時正忙著安排一批臺灣僑民與學生撤離首都，以暫時躲避俄羅斯與白羅斯兩國已於烏國邊境開啟的聯合軍事演習，和瀰漫在基輔街頭一觸即發的詭譎氛圍。當時我還不知道的是，一週後我將被迫經歷另一趟難以忘懷的旅程，並見證諸多唯有在極端情況下才得以顯露，人性的醜陋與美好、傷痛和希望。二月二十四日以後發生的事已不需要我複述，整個世界彷彿大夢初醒般，從BBC的政經軍事專家到臺灣的政論節目名嘴，無不熱中於討論和分析烏俄的歷史淵源與即時戰況，長期作為「邊境之國」的烏克蘭，於二〇〇四至二〇〇五年「橙色革命」（Orange Revolution）和二〇一三年至二〇一四年「廣場革命」（Euromaidan）後，在二十年內第三度成為全球關注的焦點，但是這一次，烏克蘭得付出的代價大到令人難以想像，直到我寫這篇文字的此刻，一切的不幸與煎熬仍持續上演。

歷史的尺度

論者常以「兄弟之邦」或斯拉夫血緣描述烏俄兩國間難以分割的糾結歷史與近似文化，去年（二〇二一）七月，俄國總統普丁也以「論烏俄兩國的歷史統一／同一性」為題撰文，論述其所認知烏俄關係的實然與應然。今年自俄國入侵以來，不論在臺灣島內或海外，許多人都在問：為何烏克蘭不願持續與「老大哥」的多年合作，反而固執地選擇堅決抵抗？其背後原因，不能單由蘇聯七十年的歷史框架來理解，更不能以五百年來俄羅斯的帝國論述輕易解釋。若我們願意捲動時間的比例尺，從烏克蘭的觀點出發，挖掘其逾千年的歷史，或許可得到一個截然不同的視野。

一九一七年，經過數代國族運動者的努力，同時挾著無產階級革命浪潮下的權力真空，烏克蘭歷史上第一個獨立國家——烏克蘭人民共和國（Ukrainian People's Republic；UPR）誕生，其擘劃與領導者是一名歷史學家——荷魯舍夫斯基（Mykhailo Hrushevsky）。除擔任烏克蘭首任總統，他花了數十年完成的十大冊史學鉅作《烏克蘭—羅斯史》（*History of Ukraine-Rus'*），也為烏克蘭未來的國族建構奠定論述基礎。不同於數百年來的主流史觀，荷魯舍夫斯基首次打破傳統俄國史學家的帝國中心視角，強調地處今日西烏克蘭的「加里西亞—沃林王國」（Kingdom of Galicia-Volhynia）的關鍵角色，銜接由基輔羅斯（Kyivan Rus'）以降，一脈相承至十七世紀烏克蘭哥薩克的「烏克蘭史觀」，使得烏克蘭作為主體的想像成為可能。

將近一個世紀後，另一位從烏克蘭東部工業大鎮聶伯城來的歷史學家，在經過近四年的徵選與審查後，成功拿下美國哈佛大學歷史系的教職，成為該校的烏克蘭史講座教授，此講座也正是以紀念荷魯舍夫斯基為名設置。取得終身職並執掌該校烏克蘭研究所的浦洛基（Serhii Plokhy）並未愧對他的前輩，本書提到其烏克蘭通史作品《歐洲之門》（*The Gates of Europe: A History of Ukraine*），以生動筆調將烏克蘭千年的歷史娓娓道來。由全球史的角度出發，該書特別強調烏克蘭與其他帝國文明和民族文化的互動，如拜占庭傳統與天主教會淵源、波蘭立陶宛聯邦與克里米亞汗國、哈布斯堡帝國與羅曼諾夫王朝等，透過浦洛基的生花妙筆，當代世人得以瞭解，烏克蘭的過往遠比僅作為俄羅斯的「小老弟」更為多元和豐富，俄羅斯人也與波蘭人和猶太人等所有生活在烏克蘭這片土地上的人們一樣，成為構築烏克蘭國族歷史的重要少數。二〇〇〇年以來，浦洛基透過精煉又多產的歷史書寫，試圖拆解俄羅斯的帝國神話，持續為他的祖國在全世界發聲。

抵抗的傳統

如同世界上許多民族與國家，烏克蘭的千年歷史等同一部傷痛史，而這些不堪的記憶與創傷經常和俄羅斯直接相關。一九八六年，人類歷史上最大的核電事故「車諾比核災」在距離基輔北部一百五十公里的普里皮亞季（Pripyat）鎮爆發，彼時蘇聯政府粉飾太平的態度與官僚的顢頇作為，為烏克蘭帶來難以估算的人員、財產與生態損失。時序再往前轉，一九三二年，為達成「農業集體化」政策的生產目標，史達林在「歐洲糧倉」烏克蘭造成大饑荒（Holodomor），兩年間有數百萬烏克蘭人因饑餓而亡，在南方港城奧德薩，當地農民啃食樹皮和昆蟲的同時，只能眼睜睜看著自家種的麥糧往外地運送。這些難以抹滅的悲哀與傷痕，都藉由不同的形式一代又一代傳續下來，深埋在今天烏克蘭人的意識裡。

事實上，相較於消極承受，歷史上有更多的烏克蘭人選擇積極抵抗。一八四〇年，在聖彼得堡的帝國美術學院，一個甫從農奴身分解放的學生舍甫琴科（Taras Shevchenko），以烏克蘭語出版了名為《科布札歌手》（*Kobzar*）的詩集，痛斥俄羅斯帝國與波蘭貴族對烏克蘭的壓迫，並表達烏克蘭人創建國家的想望，他的號召與抵抗換來的是十年的邊疆流放生涯，也讓他在過世後被高舉為民族桂冠詩人、直至今日。

一九〇〇年，在烏克蘭的西部大城利維夫，三十六歲波蘭貴族出身的舍普提茨基（Andrey Sheptytsky）被任命為新任的烏克蘭希臘禮天主教會（Ukrainian Greek Catholic Church）大總主教。往後近半個世紀的服事歲月，他帶領教區內的烏克蘭人歷經數次的統治政權轉移和兩次世界大戰的摧殘。不過，讓他為後世所銘記的，是他在奧匈帝國治下積極對抗中央的同化政策，以及二次大戰期間勇於上書希姆萊（Heinrich Himmler），抗議德軍對其教區內猶太人的迫害，同時無所畏懼地拯救數以百計的加里西亞地區猶太人。

學做烏克蘭人

政治家、歷史家、文學家與神學家，這些抵抗的烏克蘭人多屬於社會中的知識分子與菁英階層。然而，《報導者》團隊所訪談的主角，從瑜伽老師、社運分子、銷售經理、程式設計師到脫口秀演員，則是普遍存在於每個社會中堅的「平民戰士」。烏克蘭所經歷的每一次苦難與掙扎，正是因為有他們的抵抗，才給予其他烏克蘭人持續為未來奮鬥的勇氣和希望。

本書以不同的剖面詮釋這場新世紀的當代混合戰，在我讀來卻感到特別不適。不是因為記錄的角度和立場有何偏頗，而是過去四年我和烏克蘭人一起生活在頓巴斯戰爭的陰影下；不是因為出逃的難民和伸出援手的家庭如何矛盾，而是不久前我仍和烏克蘭人一同行在逃亡的路上；不是因為志工團體與社福組織怎樣辛苦，而是此時此刻我認識的烏克蘭人都還在為了捍衛自己的家園頑強抵抗。

去年八月底盛夏，烏克蘭慶祝國家獨立三十週年舉辦擴大閱兵，我人站在基輔老城區聖弗拉基米爾山（St. Volodymyr Hill）的頂丘，眺望遠方早已被人潮擠得水泄不通的獨立廣場與赫雷夏蒂克（Khreshchatyk）大街，各型軍機展示由頭頂呼嘯飛過。我和身旁認識與不認識的烏克蘭人一同唱起〈烏克蘭尚在人間〉（Ukraine has not yet perished），這首寫於十九世紀下半葉的烏克蘭國歌，接著喊出「榮光歸烏克蘭！榮光歸英雄！」這組在二戰期間烏克蘭反抗軍（UPA）慣用的愛國口號。那一刻的我們都不會想到，在整整半年後的暮冬，整個烏克蘭將再次面臨一九四一年納粹入侵時，父祖輩感受過的生存威脅與恐懼。二〇二二年入侵戰爭的終點在哪尚未可知，不過可以確定的是，烏克蘭人最大的心願，是他們的兒孫輩再也不必經歷這一代又一代的痛苦與磨難。

（本文作者為外貿協會基輔臺貿中心主任）

【總編輯序】

因為反抗，所以存在

⊙李雪莉

不過半年前，對全世界而言，俄烏戰爭還是一場「不可能戰爭」，不可能發生，也無法設想。

一九九一年蘇聯解體，東西對峙的冷戰正式結束，經貿的全球化讓各國互動更為綿密，也墊高了軍事衝突的政經成本。沒有人敢想像，二〇二二年二月二十四日，俄羅斯總統普丁竟揮兵侵略烏克蘭，無視國際法的規範與歐美的制裁，在歐洲後院打起二戰後最慘烈的戰爭。

對烏克蘭而言，這同樣是一場螳臂擋車的不可能戰爭。從人口、土地面積、經濟規模、軍力、國際影響力來看，天平完全向俄羅斯傾斜，烏克蘭力抗惡鄰的成功機會十分渺茫。

但戰役從一星期、一個月、三個月，到如今挺進第五個月，烏克蘭人沒有順服，他們持續反抗。叫人震驚又尊敬的反抗意志，是否能逆轉戰局，在這本書出版前還沒有答案。但烏克蘭的反抗決心，已改變了自己的命運，也扭轉了地緣政治的格局。

首先，掌握戰爭敘事者，不再是軍力強大的那一方。

克里姆林宮反覆對外宣傳，這是一場面對北約和美國威脅、掃蕩烏克蘭新納粹主義的正義之戰。儘管普丁荒誕誇言烏克蘭人期待著俄羅斯的解放，但是，烏克蘭上從總統澤倫斯基、行政部門、軍隊，下到民間組織、作家、新聞記者、脫口秀演員、老婦或小孩，無論在避難的防空洞裡或在戰火的後方，都努力用自己的方式，用各種語言與影像，透過 Twitter、Instagram、TikTok 向世界傳遞自己的故事與信念，抵抗敵人的炮彈與宣傳戰。

持續敘說自己的故事

持續說自己的故事有多重要？

在這之前，烏克蘭對世人而言是一個面目模糊的國度，是俄羅斯旁邊的那個前蘇聯國家。二〇一三年底開始的廣場革命以及二〇一四年克里米亞被俄羅斯併吞，曾讓世界稍稍關注它，但世界對它的認識仍粗淺，印象多半停留在這個國家長期的政治紛擾，以及親俄派與親歐派的拔河與認同糾葛。烏克蘭的困擾，在他國看來，是不需國際社會置喙的「家務事」。

自己的國家被忽視、被拒絕、被消音，這是臺灣人再熟悉不過的國際現實，但烏克蘭人卻倔強地否定這個宿命。

他們沒有退怯，沒有示弱，他們不分晝夜地全力訴說，傳遞出讓人震耳欲聾的抵抗意志。長年來面對俄羅斯的覬覦、騷擾、侵略，烏克蘭人知道敵人的善意是不可期待的，「脫俄入歐」成為他們的主流民意，建立一個尊重多元的自由民主社會是他們選擇的出路。

他們先是自立自強、自我定位，即便是一道「羅宋湯」，都要向聯合國教科文組織申請瀕危的文化遺產，二〇二二年七月，「烏克蘭羅宋湯」正式被聯合國認證。

緊接著，他們告訴世界，烏克蘭人不是為自己而戰，同時也為自由世界而戰。他們正在抵禦著以血統族裔／民族／宗教為名的擴張，他們在抵制違反聯合國憲章與破壞世界和平的侵略。他們要求世人不要撇過頭去，不要再虛偽地放棄理想，防線一旦破裂，和平絕不可能到來。

我想起約翰．甘迺迪在一九六三年於柏林圍牆說的那句「我是柏林人」（Ich bin ein Berliner）。他批評，柏林圍牆代表是共產主義失敗的證明，是對歷史、對人性的冒犯，他說，自由有很多的困難，民主並不完美，但我們從不會把人民用牆圍起來。所有的自由人，不論何在，都是柏林人，都與柏林人同在。

如今，我們仍可感受到冷戰的痕跡，不僅民主國家與極權國家的對峙依舊，甚至，周圍的國家／人民選擇擁抱自由民主、走自己的道路，也會被極權國家視為是一種「生存威脅」。

這場戰爭不只是一場新的戰爭，它也是過往歷史的回聲。二十世紀的問題始終沒有被徹底解決。極權國家雖換上權貴資本主義與全球化的外衣，但它們的體制內核並未改變，它們對自身地位與勢力範圍從未感到安全，外界以綏靖心態期待它們和平崛起，似乎也是囈語。

當然，我們不會天真以為歐美大國沒有自己的盤算，但極權國家恣意發動戰爭、橫阻他國人民的自由意志展現，亦不該被國際社會允許。

冷戰時，自由世界的人喊出「我們都是柏林人」，後冷戰的此刻，不論住在何方，熱愛自由的人也同樣會感受到「我們都是烏克蘭人」。

反抗讓自身的存在清楚被看見

烏克蘭人改變了自己的「無足輕重」，讓原本不在世界重要參考座標裡的自己，成為耀眼與重要的存在。烏克蘭的抵抗，是否能讓世界思考，在「維持尊嚴與主權」和「祈／乞求和平」的中間，還有沒有共存的空間？

因為反抗，所以存在。這是烏克蘭教會世界和臺灣的事。

在國際權力場，臺灣近年也從邊緣轉為話題焦點，美國眾議院議長裴洛西（Nancy Pelosi）八月二日來臺，十九個小時的訪臺旋風，讓臺灣再度成為全世界焦點；即便兩國有許多不同，臺灣經濟實力是烏克蘭的四倍，高階晶片生產占世界產量七成，但我們同樣面對一個極權、反普世價值、亟思擴張領土的惡鄰。在中美對弈升高、中國軍事武嚇頻頻的情況下，綏靖政策已無法讓臺灣永保安康。

面對中國全面的以經圍政的全面報復、認知作戰與駭客攻擊、入侵臺灣海空域的實彈軍演、外交上的持續封鎖……從現在的角度來看，仍是給臺灣政府、社會到個人一個正視危機的演練。正值飛彈危機的當下，回望《報導者》投入大量人力在烏克蘭的報導，試著瞭解在戰爭下烏克蘭人的抉擇、歐洲國家在各方利益權衡下的政策轉變，看似遙遠國度面臨的課題，如今變得更切身。

有朋友問我，長達五個月的持續報導，有必要嗎？我想，答案是無庸置疑的。

猶記得不久前，團隊才在香港反送中運動的報導上，進行長時間的關注與採訪，那次的鍛鍊，給了我們一些在動員上、在採訪裝備上、記者心理衝擊上的學習。烏克蘭的系列報導對我們而言，在語言、地理、文化上更為陌生和遙遠，報導的挑戰又再升級。

對烏克蘭的報導並不僅是填補國際媒體報導中的那個好奇以及空白，也不只是同理遙遠他者的苦難。除了國際新聞的練兵，避免停留在外國視角、轉譯外國媒體的尷尬之外，我們更清楚地意識到，臺海關係變化的新序曲已展開，只有清醒警醒地看待烏克蘭的經驗值，才有可能避免臺灣的「烏克蘭時刻」的來臨。

此書的完成，除了第一線記者們的努力，也謝謝曾在過程中提供研究、約訪、人脈等後勤支援的內外部夥伴。希望這本書能幫助讀者瞭解極權國家的思考邏輯、理解現代戰爭的演變；而盼望我們能生出勇氣、能力、智慧、韌性，迎面回應此世紀的挑戰。

（本文作者為《報導者》總編輯）

【前言】當代戰爭的「戰場」在哪裡？

文字——劉致昕

從二月二十四日，俄羅斯的飛彈掉在烏克蘭十幾座城市開始，五個月來，我們跟著來自五個國家、逾七十位受訪者，走進他們的「戰場」，理解並記錄這場二戰後歐陸最大戰事。

我們的起心動念，是試圖理解在全球化與社交網路時代，當代戰爭的各種戰法。這是一場包括軍事、經濟、文化、資訊、能源等不同層面的混合戰，在戰場上的不只是烏俄兩國的軍人，兩國人民的認知、文化、認同，甚至是學校裡的課綱，都成為對戰之地。當糧食、能源、言論自由成為武器，全球通膨、非洲饑荒和全球性的假訊息作戰，把我們都拉進「戰場」，人們如何反抗或屈服？網路和全球化時代，極權之手如何跨國界地在虛實之間、各國社會中展開無形的攻擊？五個月來，我們不斷地追尋答案，在一封封 Instagram、Facebook、Telegram 訊息的往來，一通又一通的越洋電話和在歐洲三國的現場採訪中，我們漸漸瞭然，我們不僅記錄下了民主與極權國家在各種戰場上五個月來的變化，也記錄了一場沒人預料到的強大抵抗。

從實體街道到線上群組

我們走進的戰場，首先是城市裡的街道。四十五歲的IT工程師戈羅什科（Egor Goroshko）位於烏克蘭的第二大城，他和同事們組成志工隊，在不同城市之間運送藥物、緊急救援，同時用行車紀錄器，充當國軍的敵蒐鏡頭。「這是俄軍軍隊開進附近道路的畫面，」他傳來一段行車紀錄器的影像，一排俄羅斯軍車從眼前開過。他說，戰爭初期，「每天早上大約六、七點，會有三、四輛成群的車，快速開進市中心……開進來之後他們就躲進城市裡的建築，我們（烏國政府）於是封鎖整個城市，要人們不要上街，因為俄軍會換上當地人的衣服潛伏在城市裡，我們必須試著抓出敵人。」

在空襲聲與炮彈之下，包括戈羅什科在內的一群中年男子組成車隊，在巷弄間將敵人的身影回報烏軍，運送醫療物資，讓戰備和救援持續。

線上群組是另一個主戰場。在這場戰爭中，烏克蘭人們以家庭、社區、大樓為單位，建立線上群組，在那裡求生與展開對抗，因為敵人，也從雲端到地面展開統戰侵略。

例如在第一座被俄軍占領的烏克蘭大城赫爾松，三位烏克蘭人告訴我們，被占領後的城市，先是水源、糧食、人道物資被掌控，當地公務人員、記者、知識分子開始消失，俄軍建立檢查哨與臨時監獄之後，統戰與大抓捕同步進行，失去行動自由的人們在群組裡交換俄軍檢查哨和搜捕部隊的動態。也是透過群組，赫爾松組織街頭抗爭，在廣場上徒手和坦克對抗。群組中他們還廣傳線上表格連結，讓每個人做「戰爭罪共筆」，把遇見的罪行，包括被打、被關、被綁架、被殺害，抑或自己傷口的照片，透過線上表格建檔、外傳。群組也成為統戰下唯一的資訊來源，俄軍來了之後，切斷所有烏克蘭媒體的訊號，只剩俄國電視、廣播電臺能運作。

線上群組作為戰場，從二〇一四年，烏克蘭人民發起廣場革命、趕跑貪腐與犯法的親俄總統就開始了，過去八年，俄羅斯政府不僅併吞克里米亞，實質占領烏東地區，還傾全國之力試圖在群組中贏得勝利，用假訊息建立另一個平行世界，俄國將烏克蘭作為資訊戰的實驗場，而後往全球推展、進攻。

在真相的戰線上對戰八年、戳破三千多則謠言的事實查核組織 StopFake 告訴我們，面對「群組之戰」，他們如何訓練一般大眾成為對抗的力量？烏克蘭人怎麼揭穿俄國代理人？如何讓事實走得更遠？他們對境外勢力認知作戰的抵禦發揮了作用，逼得俄羅斯在此次戰爭中調整戰術，在網路上建立「假的事實查核者」身分、建立以英文書寫自詡為中立的網站，還聘僱烏克蘭人建立為俄羅斯政府發聲的「假地方媒體」，試圖混淆烏克蘭人。StopFake 提醒我們，資訊戰不只是戰爭的一部分，而是極權者建構戰爭的根本，正是靠著資訊操作，普丁得以出兵、得以掌權、得以裂解各國維護國際秩序與反侵略的努力，甚至以資訊戰粉碎烏克蘭人反抗的意志，但八年下來，烏克蘭人建立起反攻戰法。

這裡也是戰場：戰爭罪證據的蒐集與孩童的夢境

對許多來自烏東地區的人來說，從二〇一四年以來，最關鍵也最艱難的戰場之一，是戰爭罪的判定。當強暴、饑餓、虐刑、關押，成為系統性的種族滅絕手段，實現「留土不留人」的戰略目標，來自烏東的三位第一線蒐證者，告訴我們過去八年的烏東，和二〇二二年二月底之後的烏克蘭全境，他們如何親眼見證炮彈落下、蒐集受暴婦女的證詞，調查包括綁架孩童、強行收養、濫炸醫院、人肉盾牌等違法的軍事手段，他們利用去中心化的科技平臺記錄證據，並到華盛頓、歐盟會議的現場，替亡者討回正義、替國際秩序找出回到正軌的可能。這些蒐證者說，是他們被毆打的父母、被奪去行動能力的記者同僚，還有不肯放棄的士兵，激勵著他們不在淚水中失去意志。

還有一個令人意外的戰場：孩童的夢境。這場戰爭，讓烏克蘭七成、超過五百萬個兒童踏上流離失所的逃亡路，我們約訪行動諮商師，聽她說在收容所與收容所之間的陪伴、撫慰、擁抱，一顆顆飛彈落下，不只讓許多孩童成為孤兒，有的孩子至今無法開口、排泄失禁，甚至開始自殘。不只諮商師開始行動，有許多父母、老師，以繪畫治療的方式要救回孩童的心理健康。他們說，孩童的夢境是戰場，俄國不僅破壞了孩童的心理狀態，更想扭轉他們的認知，甚至強迫他們移動至俄國境內，或在占領區實施軍事教育，培養「恨烏克蘭的青年戰士」。如何撫慰戰火所留下的傷口、給予孩童希望？是烏克蘭的民主長征中，下一代能否有機會從創傷中站起，重建家園的關鍵。我們看了六百張畫作，家長們說，最終是孩子的畫給了大人們希望，原來，創造始終比毀滅強大。孩子在畫作中想像更好的未來、更好的烏克蘭，在戰火裡，一張畫紙成為兩代間的共同抵抗跟陪伴。

走進各種戰場，我們看見一本進化的極權者手冊，也跟著五國受訪者的腳步，在烏克蘭的邊界、波蘭的多間收容所、德國的國會大廈，和出逃俄羅斯人的聚會中，記下抵抗現場，從他們的思考、選擇、第一手的告白跟證詞，描繪極權侵略下民主圖存與反抗的可能。

讀完稿之後，春山的總編輯小瑞說，每一個人就是戰場。這五個月裡，那些期待和平、民主、自由的平民與政府官員，如何與極權之手交戰？歐洲人如何擺脫俄羅斯能源的桎梏？俄羅斯與白羅斯人為什麼加入烏克蘭人一同反戰，他們該怎麼走出普丁跨國界的極權控制，解放自己的國家？其中，每個烏克蘭人皆面對認知、經濟、認同以及生命安全上的考驗，他們的「留下」是對民主自由和國家認同的堅守，他們成為戰士，則是不放棄戰勝的可能，我們於是從戰場上見證了烏克蘭人透過反抗建立當代烏克蘭的認同，也是因為他們的抵抗，反轉戰局，喚醒世人。不僅瑞典、芬蘭加入北約，德國歷史性地推翻過去的軍事政策，北約和歐盟也前所未有地團結、快速回應，而戰爭中選擇與俄國結盟的中國，也因此成為西方國家眼中系統性的威脅。這場影響全球的戰事，書中七十幾個人的故事，讓我們理解極權與民主的對抗，如何為每個人帶來考驗，我們能做什麼準備、能如何選擇。

我們想要理解當代混合戰各類戰場的初心，得以不落空，必須感謝戰場上的人們願意述說。尤其這本書裡大部分的對話，是在戰火下進行的，許多人搗著心理跟身體上的傷痛，紅著眼眶說炮彈下的逃亡以及留在家裡的摯愛，不迴避細節與創傷努力地說。有的受訪者躲過轟炸後重新與我們對話，而五個月來，有些私訊對話群組，如今已不再有回應。

「抱歉，你可以等我一下嗎？我要換一個防空洞，這裡太危險了。」
「抱歉，我們的採訪必須要延後一個小時，空襲警報又響了。」
「對不起，我今天沒辦法回答你的問題了，我媽媽今天走了。」
「謝謝你們還記得這場戰爭。」

我們至今仍不知如何回應這些包括了道歉跟感謝字眼的訊息。

戰場上的人們對臺灣有話想說

來自戰場上的對話之所以能夠進行，很多時候是因為我們來自臺灣。許多受訪者，尤其是烏克蘭人，願意花時間在逃難求生之間回答問題，是因為他們有話想對臺灣說。

「我想對臺灣來說，認真研究這份極權者手冊是有價值的。」例如直屬烏克蘭總統辦公室，專責克里米亞事務的托瑪克（Maria Tomak），八年來，她在前線記錄俄羅斯對克里米亞和烏東地區的蠶食鯨吞，「俄羅斯一步步建構出這套手法，讓它們能夠在付出最小代價、國際上最低的譴責之下，奪走土地，這當然是其他政權可能會效法的手段。」

「如果我是臺灣人，我也會看著這場戰爭，然後想，如果是臺灣，自己會怎麼做。」德國國會大廈裡，德國聯邦議院議員穆勒—羅森特里特（Frank Müller-Rosentritt）這樣說。二〇二二年三月的柏林，街頭上出現數萬人潮，抗議普丁的進攻，但人們同樣發現，自己已被普丁的腳本綁住，便宜的能源把德國的經濟與極權的金庫綁在一起，德國人正在為二戰後最慘烈的侵略買單。來自三個不同政黨的國會議員坦承，烏克蘭戰爭是一堂殘酷的課，德國必須大幅度修正與極權國家的互動，否則與中國的來往將會重蹈覆轍。他們不斷強調，「要和平，就得做好戰爭的準備」，也不斷以德國為血淋淋的反例，思考面對極權國家的策略與姿態。對極權國家的天真、誤判以及以經濟利益至上的戰略盲點，同樣是全球國家與中國往來的隱憂，包括臺灣在內，民主國家必須對可見的風險即刻回應，否則，如日本前首相安倍晉三所言，臺海極有可能成為「下一個烏克蘭」。

烏克蘭國會議員伯布羅芙絲卡（Solomiia Bobrovska），更是直接明白地說，烏克蘭在戰爭裡學到的教訓，是她給臺灣的忠告。「千萬、絕對不要低估你的敵人，不要小看他們發動攻擊的決心跟能力……對民主國家來說……能夠做的就是隨時準備好。」

「世界必須看看烏克蘭這個血淋淋的例子，俄羅斯用了哪些方法讓烏克蘭人閉上雙眼甚至沉睡，沒有警覺地讓俄羅斯一步一步欺壓跟威脅烏克蘭。很不幸的，我們並沒有為克里米亞而戰，但我們現在覺醒了……一整個抵抗世代出現了，從小孩到長者，有人在文化陣線上對抗，有人站上戰爭的前線，有人在各地努力維持生活和生意，每一個人都在自己的位置上付出，成為抵抗的一部分。」

「在臺灣的你們，請你們看著這場戰爭，並不要忘記歷史，從歷史中學習，尤其是在你們旁邊的那個國家，它的本質是不會變的。請為會發生的事情做好準備。當（未來）清晨四點有人轟炸你的家園，你已經準備好該怎麼做。」

從描繪、理解、報導當代混合戰場的初心出發，我們意外地記錄下一場震驚世人、扭轉戰局的反抗，也記下來自戰場前線給臺灣的訊息。我們試著以超過十七萬字的篇幅清楚記錄這場當代戰爭跨越國界、線上線下的各種戰場，也為後人寫下烏克蘭人抵抗的每一步。

就在這本書付梓前，美國眾議院議長裴洛西訪臺，除了是臺美之間重大的外交突破，也隨即引來一九九六年來中共對臺最大武嚇。中共忽視海峽中線與國際法，在臺灣周邊七個海空域、範圍達三萬平方公里區域，展開軍事演訓數日，包括首日發出的十一枚東風飛彈、上億次對臺灣政府官網和臺電的攻擊，還有與俄國勢力在社交平臺上協同性的錯假訊息操作、侵入超商電子廣告看板造成恐慌……過去五個月來我們所記錄的手法，突然成了國內新聞，我們反過來成為烏克蘭、波蘭、德國受訪者們問候的對象。「我們現在應該是最能同理彼此的兩個國家吧。」一位烏克蘭受訪者說。

此書得以完成，除了《報導者》團隊跨部門的努力，需要特別感謝七十名以上的受訪者，謝謝我們在波蘭的嚮導 Agnieszka Żądło，謝謝《報導者》團隊的家人們，謝謝春山出版挑戰時間與體力的極限。也想謝謝打開這本書的你，聽見來自前線的訊息，把他們的故事傳出去。

1 戰爭開始的一到一百天

二〇二二年二月二十四日凌晨五點五十分，克里姆林宮裡的普丁無預警地對烏克蘭宣戰。這是歐洲自第二次世界大戰以來，一個國家對他國的最大規模攻擊。優勢的俄軍以坦克、軍隊、炮擊，空戰與陸戰，全境進攻。烏克蘭人從驚嚇中醒來，躲進防空洞，小朋友戴起頭盔，人們盤點能讓他們活下來的食物水電暖氣通訊。

世界第二大規模的軍隊，企圖以閃電戰方式拿下首都基輔，只是，帝國的侵犯不如預期「順利」。從黑暗裡甦醒的烏克蘭人，並沒有陷入恐慌，他們捲起袖子，建立戰時生活的模式，抵抗的力道出乎國際社會預期。戰後的第一個月、第二個月、第三個月……人們發展出不同時期的生存策略，快速找到各自擅長的「戰場」，試著在煉獄般的戰火下，好好活下去。

脫口秀演員用笑話跟世界募款、地方報的總編輯寫出前線的生活故事、自主的志願服務，民眾學會自衛和反擊、不只努力讓自己和同伴活下來，也持續把烏克蘭的精神傳出去。他們要求國際社會伸出援手，訴說這一場自二〇一四年就被侵略，但世界並不注意的悲劇。

烏克蘭人說，普丁的手段，不只是對烏克蘭的攻擊，而是對民主世界的攻擊。

在這場超現實的戰爭裡，烏克蘭人直面衝突，克服恐懼，展現出極強的意志與韌性。究竟這些年是什麼樣的民主試錯，讓他們的認同更為清晰？為何他們勇敢走出民族與歷史的包袱，願意為自由付出如此的代價？

因為堅定的信仰，在絕望的戰爭裡，他們找到前行的希望。

（文字：李雪莉）

1 飛彈與坦克進逼，五位烏克蘭青年的求援、見證和反抗

文字──劉致昕

二〇二二年二月二十五日，[1] 俄羅斯正式宣布對烏克蘭採取軍事行動的第二天，空襲警報聲在烏克蘭全境響起，各地傳出機場被炸，俄烏雙方在陸、海、空全面交火。烏克蘭首都基輔（Kyiv）成為主戰場之一，俄軍坦克離國會大廈僅十公里。俄羅斯總統普丁（Vladimir Putin）也以兩手策略對外表示俄方願意同烏克蘭談判，和戰的兩手策略，已讓烏克蘭陷入極大的危機。

俄羅斯對烏克蘭的侵略，是歐洲自第二次世界大戰以來，一國對他國的最大規模攻擊。根據聯合國估計，戰爭的第二天，總人口約四千四百萬的烏克蘭已有五萬人出逃。俄烏兩國自二〇一四年起，就在烏東的頓內茨克（Donetsk）與盧漢斯克（Luhansk）區域持續對戰，至

今已逾一萬四千人死亡。而二〇一四年經歷大規模公民抗爭的烏克蘭，持續向北約靠攏，年輕世代嚮往民主自由，也成為普丁的眼中釘，普丁多次要求烏國必須承認克里米亞併入俄羅斯、必須去軍事化、放棄加入北大西洋公約組織（NATO），維持中立，並要求北約與歐盟不能接受烏克蘭的入會申請。

世紀戰局的序幕

二十四日俄國三路攻入烏國，對烏克蘭先發動空襲造成平民死亡、建築起火，俄羅斯坦克也持續多點進逼，展開侵略性的軍事行動，首要目標是攻下發電廠、機場、重大基礎設施和首都基輔，至二月二十六日凌晨已包圍基輔地區，另外也拿下車諾比電廠。[2]烏克蘭總統澤倫斯基（Volodymyr Zelensky）呼籲全民起身作戰，不放棄首都。

烏克蘭人數約為臺灣兩倍，現役軍隊規模近二十萬人，遠低於俄羅斯的九十萬人，不論軍隊規模、坦克或裝甲武器，都落後俄國。但烏克蘭軍正嚴守橋梁、地區的暖氣輸送設施和交通幹線。「所有的志工、預備軍人、各地的參與者，都給了軍方力量，讓我們得以團結守住我們的家園、守住正義。」烏克蘭軍方對國民發出的聲明寫道。

然而，街頭上仍出現大排長龍的畫面，民眾到銀行擠兌、搶購民生物資，或是離開家園。社交網站上也出現大量民眾躲進地鐵、地下室、防空洞避難的畫面。

以西方國家為首祭出的經濟制裁政策，並未和緩目前的情勢。普丁甚至透過公開演說向烏克蘭軍方喊話，要烏軍推翻現有執政者，他也持續透過俄羅斯媒體、社群媒體的資訊操縱，散播謠言，反指烏克蘭才是戰爭發起者。

澤倫斯基在二月二十六日凌晨向國民喊話，俄羅斯持續捏造各種不可信的謠言，反指被入侵的烏克蘭是始作俑者，他強調，包括美國在內的各國領袖已表達支持，烏克蘭將抗戰到底，雖然數百位烏克蘭人已在戰爭中身亡，但俄軍死傷更為慘重。「黑夜是殘酷的，但日出必將到來！」澤倫斯基批評俄軍的無理進攻，「他們向幼稚園的小孩進攻！這是一場什麼樣的戰爭？他們是新納粹嗎？」

俄羅斯聲稱在戰爭首日摧毀八十三個烏克蘭地面軍事設施，擊落九架飛機，造成烏克蘭超過百餘人傷亡；烏克蘭方則稱戰事第二天，已造成千名俄軍死亡。聯合國人權事務辦公室發言人沙姆達薩尼（Ravina Shamdasani）指出，炮擊和空襲，已造成烏克蘭至少一百二十七名平民傷亡，其中包括二十五人死亡和一百零二人受傷，但這個數字可能嚴重被低估。

二十五日晚上，普丁向烏克蘭政府提出，願意在烏克蘭投降為前提下展開談判，烏方初步表示同意展開對話。而北約則在領袖會議之後，在北約的東翼部署額外武力，並嚴正譴責俄羅斯，呼籲俄羅斯立即停止軍事攻擊，且對此負起全部責任。

對抗俄羅斯資訊戰，烏克蘭人民無畏發聲

自俄羅斯二〇一四年侵略克里米亞後，已在俄羅斯戰爭威脅下生活八年的烏克蘭公民，

如今面對空襲轟炸，人民透過社群媒體向世界求援。一支烏克蘭軍隊誓死保護家園的影片[3]在社群媒體上瘋傳，民眾也架起網站，在世界各地號召反普丁的集會，一天內吸引上百場活動串聯，連在俄羅斯境內都出現三十多場反戰遊行，約一千八百人被捕。

我們在空襲警報聲下，聯繫上五位烏克蘭年輕世代，他們的高中、大學生涯，在俄羅斯侵略烏克蘭東部的長期戰爭中度過。如今全面性的軍事侵略展開，他們之中，有人的朋友在基輔空襲中喪生，有的已經數日沒有見到在邊界巡防的爸爸，有的朋友剛加入軍隊立刻就上了戰場，有的如二十四歲的奧萊夏（Olesia），即使無法穿上軍服、拿槍，也透過智慧型手機與網路，在社群媒體上成為戰士，在這場混合型戰爭中出力。

奧萊夏，二十四歲，與志工團隊在ＩＧ以英文直播戰況

奧萊夏與其他身處不同城市的志工，透過線上協作，以英文即時張貼戰爭的動態，從募款資訊到各國政府的動態，還有烏克蘭境內各地的戰況，幾乎以「純文字直播」的方式在Instagram[4]上貼文。「我們做這個英文的，是為了吸引國際社群的注意，我們希望國際領袖能夠關注這場俄羅斯發動的戰爭，我們想要讓資訊能夠傳到烏克蘭之外的地方，愈遠、愈清楚愈好。」

這群志工在普丁入侵的前一天，決定開始製作英文版的頁面，沒想到立刻迎來全面開戰。俄羅斯政府與官媒，從全面入侵前夕，即以多種假新聞、捏造事實，營造自身為受害者

的氛圍，並在實體作戰中身著烏克蘭軍服假扮成恐怖分子，試圖混淆國際社會認知，也透過網路作戰、假訊息，混淆烏克蘭和俄羅斯人民的認知。二月二十五日傍晚，網路上的資訊戰更加猛烈，大量來自俄羅斯的假訊息大量地向烏克蘭公民發送，要他們從自己的政府逃脫、脫離「暴君」的統治，並要他們放下武器加入「正義之師」。

奧萊夏與團隊輪班，二十四小時不停地更新正確訊息，「我們的追蹤者現在也成為我們打這場訊息戰時最大的支持，他們替我們收集影片、資訊，與我們一起替軍隊募款，他們是全心地信任我們，我們不會失敗的。」

除了奧萊夏以ＩＧ帳號翻譯俄烏戰況，更多烏克蘭人以短影音方式，將各地空襲、俄國坦克任意攻擊平民、邊境上俄國軍隊開入等畫面上傳，並在貼文上標注北約或美國總統拜登、普丁等多位國際政經領袖，試圖喚起國際社會注意，要求俄羅斯即時停下戰火和不人道的武裝衝突。

其他四位正在不同城市躲避空襲、或是在移動路上的烏克蘭年輕人，透過文字，告訴我們他們所在地的情況，和希望國際社會聽見的聲音。

迪瑪（Dima），二十六歲，烏克蘭西部：我們看到那隻鯊魚的真面目

烏克蘭境內開始出現很多志工，有人想入伍幫烏克蘭作戰，有人捐血，有人捐食物跟錢給軍隊。我們自主性地在城市街道上巡邏，晚上睡覺必須睡在離安全庇護所近的地方，這樣

子當空襲警報一來，我們就能逃難。空襲警報至今仍一次又一次地響。像是活在鯊魚口之下，這就是作為俄羅斯鄰國的感覺。從二〇一四年他們開始入侵烏克蘭東部，我們就過著這樣的日子了，所謂「安全」只是幻覺，我們每天都在猜明天會發生什麼可怕的事。二〇二二年二月二十四日之後的現在，我們知道了，這就是我們心裡一直以來所害怕的東西，那隻鯊魚的真面目。我是相信我們的軍隊的，他們真的很專業，身為烏克蘭人我很驕傲。而俄羅斯的進攻，讓我們清楚明白我們對自由的珍愛，這是任何人都無法動搖的。

我希望我們的訊息足夠大聲，大到世界上每個人都聽見了，烏克蘭正在遭受攻擊，這不是普丁口中說的什麼軍事行動而已，這是一場戰爭！清晨五點烏克蘭各地的機場就被炸彈攻擊了！這就是現況！最悲哀的是，北約不打算幫助我們對抗俄羅斯，如果我們真的輸了，下一個受難的就是歐盟，那就太遲了。

埃琳娜（Olena），二十二歲，利維夫：只要團結，就有力量

我住在利維夫（Lviv），警報今天響了兩次，當警報聲響起我們就要躲到地下室去，我們的軍隊仍然盡忠職守地保護著我們，我們所有人都對他們深深感謝，而俄羅斯就像是恐怖分子一樣，他們想奪走我們的自由。

俄羅斯侵占克里米亞已經八年了，它們也攻擊烏東地區的頓巴斯（Donbas），現在是全

面對烏克蘭的侵略。我們是個堅強的國家，只要團結，就有力量，我們一定會打敗他們的。請讓這個世界知道，我們以我們的軍隊為榮。烏克蘭是團結的，我們互相幫助，我們痛恨俄羅斯，我們將永不原諒俄國。

娜迪雅（Nadia），二十四歲，烏克蘭西部：讓北約的軍隊盡快進來！

我二十四歲，跟我的家人一起住在烏克蘭的西邊，這裡是相對平和的地方，但就在昨天，兩枚飛彈攻擊我父母家旁邊的機場，今天警報已經響了三次，我們躲在防空洞裡，過著緊急救難包不離身的日子。

一直到現在（二月二十五日傍晚）我們所有的通訊都還是正常的，電視、廣播都還有，我們透過官方的管道接收最新資訊。我們今晚看見的是，惡意攻擊出現在每一個烏克蘭城市，這是一個危急的夜晚，如果你能夠協助我們的國家，我們將非常、非常感恩，我想告訴世界各國的訊息是，北約各國，請盡快將俄羅斯從SWIFT（環球銀行金融電信協會）系統中封鎖！保護烏克蘭的空域！讓北約的軍隊盡快進來！

烏克蘭的年輕世代一直都是團結的，我們的男孩子上戰場、加入軍隊，女生擔任志工，照顧難民、照顧彼此……此時此刻我們沒有選擇，必須保護我們的國家。

很多我認識的人都從軍了，我一個很要好朋友入伍了，今天就成了保護基輔的成員，我們一直保持聯繫，我想好好支持他們。

尤利亞（Yulia），十七歲，奧德薩：我想要全世界都反對普丁、反對戰爭

我的名字是尤利亞，我建立這個IG帳號「We ask for help. Stop Putin」是為了支持烏克蘭人。我也想吸引人們的注意，包括俄羅斯人，告訴全世界烏克蘭面對的危險。我真的很想出點力，像是募物資給受害的區域等等。我也想讓俄羅斯人看見普丁犯的錯，他想摧毀我們的家園，這是我們的祖父、祖母用生命換來的家園，我知道部分俄羅斯人也反對戰爭，但是我希望全世界都反對普丁、反對戰爭，保護我們！

我是一個人在經營我的粉絲頁，但是我相信未來會有更多人加入我，會有更多人跟我一樣期待和平。可能有的人捐錢、有的人負責轉貼，各種支持都是我持續下去的動力吧。

我們全都非常地害怕，感謝老天，奧德薩（Odesa）還沒有受到太多影響，但是這裡的每個人已感覺害怕。我們家附近的軍事倉庫也爆炸，死了很多人。我的父母在邊界工作，他們是邊界的巡防隊，我已經三天沒有看到我爸爸了，他沒有被擊中，但情況非常地緊張。我跟我爸爸不太談戰爭的事，我的父母不是很積極的戰鬥分子。在俄羅斯的侵略進一步展開後，生活裡的一切對我們來說都極為艱難。

我昨天五點就醒了，因為我媽媽大喊「尤利亞，戰爭開始了！」接著我媽就急急忙忙去工作了，他們每個人都接到緊急上工的電話。我們收拾行李然後躲進地下室，我的心理狀態很差，媽媽常常陷入驚慌，我得安撫她，但我連自己都顧不好了。我們就這樣吃東西、聽著新聞，擔心著我們的兄弟（烏克蘭民眾以兄弟代稱軍隊），我深刻地感受到，在昨天之後，

生活翻天覆地變了，一去不回。

我朋友的同學在空襲下死了，我姊姊所在的城市是第一個被攻擊的。我跟我的祖母其實有機會離開，但我不想離開我的父母，想在這裡陪他們作為支持，我姊姊很快也會到安全的地方，一切一定都會變好的。

我想謝謝你們的支持，我們非常需要。最煩人的事情是，俄羅斯人不明白自己被當作炮灰，他們被俄羅斯的媒體洗腦，以為是烏克蘭先發動攻擊的，他們都被洗腦了，這實在讓人感到遺憾跟受傷，但我希望一切還是能往好的地方發展。

1　本文日期和時辰皆為烏克蘭時間。

2　車諾比電廠過去是核災現場，也是通往基輔的最短路徑之一。二〇二二年二月二十五日，烏克蘭駐美大使馬爾卡洛娃（Oksana Markarova）指出俄軍挾持車諾比電廠的九十二人，無法維持安全排班，導致周邊輻射量上升。

3　https://www.instagram.com/tv/CaYV1qerFTQ/?utm_medium=copy_link

4　https://www.instagram.com/svidomi_eng/

2 烏克蘭「平民戰士」：開戰後關鍵五天的抗戰

文字——劉致昕、陳映妤

二〇二二年二月二十四日清晨五點，俄羅斯對烏克蘭十餘座城市同時展開空襲，地面部隊三路進攻，全面向烏克蘭開戰。前五日的戰事發展出乎意料，面對世界第二大規模的軍隊，烏克蘭成功阻擋第一波攻勢，打破俄羅斯總統普丁閃電攻下首都基輔的計畫；烏克蘭情報單位的文件顯示，普丁為此震怒，並因而答應展開無前提的談判。

美國國防部在三月一日的簡報中，以「出奇和有效的抵抗」，形容俄軍推進烏克蘭時遇到的各種阻礙，多位軍事專家在接受《紐約時報》（*The New York Times*）採訪時表示，烏克蘭人不但沒有如普丁所願陷入恐慌，抵抗力道也出乎俄國預料，因此獲得國際社會的大力支持與各種支援。

我們在俄羅斯開戰後的關鍵五天，越洋採訪不同所在地的烏克蘭人，看見當代戰爭之中，民眾與政府如何協作，一支無聲平民大軍如何加入抵抗。戰事爆發後的前五天，超過六十萬烏克蘭人離開國境尋求庇護，但也有包括八萬名歸國者、十萬名國內民眾加入軍隊，另外還有不拿槍的平民戰士們，以下記錄的，是入陣者在戰爭中前五日的經歷與行動。

自發性支援組織，將資源傳進戰區

三月一日，在兩顆導彈落在烏克蘭最大廣場「自由廣場」上時，四十五歲的ＩＴ工程師戈羅什科（Egor Goroshko）正在接受我們的越洋採訪，他們的「基地」離廣場不過一、兩百公尺，窗戶全都震壞，當時他的其他「同事」，有的在廚房裡準備食糧，有的在地下室照顧群眾，有的在路上運送醫療物品等物資。

「這是我們的市中心現在的樣子，」人在烏克蘭第二大城哈爾基夫（Kharkiv）的戈羅什科，傳來被轟炸過的畫面，「然後這是俄軍軍隊開進附近道路的畫面，」一段行車紀錄器的影像來自於他們的工作車輛，一排軍車從眼前開過。哈爾基夫與基輔，是第一波攻擊的主要目標，普丁試圖拿下兩大城、建立魁儡政權未果。面對軍民死守，俄羅斯的轟炸轉向平民、電視塔、住宅區、大學城。

戈羅什科傳來的下一張照片中，飛彈插在地面，戈羅什科說，前天他啟動車子上路沒多久，一顆飛彈就落在他剛剛的停車位。戰事開打後的前五天，至少超過四百顆飛彈落在烏克蘭境內。但戈羅什科和他十幾位同事還是在路上，在城與城之間運送物資。他說藥物、醫療

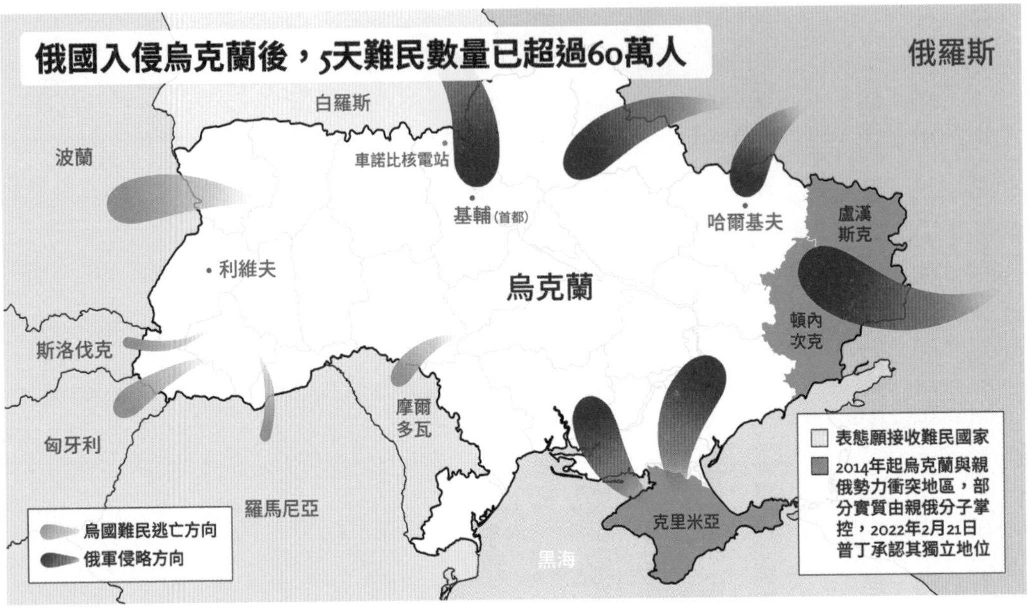

（設計：江世民）

物資嚴重不足，尤其是醫院的婦產科，迎接新生兒已經變得困難，每家超市都大排長龍，生存所需的資源面臨短缺，於是他們決定開車前往其他城市載送所需物資，「這時候電動車就特別重要了，沒人想到環保能源在這種時刻會是關鍵。」

戈羅什科與他的同事、朋友約十餘人，在市中心的建築裡建立臨時基地，提供食物、資訊、避難、基礎的醫療救護，像這樣子的自發性支持團體，在烏克蘭全境都看得到。在烏克蘭西部的受訪者說，不分男女老少，人們彼此支援，連鄰國的貧窮城市或村落，人們也盡可能把手上有的資源傳進戰區。

烏克蘭獨立記者：「這是一場看似無聲，卻非常強大的反抗」

位在烏克蘭西部的獨立記者托卡里烏克（Olga Tokariuk），也打開家門，在零下溫度中收容因戰爭流離失所的人。

「我待的地方有個地下室，昨天安置了十人，其中包含小孩，還有他們的寵物。今天會再來三到四個人，」托卡里烏克說，空襲警報中來自各地的逃難者急需庇護之地，「大部分人逃來這裡後仍處在驚恐的狀態……有些會說，在基輔聽過那裡的轟炸聲後，這邊的空襲警報聲已經不算什麼。」

首先是震驚，接著是想辦法存活、找到安全的庇護所，之後，人們開始作戰。

托卡里烏克說，戰爭爆發到現在，人們已進入戰爭新日常——有人自製汽油彈反抗俄羅斯，有些在俄方坦克前阻止敵方繼續輾壓人民，有些家庭敞開大門提供逃難者安全庇護，有些在防空洞冥想、唱烏克蘭國歌、持續錄製影像上傳到網路，孩子在避難所畫畫。住在相對安全地區的居民上街捐血，或協助運送物資、藥品、熱茶、毛毯到有需要的地區。「這是一場看似無聲，卻非常強大的反抗。」托卡里烏克說。

「不管他們還是我們，沒人想要這場戰爭」

戈羅什科的平民小隊第一次察覺到必須趕緊加入作戰，是俄軍經過他們面前的時刻。

「在戰爭剛開始的第一天，就有一小隊俄軍開著坦克進來，停在圓環上，幾個小時都不動，毫不遮掩，我們的軍隊當然就攻擊他們。接著俄軍全面性對我們城市展開攻擊。

「第二天，有更多空襲，他們試著掌控主要道路，想包圍整座城市，雙方開始對戰。他們每天早上大概六、七點，會有三、四輛車成群、快速開進市中心，那是小型的俄國軍車，是特別部隊使用的，開進來之後他們就躲進城市裡的建築，我們（烏國政府）於是封鎖整個城市，要人們不要上街，因為俄軍會換上當地人的衣服潛伏在城市裡，我們的政府試著抓敵人。」

事實上，在二月十八日，戰爭正式開打之前，俄軍就以這種手段混入基輔，準備破壞城市治安、設施，並試圖刺殺。烏克蘭政府以簡訊、廣播，通知人們如何行動，怎麼躲、什麼時候要去防空洞等，同時藉由 Telegram 頻道，讓民眾可通報情報。戈羅什科的小隊，於是隨時打開行車紀錄器，也透過自動化的機器人程式隨時回報情報給軍方。

五天的戰事，也翻轉了戈羅什科所在城市哈爾基夫的親俄態度。

「前兩天，人們非常地震驚，害怕接下來會發生什麼不可預料的事，美國、英國之前都跟我們說俄羅斯會打來，但我們一直不信，沒想到一切發生得這麼快、這麼簡單。我一開始就告訴你，我們這裡是親俄的城市，但現在人們的怒火一發不可收拾，看著俄國的行為覺得不可置信。

「在戰爭之前，我們這裡大概有五〇％對俄羅斯、對普丁是沒有惡意的；但戰爭發生之後一切都不同，現在只剩憤怒。我們不再是親俄的城市了。」

戈羅什科說，戰事延長，被困在戰區的人們只能動手，「當你開始行動，你就沒有其他時間擔心。不，不是情況真的變好了，情況是愈來愈糟，但你一旦開始動手，對你自己的狀態是有幫助的。」他形容他的戰爭日常。

採訪最後因大規模的轟炸必須停止，但戈羅什科急忙說，有件最重要的事情需要世界知道。「我太太的家人，他們所在的小村子兩天前被俄軍控制了，但是他們看到俄羅斯的軍人之後嚇了一跳，那些俄羅斯軍人們駐紮在那裡休息，他們的狀態非常糟糕，衣服很髒、很害怕，甚至比平民更害怕，他們跟平民要水、要食物。像這樣的故事從各個地方傳來，看來普丁殘害他的國家的方式，就跟對我們一樣殘忍。

「那些俄軍過去兩個月待在零下十幾度的軍帳裡，被告知要被訓練來烏克蘭進攻，要殺掉烏克蘭軍人，他們很害怕來到這裡之後會被殺掉。他們感覺起來比我們更加害怕。我對一切的事情感到震驚，我想他們也是。不管他們還是我們，沒人想要這場戰爭。」

StopPutin 網站發起人：「我必須讓這樣的抗爭被全球看見」

疑似出現後勤問題的俄軍，在閃電戰失敗之後，接連出現坦克無汽油、部隊前進緩慢等跡象，即使如此，從衛星影像仍能看見大量俄軍往烏克蘭邊界調動，持續向基輔和哈爾基夫進攻。《CNN》根據情資，表示俄軍可能發動數量優勢，基輔可能在一到四天內淪陷，多位國防專家警告，俄方將加大施壓力道、並增派部隊，戰況將趨於血腥，烏克蘭軍隊必須確保武器跟彈藥充足。

另一方面，國際社會的援助跟反戰聲浪，在前兩天烏軍的死守表現之後開始湧現，連一向中立的瑞士都加入支援和制裁俄羅斯的行列，歐盟更史無前例地提供致命型武器、飛機供烏克蘭使用。這樣的進展，是人在紐約的基申科（Sergey Kishchenko），過去近一週來不眠不休工作所盼望看見的。

三十三歲、烏俄混血的基申科，二〇一三年底從烏克蘭搬到美國，為網路科技大廠工作，他是網站「阻止普丁（StopPutin）」的發起人。戰爭開始的那一刻，基申科從電腦螢幕上觀看著一切，先是轟炸的消息傳出，然後在Google Map上，烏克蘭邊界出現異常的車流阻塞訊號。一波波訊息傳來，「我開始理解，我的國家正在被侵略，而我人卻不在那，我必須做點什麼！不然土地會變成他們的，而烏克蘭的人、烏克蘭的社會、烏克蘭所代表的價值會消失。」

很快的，戰事開始兩個小時，第一場抗議就在美國首府華盛頓DC展開，「當時是這裡的凌晨一點，人們就開始上街聚集，一直到早上的時候已經變成一場大型的抗爭了，」天光亮起，基申科也把網站做好了，「我知道我必須讓這樣的抗爭被全球看見……我們也提供一些資訊，讓人們知道怎麼組織一場抗爭、怎麼對他們的國家或是政治人物施壓。」

我們在二〇二二年二月二十八日與基申科通話，當時網站上已有全球各地七百多場抗議活動的資訊，以及捐款管道、可信賴的非營利組織、可信賴的新聞來源等。StopPutin已有一組跨國界的志工輪值，試圖提供需要的訊息，推動全球各地民眾對政治人物施壓，這是在紐約的他，可以打的仗。

「烏克蘭人很快地就團結起來了，不管他們在哪裡，畢竟這是一個關鍵時刻，你不知道你的國家會不會明天就消失了，人們會問自己明天還見不見得到家人、還能不能跳上飛機後就能回家看父母？」基申科說。

「不只烏克蘭人參與，事實上每個國家的人都有，北歐、東歐、白羅斯、俄羅斯人都有，大家都在幫忙。很多俄羅斯人在烏克蘭有親人，他們打電話就知道發生什麼事情了，他們會看到轟炸的畫面、看到雙方交火的影像，要藏住這些太難。俄羅斯有很多人想發聲，他們不想要普丁以他們之名發動戰爭。」基申科表示，許多俄羅斯人透過加密軟體與他聯繫，也有人不顧危險，在俄羅斯境內主動表態，不只是首富、知名表演者，還有平民。統計至三月一日，因為上街參與反戰抗議而被捕的俄羅斯人已超過六千四百人，而抗爭仍然持續。

StopPutin 只是基申科的計畫之一，烏俄混血的他，清楚知道俄羅斯宣傳機器在打什麼算盤——從戰爭前，就製造假新聞，論述烏克蘭政府是類納粹的法西斯政權，對俄羅斯和俄羅斯人民造成安全威脅等等。基申科正在與烏克蘭許多網紅合作，試圖將烏克蘭人製作的影片跟線上內容，向俄羅斯境內投放。他也製作標語、海報的數位檔案，讓世界各地的人們都可以下載列印使用。另外，他也聯繫人道組織跟朋友，在烏克蘭—波蘭邊界，建立物資發放和募集的據點。

從廣場革命開始，烏克蘭人知道如何幫助彼此

人在海外的他，如此形容他的戰爭新日常：「每個人都有一些事情在做，有的時候成，

有的時候使不上力，人們就是一直地試……我有一種感覺：人們不覺得這個只是烏克蘭的事、不只是攻擊烏克蘭，這是對民主的攻擊，我們大家都是一起的，必須一起度過這關，所以要試盡各種可能取得支援，成為反抗力量的一部分。」

「你問我們的計畫是什麼？計畫是繼續戰鬥，然後贏啊！我們需要各種支援，然後我們就會做到！最重要的是，我們現在知道俄羅斯不是他們所說的那樣——他們可能像流氓一樣，可能有強大的軍事力量，但他們在士氣跟忠誠上有很大的問題，俄軍不是在保護自己的國家，他們是侵略者，當俄軍看到人們會盡其所能地保護自己的國家，守住每一寸土地而對抗下去，這種反抗將是他們無法承受的。」

基中科說，烏克蘭人的行動可能讓外國人感到訝異，但對他來說，這些非常熟悉。

他提到八年前在基輔的廣場革命（亦稱尊嚴革命）。因為當時的烏克蘭總統亞努科維奇（Viktor Yanukovych）突然停下與歐盟的經濟合作，並準備轉身投入俄羅斯的關稅同盟，民眾開始和平遊行表達不滿，後來演變成為期三個月的抗爭，獨立廣場上最多曾出現數十萬人參與行動，最後導致軍民血腥衝突，百餘人死亡或失蹤、一千二百多名平民受傷，親俄的亞努科維奇下臺出逃。隨後，俄羅斯因「安全需求」，進入親俄勢力把持的克里米亞、烏東地區。許多參與抗爭者，則在隨後的選舉中當選，或被政黨任用，進入烏克蘭政府試圖展開改革。

「現在看到的這些（自主行動），（我們）二〇一四年就看過了。廣場革命裡人們就是這樣幫助彼此，那時候大家還什麼都沒有……人們就戴著滑雪的安全帽、拿著木頭做的盾牌，結果我們（參與抗爭的民眾）贏了，贏回了我們的國家。你現在看到的一切，是那時候種下的，只是我們不再只是拿著木盾的人了。」

國際透明組織烏克蘭分部董事：「普丁的侵略將讓烏克蘭更加團結」

現年三十四歲的布蓋（Yuriy Bugay），就是那時在廣場上抗爭，後來進入政府擔任顧問、展開改革的青年代表。過去八年，布蓋曾任烏克蘭政府財政改革、醫療改革小組成員，也是國際透明組織烏克蘭分部（Transparency International Ukraine）的董事、政府的公民社會發展顧問，他共同打造的線上政府採購系統 PoZorro 是世界上最先進的政府採購開源平臺，試圖解決烏克蘭政府過去的貪腐問題，切斷外國勢力（主要是俄羅斯）控制烏國政要的可能，從政府採購下手，試圖讓國家發展的資源到位、回到正軌。

前烏克蘭官員曾透露，在二〇一〇到二〇一四年間，烏克蘭每年年度總支出有五分之一進了官員的口袋。根據國際透明組織統計，ProZorro 上線的前三年，就為烏克蘭省下約新臺幣三百九十五億元的政府預算。

戰爭開始之後，如今是新創創業家的布蓋，先帶著家人到烏克蘭西部安置，隨後，夫妻兩人各自打開自己擅長的「戰場」。在烏東地區建立非營利組織超過兩年的太太，展開人道救援，而布蓋則帶著公司同事，以及八年前廣場上的朋友，駭客、工程師、運動分子，彼此連結，開始行動。布蓋說網路上無煙硝的攻防比外界想像中嚴重，在他們的私密群組中，國內外的資訊專家主動尋找標的發動攻擊——至三月一日，烏克蘭政府的系統和金融體制保持正常運作，這是各方協力守住的成果；另一方面，俄軍有十二萬人個資外洩，俄國防部的機密檔案流出，俄國下游軍火商的計畫文件也被洩漏。

「現在發生的事就是廣場革命，只是位置從基輔的廣場，擴展到烏克蘭全境，」布蓋說，如同八年前的那場抗爭，現在，「群眾集體想傳遞一個訊息，『你闖入了我們的家園，我們會守給你看』。」他說，連他六十歲的爸爸都主動報名從軍。

布蓋認為，為了這場全面性的攻擊，烏克蘭八年來都在準備，從普丁進攻克里米亞開始，他們就知道這天會來。「事實上，普丁早就跟全世界說，他要帶領俄羅斯回到一九九一前蘇維埃的時代，我們當時就知道，他遲早會對我們的國家動手，你看看其他前蘇聯國家的下場。」

在俄國混合戰下，烏克蘭人走過內耗跟對抗的八年

幾乎每個烏克蘭受訪者，都向我們提起二〇一四年的廣場革命，布蓋解釋那場抗爭在這場戰爭中的意義。

首先，在情感跟心理上，人們有共同的經歷，當時共同度過了三個月的衝突跟動盪。第二，是人們知道如何由下而上展開行動；加上二〇一四年之後，烏克蘭的公民社會愈趨成熟並彼此合作、串聯，公民團體網絡讓資訊傳播跟行動的擴大，在戰時成為可能。第三，「人們知道怎麼做汽油彈了，一開始看到坦克會怕，但想起來二〇一四年的時候汽油彈是怎麼做

的，就比較知道自己可以做什麼了。唯一跟當時不一樣的是，警察這次站在我們這裡，還教我們怎麼做汽油彈。」

曾在體制內努力推動國家轉型的布蓋，語氣漸趨激動，他說，過去八年，他們本來可以走得更快，但種種改革因為俄羅斯從政治、經濟、文化、軍事等混合式的進犯，而遇到許多阻礙。

俄羅斯占領烏東地區和克里米亞，不僅拿走烏克蘭一五%的土地，也拿走觀光和工業重鎮，影響烏克蘭的經濟產值；而有近一萬四千人在烏東與俄羅斯勢力的衝突中喪生，還有更多人因軍事行動而流離失所。此外，俄羅斯對烏克蘭公共服務的干擾，從醫療到各層級的議會選舉，還有 COVID-19 疫情下發動反疫苗行動與宣傳等，「這些都是俄羅斯這八年來對我們的攻擊。儘管如此，我們還是試著前進。二〇一四年的時候，我們的軍隊只有六千人；二〇二二年，我們有足以對抗俄羅斯軍隊的軍力，還有現代化的政府、高科技的設備、世界上透明度最高的政府採購系統等等，我們一直對抗、撐到現在，過去八年烏克蘭的變化，超過過去三十幾年，如果我們不用花這麼多的力氣跟注意力在俄羅斯帶來的戰爭，不但不用承受這麼多的損失，我們國家的轉型跟發展勢必會容易一些。」

如今，預料中的進犯確實發生了，布蓋認為，普丁的行動，讓這場漫長的戰爭邁入新階段。烏克蘭在一九九一年獨立之後，國內長期呈現親俄、親歐兩個路線的辯論，在俄羅斯的宣傳機器下，烏克蘭社會承受許多內耗跟對抗，有些人甚至因為血緣、文化或成長經驗，無法向俄軍開槍；如今，普丁不顧任何規範的侵略行動，將讓烏克蘭更加團結。

追尋民主自由的長征

但這場戰事會多長、傷害多大，普丁的進攻意志將造成什麼樣的傷害，攤開俄羅斯過往在敘利亞內戰和車臣獨立戰爭的紀錄，烏克蘭所面對的威脅不容樂觀。烏克蘭正處於危急狀態，團結的人民能夠承受多少炸彈，人民與軍隊的戰線能不能擋住坦克，這是歷經八年改革，大多數人將面臨的殘酷考驗。

布蓋認為，這場戰爭不只是烏克蘭追尋民主自由的長征，也是世界如何面對極權國家的測試。烏克蘭全國國境，正如同八年前那場廣場上的三個月抗爭一般，再一次讓世人看見他們追求民主自由的意志及代價。而這些，世人必須清楚看見。

3 俄烏資訊戰前線：反制假訊息的關鍵

文字——劉致昕、陳映妤

俄羅斯入侵烏克蘭戰爭第七天，在祭出核武威脅後，俄國攻勢更加猛烈，除了連續轟炸烏克蘭城市，大軍也逐步包圍首都基輔。雙方傷亡快速增加的同時，另一個戰場情勢也再升高。來自美國政府、烏克蘭智庫的分析顯示，俄方正在加大資訊戰攻擊力道，烏克蘭國防部長雷茲尼科夫（Oleksii Reznikov）警告民眾，俄羅斯可能先破壞資訊傳播系統，接著發動大規模的資訊戰與心戰。

我們透過越洋連線，採訪正在資訊戰前線的烏克蘭獨立媒體與資訊戰專家，看見俄羅斯如何從開戰前夕至今，以不實資訊與宣傳機器創造出兵的理由，並如何在戰爭中奪走烏克蘭人的性命、干擾烏軍。而與俄方「混合戰」交火已長達八年的烏克蘭人，從民間社會、媒體到政府，又如何反擊，他們八年來做了哪些準備並發揮作用？

三月二日晚間，烏克蘭政府公開戰爭的最新傷亡數字，稱有超過八千名俄軍戰死；同時，俄羅斯政府也打破沉默，承認傷亡，但數字以百計算。

隸屬烏克蘭國防委員會的「不實資訊對應中心」（The Center for Counteracting Disinformation）表示，俄羅斯民眾對於自己國家發出的新聞內容已起疑心，在 Google Search 上，與戰爭相關的包括「損失」、「戰俘」、「死亡」等關鍵字搜尋次數持續上升，維基百科上有人建立俄烏戰爭頁面，試圖提供訊息給俄國民眾，但俄羅斯政府立即警告，在俄網域內將關閉維基百科上的相關頁面，封鎖兩家獨立媒體；它們並頒布行政命令：散播關於俄羅斯軍方不實資訊者，將面臨最高十五年刑責。

這只是資訊與認知戰場上，俄烏雙方的其中一回合攻防。

戰爭前早已開打的資訊攻防

「不實資訊從戰爭開打前就湧現，」烏克蘭危機媒體中心混合戰研究小組（The Hybrid Warfare Analytical Group at Ukraine Crisis Media Center）首席研究員澤翰諾芙斯卡（Oleksandra Tsekhanovska），在戰火下持續追蹤網路上的資訊戰，向我們解釋俄羅斯宣傳機器在戰爭中的角色。「他們誇大烏克蘭的軍隊傷亡人數，也散播訊息，跟人們說空襲警報是假的，不必躲藏，還滲透 Telegram 群組打聽各種資訊，如人們避難的地點、社區互助中心等，然後提供給俄軍作為轟炸或是攻擊的目標，」長期潛伏在親俄群組中的澤翰諾芙斯卡說，戰時，不實資訊跟這類資訊的散播，足以帶來致命性的影響，這是不人道的假新聞攻勢。

俄方還以假帳號偽裝為烏克蘭平民，滲透進烏克蘭民眾間的互助網絡，甚至取得軍方的資訊，影響烏國軍方判斷。

「他們偽裝成烏克蘭平民的帳號，嘗試套話，想知道各地的狀況，或問後勤部隊的路線、募款的金額、地方防衛部隊的部署等等資訊。他們也知道人們在找潛進烏克蘭境內的俄軍勢力，這些俄國假帳號就提供（烏國人）錯誤的情報，引導軍隊或是警方去被炸。」

開戰第一週，資訊的攻防已出現虛實整合的手段，澤翰諾芙斯卡解釋：「在基輔跟很多城市，有人裝作喝醉了，佯裝自己需要住的地方，藉此跟人問路套話，好知道庇護所、政府機關、軍隊在哪裡，或是問其他人怎麼加入地方的群組，把這些情報都提供給俄軍。」

三月二日下午，在雷茲尼科夫對國民提出警告之後，烏克蘭外交部立即建立英文資訊平臺，即時記錄並公開戰況。烏克蘭官員在這場戰爭中善用各個網路平臺，直播、發文、公告戰況資訊，作為對謠言的反制，也試著主導輿論的聲量攻勢。同時，從俄軍二十四日全面進攻當日，烏克蘭人民就大量自主地提供烏克蘭文、英文、俄文等面向不同群眾的資訊，包括三月二日開播的 Podcast 頻道，[1] 以英文向世界說明戰爭的真相。

俄烏雙方的資訊戰攻防毫不停歇並持續升級，烏克蘭智庫「資訊安全與傳播策略中心」（Centre for Strategic Communications and Information Security）預告，民眾將看到以 Deepfake（深偽技術）製作出來的不實資訊，如「烏克蘭總統投降影片」等。此智庫在聲明中表示，Deepfake 科技將在戰時被大量使用，目的是讓人們迷惘，不知道該相信什麼資訊來源，造成民眾恐慌，絕望，讓軍隊投降。

澤翰諾芙斯卡認為，在社交媒體的時代，資訊戰就是兩國交火的一環，從二〇一四年俄羅斯占領克里米亞、在烏東地區與烏克蘭展開軍事衝突起，資訊戰火從未停歇，這也讓烏克蘭成為全球研究資訊戰的焦點。

從數據來看，在二十四日清晨開始的轟炸前，網路的攻擊就已展開。從一月起，歐盟對烏國境內不實資訊的快速增加，向烏克蘭提出警告。烏克蘭政府不實資訊對應中心從二月十六日起到戰前，記錄至少六十件不實謠言的攻擊，內容主要是為了離間烏克蘭與西方國家的關係，或指出烏克蘭經濟不好以及疫情下醫療服務的問題，還有傳遞北約將對烏東動武謠言等。

開戰前七天，俄羅斯五大官媒，透過 Facebook、Twitter，推播烏克蘭軍方侵犯俄方勢力的不實資訊，創造超過四百萬的按讚、分享跟留言。

「過去八年，他們（俄方）一直努力把烏克蘭人『去人性化』，向俄羅斯的觀眾這樣描述烏克蘭、欺騙俄羅斯人，」澤翰諾芙斯卡說。此次俄羅斯總統普丁全面向烏克蘭開戰前，一切是這麼鋪成的：

二月十五日：普丁在新聞發布會上提到烏東頓巴斯地區的「種族滅絕」（指滅絕俄羅斯裔），以此作為攻打烏克蘭，以守護當地民眾安全、對抗法西斯政權的藉口。

二月十七日：由烏克蘭掌控的頓巴斯區一間幼稚園遭到炮擊，烏國政府以及外界認定是俄羅斯武裝分子所為，但俄國境內新聞卻直指是烏克蘭攻擊己方人民。

這些後來都被證明為不實資訊的訊息，先是透過網路平臺傳播，後被俄方媒體廣為宣傳，等烏東地區的親俄勢力公開尋求援助，普丁就趁勢承認烏東被親俄分子實質占領的兩地區為獨立國家，並派兵向「如新納粹般的侵略者」烏克蘭反擊，為當地民眾帶來和平。

目前已撤離到烏國中西部的《基輔獨立報》（*The Kyiv Independent*），所屬記者柯索夫（Igor Kossov）透過通訊軟體告訴我們，他們在資訊戰前線感受到的憤怒。他說，媒體的報導被假新聞蓋過，甚至成為敵國開戰的理由，「（然後）一個人擁有了龐大的軍隊，就可以直接去摧毀一群渴望民主的和平大眾。」柯索夫語氣激動地說，不實資訊的建立如此容易，極權者竟然能夠以此為理由出兵，破壞和平，「但他們並不在乎，因為量夠大、傳播範圍夠廣，只要有人相信了，他們就認為這是有用的。俄羅斯真的是這個領域的專家，（它們）有組織地、發散性地、去中心地散播假訊息。」

俄羅斯八年前全面升級對烏克蘭的資訊攻勢，對新聞工作者產生極大的壓力。二〇一九年二月進行的一項烏克蘭民調顯示，[2] 相信東部戰爭是由俄羅斯或親俄武裝分子發起的民眾，跌破五〇％，而三五％民眾無法分辨戰爭究竟是由哪一方發動的；相信俄方說法、認為俄語人口正受到迫害的人，亦由一〇％增至一五．五％。

「他們善於使用傳統媒體和社群媒體相互參照的手法，這裡面是一個非常龐大而複雜的系統網絡，」柯索夫舉例，俄國網軍會特別會利用晚上時段，在 Telegram 散播不實訊息，譬如「烏克蘭（政府）是納粹分子」。此訊息不久後就出現在傳統媒體上，緊接著各大社群媒體就會再轉發、強調和擴大這則訊息。再來是一系列透過匿名評論，或製成圖卡、影音等不同媒介的內容，針對不同類的群體投放，最大程度擴散不實訊息的影響，製造分裂。訊息本身不具邏輯性、彼此沒有連貫性也沒關係，至少已成功激起人們的情緒。

「而這場戰爭，俄羅斯玩的把戲沒有太不同，只是這次的敘事是要試圖把烏克蘭人形塑成侵略者，」柯索夫說。

烏克蘭社會八年反制資訊戰的學習與行動

過去八年，從媒體、公民團體到學術界、政府，烏克蘭社會面對這場不停歇的資訊戰，試過各種方法。澤翰諾芙斯卡在戰爭開打的第五天接受我們的採訪，她以初步的觀察，分析哪些做法「有效」。

「我們做對的事，是把烏國境內的俄羅斯電視頻道關掉，也把親俄的電視臺關掉，[3] 如果不這樣做，現在情況一定更糟。另一件事，是我們很努力教育民眾媒體識讀、資訊素養，因為人們即使不看電視，也會用網路，去各個群組找訊息，所以必須以長期的思考來預防像現在這種狀況。」

澤翰諾芙斯卡說，如同許多民主國家，烏克蘭民間過去數年投入相當大的資源跟心血，建立公民社會，於是不相信媒體、不相信政府的民眾，有愈來愈多其他可信的資訊來源，建立自己的社群。

戰爭爆發之後，公民社會除了加入澄清謠言、提供正確資訊的行列，「人們還有更多自發性的行動，有的做機器人程式，讓民眾可以上傳各種情報給軍方，大家都自發地蒐集俄羅斯軍隊的移動資訊，也有人教大家怎麼抓俄羅斯特種部隊或滲透進來的破壞分子；人們互相分享資訊以保持安全。還有，人們也一起記錄俄羅斯軍方在烏克蘭的破壞，記錄他們對民宅、對民生設施、對油管的攻擊、對校園的轟炸等。」

經歷多次空襲而逃往烏西的澤翰諾芙斯卡，受訪時驕傲地說，烏克蘭人——尤其是青年世代——有八年對戰的經驗後，愈來愈有創意；此時此刻，人們自發地想突破俄羅斯的封鎖，尤其許多烏克蘭人都有親友在俄羅斯，他們利用 Google Maps 傳遞資訊，「從昨天開始，他們在俄羅斯的地圖上找熱門的咖啡店、博物館、地標、景點，在那邊寫烏克蘭正在發生的事情，並附上照片，包括俄軍傷亡的照片，讓俄羅斯人看見。」發起行動的民眾，建立線上的資料匣，裡頭讓人們上傳各種戰況的影像，還有人寫說明書，教人們在 Google Maps 上留言、貼照片。資訊能力較高的，也有人發起針對俄羅斯網站 DDoS 攻擊的教學。

另一件烏克蘭做對的事，澤翰諾芙斯卡說，是不停地「說」。「二〇一四年開始到現在，公民團體跟專家們腳步從來沒停過，一直在學習怎麼打這場仗。我們一直跟民眾說，不要從俄羅斯的資訊管道取得資訊，那會帶來危險……現在造成的危險更直接了，你可能因此無法避開空襲，或是被俄羅斯軍方挾持成為人肉盾牌。」

如同臺灣一樣，烏克蘭人們也擁有許多社群平臺群組，澤翰諾芙斯卡觀察，跟二〇一四年相比，在各種群組裡面她已不用再像討人厭的烏鴉，或頻繁地以專家身分解釋，「我不用再提醒大家不要點開可疑的連結，看到可疑的帳號，我也不用開口說：『嘿！這個帳號才剛註冊！』人們都會自動避開可疑的帳號跟資訊，或是自己會去找相關的訊息。」澤翰諾芙斯卡認為，這些年，人們即使不真的理解不實資訊跟資訊操縱，但一定都聽過這些名詞，尤其是戰時，更多人會對此有所警戒。

而對於政府該做的事情，澤翰諾芙斯卡認為應是試著取得人民的信任。政府公開各種資訊，讓人們相信軍方、相信政府，有了信任，公民社會便能與軍方合作，這是戰爭的第一回合烏克蘭能擋下攻勢的關鍵。

抵抗中的媒體重生

澤翰諾芙斯卡特別指出，八年後另一個不同，是媒體。

在烏克蘭，造成問題的媒體分成兩種，首先是直接或間接與克里姆林宮一起推動俄羅斯宣傳，推播親俄內容或假新聞的媒體，它們藉此獲得來自俄政府的報酬。

另一種有問題的媒體，澤翰諾芙斯卡解釋，「是本土的媒體，它們不支持俄羅斯，但它們的問題是新聞品質不高，在報導的內容跟品質上可能有錯誤或不佳。這也很危險。」八年過後，烏克蘭出現可信任的、高品質的獨立媒體，其中之一就是二〇二一年十一月成立的《基輔獨立報》。

《基輔獨立報》由一群被烏克蘭老牌英文報紙《基輔郵報》（*The Kyiv Post*）開除後的記者共同成立。《基輔郵報》原本是烏克蘭數一數二公認為有品質且獨立的媒體，然而，二〇一八年被敘利亞出生的烏克蘭房地產開發商阿德南・凱文（Adnan Kivan）買下，媒體的獨立性受到威脅，二〇二一年，公司宣布拓展，製作烏克蘭語版報導，雖然許多員工樂見其成，但新聘僱的編輯和記者們，許多被認為和凱文有關。由於聘僱過程的資訊不透明，引發原本記者群強烈的反彈，認為會影響媒體的獨立性。在內部無法取得共識的情況下，凱文直接開除整個編輯部，五十位職員遭解僱。接下來三週內，其中三十人決定自行建立網站、找辦公室，成立了《基輔獨立報》，延續舊報的獨立精神。

「他們不煽情、不渲染，不造成恐慌，他們會核實，這是二〇一四年之前不曾有的，他們現在更專業、更有組織了，這是非常重要的變化，」澤翰諾芙斯卡說，戰時，人們更加依賴這樣的新聞媒體。全面開戰之後，《基輔獨立報》在 Telegram 有三萬多的訂閱者，Twitter 上的追蹤者也從戰前的二萬激升至一百五十萬人；GoFundMe 募資平臺上，在幾天內也獲得超過一百萬美元的捐款支持，這還不包括定期定額贊助。

保持希望是可能的

從公民社會、媒體、教育和政府，即使這八年來，烏克蘭社會做了許多的嘗試，但資訊

2022.02.27

截圖自 www.youtube.com/watch?v=Jm29EYVqwts

戰事第四天的一則謊言，稱在前一天，烏克蘭飛彈擊中首都基輔的公寓大樓。事實上，當天是俄羅斯向基輔市郊展開攻擊，試圖破壞首都機場。

КИЇВ +4° USD 32.9637 КорреспонденТ.net

ГОЛОВНА | УКРАЇНА | КИЇВ | СВІТ | БІЗНЕС | НАУКА | ШОУ-БІЗНЕС | СПОРТ

СПЕЦТЕМА: ВІЙНА РОСІЇ З УКРАЇНОЮ　ПОЖАРЫ И НАВОДНЕНИЯ　НОВОСТИ КИЕВА　ОБОСТРЕН

Снаряди потрапили до пункту поховання радіоактивних відходів у Києві

ТЕКСТ: ДЕМ'ЯНЧУК ОЛЬГА, 27 лютого 2022, 03:25

0　0　ЧИТАТИ НОВИНУ РОСІЙСЬКОЮ　5928

Фото: УНІАН

Російські війська почали атакувати українські стратегічні об'єкти з повітря на території усієї держави.

圖片來源：stopfake.org

戰事第四天，隨著俄羅斯軍隊進逼基輔，烏克蘭官方發布一份報告，提出俄羅斯的侵略，可能對核廢處理設施造成的影響。隨後，一則俄羅斯飛彈擊中基輔核廢處理設施的假訊息，開始瘋傳。逼得官方到場檢測、發文澄清。

資訊戰場上俄方散播的謠言案例

2022.02.22

圖片來源：stopfake.org

2 月 22 日，全面開戰前兩天，一支偽造的影片指控烏克蘭軍隊攻擊俄羅斯邊界。此偽造影片透過克林姆林宮的媒體與網站傳播，並宣稱入侵的烏軍遭到殲滅。

2022.02.24

圖片來源：stopfake.org

全面開戰當天，俄羅斯媒體繼續不實資訊的宣傳戰，稱烏軍對俄軍毫不反抗，烏國空軍受到壓制，機場無法運作。根據烏克蘭國防部，戰爭首日，俄羅斯有五架飛機、二臺直升機、二臺坦克和多輛軍用卡車被烏軍擊毀。

2022.02.25

圖片來源：stopfake.org

全面開戰隔天，一支影片在親俄的 Telegram 頻道裡流傳，標題寫著「當俄軍接近首都，烏國軍方開始對公民施壓」，指烏國軍用車撞毀退休老人駕駛的家用車。事實上，這是一支俄羅斯軍方出任務時意外撞傷俄羅斯人的影片。

戰場上的問題還是無法根絕。平臺紛紛祭出新的措施，但亂象仍在。面臨即將到來的更大規模攻勢和殘酷戰火，站在資訊戰前線的他們，即使沒有把握，也只能迎戰。

柯索夫幾乎二十四小時追蹤著戰況，他努力寫、提供訊息，「我真希望我們真的有幫上一些忙，我不確定我們到底有沒有。有時候我覺得特別無力，因為持續有人死去，然後我什麼都沒有辦法做。」記者在戰爭中能扮演什麼角色，他正在尋找答案，「我們收到很多訊息，說謝謝我們把這些資訊帶給全世界，告訴我們正在做非常重要的事。所以我想，我們還是有做到一些事吧。」柯索夫幾乎是自問自答地說服坐在電腦前的自己，採訪當下，他收到基輔遭到導彈襲擊的影片，「我的天……到底又有多少人要死亡？」

柯索夫的聲音充滿憤怒和疲憊，對他來說，我們的採訪需求，和世界各地的援助、國際組織的制裁動作等，是他繼續下去的最大鼓舞，「這些都是之前想像不到的……我們只是給世界各地讀者關注烏克蘭的一扇窗。」

持續核實並通報資訊戰況的澤翰諾芙斯卡則說：「我處於危險之中，但是我對未來充滿希望，這兩件事原來是可以不衝突的。」「我不覺得我還有能力說什麼是正常、什麼是不正常，一切都是超現實的，我的生活由一連串不可能的事情組成……大家都很疲憊，隨時怕炸彈會掉下來，無法入睡。每個人都在找一些事來做，因為每個人都希望自己是有用的、有所幫助的。」採訪最後，澤翰諾芙斯卡主動說，向臺灣媒體分享戰爭中的資訊戰經驗，也讓她自己覺得對世界有所幫助。

「你們也要照顧好自己，我很開心你們臺灣人現在是安全的。其實，在二月二十四日那

俄羅斯混合戰手法

根據二〇一四年俄羅斯侵略克里米亞的經驗來看，目前俄羅斯可能對烏克蘭採取以下混合戰——

- 試圖偷取烏克蘭軍人個資，用於軍事用途和心理戰。
- 向烏克蘭軍人及其家人發送威脅，驅使他們叛變。
- 試圖抹黑烏克蘭的政治和軍事領導階層，描繪他們為「叛徒」。
- 散播關於敵方行動的不實資訊，製造大規模傷亡的假消息。
- 試圖在武裝軍隊、志願者和地方防衛部隊之間，製造分裂和敵對。
- 散布關於烏克蘭軍隊的錯誤資訊，描繪他們士氣低落、陷入險境；抹黑民眾的自發性動員行動，並散播如何脫離動員的指示。
- 宣傳和組織「不惜一切代價的和平」的抗議活動，促使烏克蘭屈服於克里姆林宮提供的「安全保證」。

資料來源：Ukraine Crisis Media Center，整理：劉致昕。

天，俄羅斯全面進攻後人們陷入恐慌，那時候瘋傳的假新聞之一，是說中國在俄羅斯攻打烏克蘭之後，也突然攻打臺灣，世界第三次大戰來了！它的目的是要讓我們絕望，因為中國也開戰，代表沒有人會理烏克蘭了。那時候很多人都相信世界大戰真的來了，普丁跟習近平是籌劃好的，一切是沒有希望的……」

澤翰諾芙斯卡對著來自臺灣的我們述說，在她期待裡的未來：「我們的經驗（會）告訴大家，你不能相信失敗主義者。也有人說我們是個小國、我們對惡霸無招架之力，但惡霸是可以被打倒的，不管他比你大上多少倍。」

---

1 https://urbanspaceradio.com/archives/series/the-day-that-we-survived

2 https://detector.media/infospace/article/164308/2019-03-21-dzherela-informatsii-mediagramotnist-i-rosiyska-propaganda-rezultaty-vseukrainskogo-opytuvannya-gromadskoi-dumky/

3 二〇二二年二月二日，烏克蘭總統對八家媒體公司，包括三家電視臺，實施五年的禁播令。理由是其散播符合俄羅斯利益的不實資訊，已成為俄羅斯對烏克蘭戰爭的工具，並稱掌握其財源來自俄羅斯的證據。反對派政黨提出抗議，烏克蘭記者聯盟稱在沒有法庭判決下對媒體制裁，是對言論自由的攻擊。但也有非營利組織連署支持禁播令，英、美兩國對此亦表達支持。

4 寫下抵抗的歷史新頁：訪七位留守的烏克蘭人

文字——劉致昕、陳映妤

俄羅斯侵烏戰爭前三週，根據美國情報官員接受《英國廣播公司》（ＢＢＣ）的採訪和烏克蘭政府的統計，俄羅斯共發射一千零八十顆飛彈、發動超過一千四百次的空襲，每一天，平均有五十顆炸彈落在烏克蘭境內。轟炸的目標不只是軍事設施，民宅、醫院、學校、收容所內的兒童，也接連於炮彈下送命。活在基輔的人，空氣汙染值已超過世界衛生組織（ＷＨＯ）建議標準的二十七倍；其他城市，有的被化學工廠流出的氨氣威脅，有的在被斷水斷電斷暖氣的城市裡求生，上千萬烏克蘭民眾、約全國人口的四分之一流離失所。烏克蘭的經濟活動已有三分之一凍結，二〇二二年年度經濟規模至少將萎縮三五％。

在地獄般的畫面之外，超過三十二萬烏克蘭人返國加入軍隊，喜劇演員在防空洞裡表演脫口秀，有咖啡店老闆堅持開張要收容流浪動物，連在基輔的老婦人，也走出陽臺用醃漬罐頭打下俄軍攝影無人機。抵抗的故事持續從戰地傳到世人耳中，我們採訪七位留在國境內的烏克蘭人，聽他們在戰火下的生活，和他們為什麼冒險，寫下這段抵抗的歷史。

利維夫　歌劇院變收容所，民間自組救助系統

位於烏克蘭西邊的利維夫市，本來是一座被認定為聯合國世界遺產的觀光大城，如今，它成為俄烏戰爭中的「戰時陪都」。劇場演員娜塔莉亞·蕾布卡—帕霍門珂（Natalia Rybka-Parkhomenko）平常熟悉的歌劇院舞臺，如今擺上床墊、餐桌，成為因戰火被迫流離失所的人們，睡一晚、吃一頓的安身所在。

戰爭即將滿月，俄軍在烏國東、北、南三方向同時進攻，人們撤到在西部、距離波蘭七十公里的利維夫市，國際救援物資不斷湧進此城。人們把雕像包了起來、把博物館畫作收進地下室。本來是劇場、音樂、文學、詩歌的演出之地，歌劇院如今成為收容所，上演著一九八八年成立至今最超現實的畫面。

戰爭開始之後，娜塔莉亞所有的表演工作喊停，她現在的角色，是協助受到戰爭波及的其他家庭，提供他們下一餐，或是幫他們找一個能睡覺的地方。我們在劇院採訪時，來自烏克蘭東部的阿莉娜（Alina）才剛抵達。帶著媽媽、三個女兒和一個兒子的她，花了三十二個小時、跨越一千三百公里，一家六口從位於烏東戰區前線的北頓內茨克（Severodonetsk）逃到這裡。

戰時陪都裡，瑜伽教室不僅開放，人們也在裡頭準備反抗。今年四十二歲的瑜伽老師愛雷娜・皮胡亞（Elena Pikhulya），開戰後選擇繼續開張，用綠色植株、印度寺廟舞者的壁畫和落地窗組成的平靜空間，為逃難者提供庇護所。三間教室收容了二十到三十位逃離家園的人跟寵物，最新的動物住客是一隻烏龜。

採訪前，本來無戰事的西邊，開始每天出現五到十次的空襲警報，距離瑜伽教室四公里、利維夫機場外的維修廠遭到俄軍空襲，但愛雷娜的 Facebook 專頁仍張貼課程表。「在戰爭時期，我們若能取得身體的平衡，掌控情緒，就愈能有效地自衛和反擊，」她解釋。

教室裡不是只有愛雷娜穩住人們的身心，每天也有一位女軍人協助教授生存與自我防衛訓練課，人們在此學習急救、基本防身術、空襲或槍戰時如何匍匐前進躲避攻擊等，課程對所有民眾開放，一堂課通常都有至少三十到四十人。

面對軍力世界排名第二的俄國軍隊，俄國侵烏的閃電戰失敗後，戰事進入膠著，留下的烏克蘭人用自己的方式成為後勤部隊。

二十八歲的英語教師凱特（Kate）告訴我們，在利維夫的每個人都努力找事情做，煮飯、疏散人群、當翻譯、把房間開放，自成一套救助系統，即使是全然陌生的外地人抵達此城，很快就能登記援助、申請住宿、吃到熱食，或取得歐洲鐵路等各種資訊與協助。

凱特觀察，俄軍全面侵略之後，人們花了一些時間從驚嚇中醒來，接著就捲起袖子開始工作。在西邊的他們，對自己還有食物、水電、暖氣感到感恩，而為數不少的店家們為了繼續支付員工薪水、不讓他們失業，勉強開張，即使生意大不如前，還是將部分所得捐給軍隊，或者為流離失所者提供折扣。

「我們會刻意地去喝杯咖啡、買東西，支持熟悉的店家，希望讓經濟能夠持續下去。」凱特在與我們對話前，剛從廚房裡輪完班，英國籍的先生則在街上為古蹟雕像包上保護措施。

基輔　空襲警報聲中練習抵抗

往東，前進俄軍持續圍攻的首要目標，烏克蘭首都基輔。

二十九歲的史坦妮斯拉夫（Stanislav）笑說，她每天的生活像在賭博一樣，每天警報聲響十次以上，不知道哪一次自己的房子會成為目標。耳膜已經習慣警報聲響，連狗都不叫了，打開電腦、Telegram 頻道，自學研究房子的構造、躲避空襲的位置，盤點離家一分鐘、三分鐘、七分鐘步行距離的防空洞，各能應付哪種攻勢。戰事開打至今，她選擇跟媽媽、狗兒留在家裡，留在基輔。

為了讓狗舒服些，也為了讓自己保有一點點「正常」生活，她們從沒去過防空洞，即使前幾天，飛彈的目標離她們不過兩公里，「那次攻擊後幾千人被迫撤離、死了很多人。」她說我們約訪的時間很好，此時她的精神好、語氣平緩。「我覺得現在是平靜跟焦慮並存，」她想了一想，還說希望與絕望也共存。

戰事進入第四週，俄羅斯的飛機、飛彈，持續地如入無人之境一般恣意亂炸，光是基輔，已有二百六十四位平民死於俄軍轟炸。選擇留下的她們，怎麼穩定心理？生活怎麼繼續？

她笑了笑說，她有狗，還固定看總統談話。

「我每天起來看新聞，新聞說又有哪裡被炸了、哪裡有傷亡，」她描述著戰火下的生活，「網路上有各種頻道啊，Twitter、Telegram，或是政府官員跟公家機關的社交帳號，還有一些獨立媒體，我們現在就每天看這些資訊。」戰爭改變了很多事，史坦妮斯拉夫說，包括她自己在內，她們全家過去從來沒喜歡過現任總統澤倫斯基，「可是現在，我們都覺得他是真正的領袖……我的確覺得澤倫斯基表演性質很重，但現在這種時刻，他能夠把能量帶給身邊人，能夠鼓勵人們。聽他的談話已經成為我們每天一件很重要的事，那給我們希望，覺得他一直在。」

史坦妮斯拉夫說，戰爭最可怕的一點是未知，「很多時候你覺得事情無法控制，不知道戰況如何、未來會如何，但他（澤倫斯基）讓我們知道他一直都在、政府有在做事。這真的很有幫助。」

澤倫斯基還成為她跟俄羅斯朋友的共同話題，「我有很多俄羅斯那邊的反對派朋友都說，烏克蘭總統比俄羅斯總統普丁更懂他們、更尊重他們，還會對他們說話。」她說這是戰爭之後才有的笑話。

同樣在基輔，五十八歲的瓦勒里（Valery），是臺灣科技公司華碩（Asus）十六年的員工，他與我們的訪談也不時發出笑聲，即使基輔才剛又有一座購物中心被炸毀，死了八個人。「這種時候，我們需要幽默，才能夠繼續下去。」

瓦勒里正在等著槍枝的到來，他要親自守護陪在身邊的太太。目前，烏克蘭十八到六十歲的男人不能離開境內，他的太太沒有跟女兒、孫子一同出國，而是留了下來。

戰爭開打之後，本來負責國際採購與物流的瓦勒里，自願加入地方防衛隊，他先從自己拿手的部分開始，負責招募人員、排班，接著幫助政府與加拿大、美國的窗口聯絡，找船、找車，希望把國外的救援物資送進來。他等了很久，就是等不到槍。

但他們先在社區裡設下檢查哨，每一個通過的車輛都要檢查護照、被盤查，以免俄羅斯的間諜或破壞分子潛入自己的社區。他每天的日常，是處理公司的事情之後，再開始處理戰爭的事；即使在戰時，他還是領到全薪，這是許多企業支持烏克蘭的方式。

防衛隊的總部，設在村子裡的幼稚園裡，他拍照給我們看，小朋友上課的地方現在放著頭盔、行軍床，他們在幼稚園裡練習抵抗。

瓦勒里每天最期待的是跟已抵達匈牙利尋求難民庇護的孫女視訊。「我們每天視訊，我們很需要感受到我們在一起、我們還是一家人。」但前幾天，孫女說了讓他不知所措的話。「我的孫女問我說，『Grandpa，他們為什麼要殺我們？』」瓦勒里說話口氣突然變得激動，他深深嘆了一口氣後對我們說，「你不理解，我不是生氣，生氣要幹嘛？我只是沒有辦法回答（我孫女），我完全想不到答案。」

「這場戰爭對我來說，到現在我都還是不能接受。我們有這麼多在俄羅斯的朋友、親人，不可置信！不正常！我們沒辦法解釋這場戰爭，」開戰之後，瓦勒里至今沒有跟住在俄羅斯的親人聯絡，「我現在實在沒辦法跟他們對話，或許以後吧。」

戰事進入到第四週，戰場上向烏克蘭攻來的不只有俄羅斯人。俄羅斯軍方發動白羅斯士兵、敘利亞傭兵，甚至從過去八年占領的烏克蘭東部地區，招募烏克蘭人，殺烏克蘭人。

烏克蘭危機的歷史背景

瓦勒里無法置信的這場戰爭，對哈佛大學烏克蘭研究中心主任、也是《歐洲之門：烏克蘭 2000 年史》（*The Gates of Europe: A History of Ukraine*）作者謝爾希・浦洛基（Serhii Plokhy）來說，這場「烏克蘭危機」是有跡可循的。

瓦勒里（Valery）村子裡的幼稚園，目前被民眾當成地方防衛隊總部。（圖片提供：Valery）

線索之一，是普丁的發言。他在二〇二一年寫下七千字長文，[1] 稱俄羅斯人與烏克蘭人是不可分割的民族，他認為，如今的烏克蘭獨立為國家，是人為干預的不正義結果。普丁也數度表示，自己領導俄羅斯超過二十年，首要任務便是重建俄羅斯民族，重返一九九一年蘇聯解體前的帝國榮耀，而任何影響到俄羅斯民族的「復興」，都是侵犯。

浦洛基寫道：「想理解烏克蘭危機最重要的歷史背景，那便是一九九一年蘇聯的解體。」

在普丁的世界觀之外，現實中的烏克蘭於一九九一年獨立，在一九九四年由美、英、俄聯合簽署《布達佩斯安全保障備忘錄》，確保其主權獨立和安全。但如今，普丁稱烏克蘭與俄羅斯不可分割，於是國際法和任何規範，都可以打破。

回望烏克蘭一九九一年獨立至今，脫離俄羅斯控制之路滿布荊棘。蘇聯解體後，仍有八十多萬蘇聯軍隊在烏克蘭境內，經濟上也緊緊相連，就連蘇聯的部分核武器，都放在烏克蘭。獨立之後的烏克蘭要切斷連結，必須面臨軍隊的忠誠與建立、經濟崩壞與重建的挑戰，還有是否放棄核武確保和平等選擇。即使挑戰極大，一九九三年一月，烏克蘭還是拒絕簽署俄羅斯提出的獨立國協憲章（The Commonwealth of Independent States，ＣＩＳ），只願保持經濟上的合作，並在整個九〇年代，持續拒絕簽署各種安保協議，希望能真正實踐獨立。

浦洛基認為，一九九一年蘇聯解體後，烏俄兩國踏上建立新民族認同之路：「在蘇聯解體之後，俄羅斯的民族建構將自己視作一個單一非分散的民族，以俄羅斯語、俄羅斯文化聯合各斯拉夫族，強調俄羅斯民族的不可分割性，烏克蘭必須是俄羅斯民族的一部分。」

政治領導人如普丁，便利用兩國衝突來建立民族認同和鞏固政權，讓烏克蘭危機不斷升溫。

另一方面，烏克蘭民族的認同，尤其對年輕世代來說，是從一九九一年獨立之後，透過一次次民主運作的試錯，以及面對俄國干涉甚至滲透、侵略下的持守，而逐漸建立的。

獨立後的第一個十年，九〇年代的烏克蘭，在動亂之中嘗試民主的可行性。歷史上接連受到多個帝國統治，烏克蘭的宗教、種族、認同多元，而在獨立之後，主要是東邊與西邊兩股勢力拉扯——東邊是工業化地區的親共產黨根據地，西邊則是曾在歷史上作為波蘭、維也納屬地的民族主義團體。獨立後，烏克蘭民間的幾股力量在議會中不斷對抗，誰也贏不了誰，但多少保持了民主的運行。

走向獨立後的第二個十年左右，烏克蘭的經濟終於有起色，政治上也出現新的選擇，一個來自非傳統政商集團的政治人物：尤申科（Viktor Yushchenko），他在一九九九年底至二〇〇一年中短暫擔任總理，降低中小企業稅負、堵住寡頭企業的逃稅漏洞，烏克蘭的GDP在二〇〇〇年出現六％的強勁增長，同期的工業產值增加一二％，奠定接下來十年的成長基礎。

但表現亮眼的尤申科卻被解職。他隨即成立自己的政黨「我們的烏克蘭」黨（Наша Україна），並在二〇〇二年的議會選舉拿下四分之一選票。眾人看好他在二〇〇四年會贏得總統大選，尤申科卻突然罹患重病，後來調查，他竟是被下毒，面容被破壞、需依賴藥物減輕劇痛。

即使如此，二〇〇四年十月的首輪總統大選投票，尤申科還是拿下近四〇％票數，而親俄的亞努科維奇，也以同樣比例擠入第二輪。第二輪投票，出口民調顯示尤申科將以五三％得票拿下選舉，但開票結果，卻是亞努科維奇以四九・五％得票擊敗尤申科。隨後，亞努科維奇團隊的對話紀錄流出，顯示竄改數據的證據，引起二十萬烏克蘭人上街抗議，開始了以尤申科競選主題色為識別的「橘色革命」（Orange Revolution）。

這場發生在烏克蘭獨立十三年後的大型抗爭維持了幾週，最大規模的一次，有五十萬人上街頭，讓世界第一次看見烏克蘭人走向民主的決心，不再只是將他們視作「前蘇聯國家」之一。這也是現代烏克蘭民族認同的重要一步。

抗爭在外國介入調停下結束。歐盟官員、波蘭總統瓦希涅夫斯基（Aleksander Kwaśniewski）說服烏克蘭總統亞努科維奇支持憲法法院對於選舉結果無效的裁決，十二月二十六日重新投票，尤申科以五二％得票確定當選。橘色革命的結果，也讓更多烏克蘭人以及尤申科相信，國家的變革需要歐洲的支持，且希望以加入歐盟來實現。

遠離俄羅斯的抵抗與韌性

經濟方面，烏克蘭獨立的第二個十年中，在二〇〇〇到二〇〇八年間全國年度GDP成長一倍，達四千億美元，超過蘇聯時期的經濟規模。但腐敗的情況卻更嚴重，且總統與議會任命的總理不斷對抗，也讓政治成為鬧劇，尤申科此時只能主張民族主義，但此舉只有加劇國內社會親俄、親歐之間的分裂，也失去自由派知識分子的支持。

二〇一〇年二月，之前被尤申科打敗的亞努科維奇再起，贏得總統大選。上臺後，亞努科維奇先是將主要政治對手關進監獄，也快速集中權力、累積財富。透過後來揭露的數字，政府的稅收至少有七百億美元流入他個人的海外帳戶。

同時，二〇一三年夏天，普丁對烏克蘭發動貿易戰，一邊禁止部分烏克蘭商品在俄羅斯販售，一邊承諾對烏克蘭提供一百五十億美元的貸款，這對二〇一三年底，面臨債務違約風險的烏克蘭政府有極大的吸引力。

俄羅斯的策略奏效，擋下了烏克蘭走向歐盟的關鍵一步。二〇一三年十一月二十八日，原本將是烏克蘭與歐盟簽下協議的日子，從尤申科任內兩方就開始談判，目標是建立歐盟與烏克蘭的自由經濟區、放寬對烏克蘭公民簽證等。但峰會前一週，亞努科維奇突然喊卡，拒絕簽署任何文件。消息傳出後，失望、憤怒的烏克蘭人走上街頭，展開「廣場革命」。同時，俄羅斯第一筆貸款則快速地匯入烏克蘭。

為期三個月的廣場革命規模比橘色革命更大，數十萬人上街、上百人喪命，最終的結果是亞努科維奇出逃，境內五百座列寧紀念碑被摧毀，而普丁對烏克蘭出兵，進占克里米亞。二〇一四年三月二十八日，在烏克蘭趕走親俄總統、試圖從混亂中找回秩序時，普丁在克林姆林宮最重要的大廳發表演說，他要議會修法，將俄國勢力占領的克里米亞正式納入俄羅斯聯邦。臺下議員們熱烈拍手，三天內即通過新法。

普丁的勝利，沒有讓烏克蘭人離俄羅斯更近。一項基輔國際社會研究所（Kyiv International Institute of Sociology）的調查顯示，二〇一四年一月到九月，烏克蘭人對俄羅斯人持正面態度者，從八〇％下降到不足五〇％；同年十一月，民意調查中支持烏克蘭加入歐盟者，從前一年的三九％成長到六四％，希望加入北約的人也超過一半。

從一九九一年獨立、二〇〇四年的橘色革命、二〇一四年的廣場革命，到二〇二二年俄國入侵後的全面對抗，這是一條烏克蘭獨立的長路，對許多三十五歲以下的烏克蘭人來說，也是國家認同在一次次民主受到威脅時，透過起身參與、發聲而確立的過程。

研究烏克蘭認同的學者克羅斯特麗娜（Karina Korostelina）在開戰後受訪指出，人們在戰事下看見的各種「志願服務」，背後是過去八年，烏克蘭在東部的區域性衝突中培養出來的抵抗意志與韌性，即使全面開戰，人們仍以非常有創意的方式，試著參與。

「有人用玻璃瓶做汽油彈，有人打他們所能找到的每一支俄羅斯門號，對電話那一頭告知真相，有人當醫療志工，有人買食物給流離失所的人吃。每個人都參與其中，這是最重要的事。」

戰爭下，人們更清楚自己是誰

史坦妮斯拉夫是二〇一四年廣場革命的參與者之一，事件結果曾讓她感到害怕，「很怕俄羅斯會再往前一步，其實很多人從那時候就開始逃亡，或是被迫離開家園了。」她說出這個世代在俄羅斯威脅下的生存壓力，過去八年，俄羅斯在東部的侵略，已犧牲超過一萬三千名烏克蘭人的生命。

但現在，史坦妮斯拉夫說，「我有種『我們是重要的，要留下來一起重建自己的家』的想法，我在戰前從來沒有這樣想過。」史坦妮斯拉夫說，一開始，戰爭下人們自覺渺小，但是，「現在，我覺得每一個小事都是重要的，我好像更知道我為什麼要畫，然後我想要為我的人民服務。」她的語氣愈來愈激動，彷彿在集合場受到號召。身為藝術家的她在社交網站上畫插畫，有時鼓勵人，有時畫出大家此刻的心情，表達陪伴，她也為民間的募資行動、各種線上動員畫主視覺。

「或許真的就是『每朵烏雲都鑲了銀邊（silver linings）』吧，戰前會覺得人跟人之間好像沒什麼關聯，每個人都只為自己而活，現在，每個人都在扶持著對方。」

對三十九歲的歐蓮娜（Olena）來說，俄羅斯從資訊戰到領土的蠶食，從未讓她卻步，跟著烏克蘭獨立之路長大的她，長期提倡性別平等、LGBTQ+權益，希望在祖國創造一個理想社會。

歐蓮娜認為，俄羅斯的威脅一直都在，只是過去八年人們不直接面對，如今反而有機會團結，「（過去幾年）烏克蘭的性別權利慢慢地有所進步，而我們都知道俄羅斯那裡是什麼樣子。」戰爭發生後，歐蓮娜看到性少數社群的恐懼，他們無法想像活在俄羅斯統治的地方。於是他們邊躲避戰火，邊起身出力，提供二十四小時的諮商熱線、提供同志安全的庇護所，或是向國際社群求援等，至今處理了近二百四十多件援助需求。

在戰爭中，歐蓮娜看見烏克蘭社會擁有了一段新的共同經歷，作為擁抱彼此的動力。過去，每次在同志遊行、性別議題倡議現場搞破壞、放話威脅的反同團體，在戰爭期間主動協助歐蓮娜，協助載送需要離開國家的同胞抵達邊界，不問他們的性向、性別認同。

瓦勒里說，國家在戰爭中轉變，給了他完全超現實的感受，他正與青年們一起接受來自

史坦妮斯拉夫本是藝術家，她用畫筆記錄戰爭中的點滴以及許多奮鬥的身影。圖為烏克蘭知名的掃雷犬「子彈」（Patron）。（圖片來源：https://www.instagram.com/nezoriy/）

烏東軍官的訓練，「我成為一個群體中的一分子，除了排解我的焦慮不安，也讓我可以一步步為我的國家、城市、家庭而戰。這一切是這麼地超現實，唯一讓人踏實的路，是成為一起前進、一起努力的一員。」

除了團結，凱特認為，戰爭之下，人們也更清楚自己是誰。「因為我們是民主國家，每個人可以做自己的樣子、說你想說的語言，所以烏克蘭社會人們有各種認同，但現在，人們會認真地去想自己是什麼樣的人，誰能代表自己，也看著俄羅斯怎麼對待自己的國民，更讓人知道自己不要什麼，這讓我們珍惜烏克蘭擁有的一切，包括言論自由、人權、多元的意見等等。對我的世代來說，那些價值深植在我們心裡，我們這個世代也都看到了各國的生活，知道要怎麼選擇。」

「過去跟別人說烏克蘭，別人都說不知道，只能跟他們說『就是俄羅斯旁邊的那個』，現在所有人都知道烏克蘭是誰了，我一直夢想的就是這個，只是沒想到是因為戰爭。」

1　http://en.kremlin.ru/events/president/news/66181

5 從地獄裡生還：馬里烏波爾地方報總編輯如何「留住」家鄉和真相

文字——劉致昕

四十七歲的安娜・穆利基納（Anna Murlykina）沒有想過，自己出生的城市——馬里烏波爾（Mariupol）會因俄羅斯總統普丁的全面性開戰，而有了史無前例的磨難。至今近兩個月，零下低溫中的城市斷水、斷電、沒有食物、沒有暖氣，電視跟手機訊號被俄軍接收或破壞；而作為一個地方網路媒體總編輯，她也跟許多新聞人一樣，沒有放棄真相。開戰二個月來，除了媽媽死去的那天，她每天發刊，揭露包括國際媒體都無法記錄的「過濾營」（filtration camps），記錄下城市裡最後六個醫生救人的身影等事蹟。

透過越洋採訪，穆利基納告訴我，一份僅存二名成員的地方報，如何在戰火下，與馬里烏波爾讀者協力，和俄羅斯廣播電臺、電視臺抗衡。問她們為什麼冒著死亡風險還要繼續做？

她說：「戰爭裡本來就不一定有明天。」

開戰之前，穆利基納與同事，報導的是馬里烏波爾年輕人的致富計畫和創業故事、冬季尾聲滑雪團的特惠消息、當地超市的二月優惠折扣，又或是週末城市裡的婚禮盛宴。

開戰之後，穆利基納說，自己在記錄「從地獄生還的馬里烏波爾的故事」。

位於烏克蘭南方的馬里烏波爾，在俄羅斯入侵前是烏克蘭的經濟引擎，有歐洲最大鋼鐵廠之一的亞速鋼鐵廠（Azovstal），也是重要的港口城；有歐洲糧倉之稱的烏克蘭，大部分的糧食都從這裡輸往世界。而在普丁口中最新的戰爭目標中，馬里烏波爾是俄軍拿下烏克蘭東邊、南邊侵略計畫的最後一塊拼圖。

超過萬名俄軍，二個月來包圍馬里烏波爾，讓原人口四十餘萬、約三分之二個臺北市大的馬里烏波爾，成為九成以上被炸毀的血洗之城，當地政府稱已超過二萬一千名平民死亡。紅十字會以世界末日形容當地的現況。

聯合國祕書長古特瑞斯（Antonio Guterres）稱將用各種資源拯救當地平民，並抵莫斯科與普丁會談，要求俄方承諾人道疏散，隔日卻遭俄方否決；烏國總統澤倫斯基持續要求俄軍為這座城市另開和平談判。同時，普丁多次宣稱已圍城勝利，逼烏軍盡快投降，光是四月二十六日一天，俄軍就對亞速鋼鐵廠轟炸三十五次——鋼鐵廠地底碉堡是馬里烏波爾居民與當地守軍的最後避難所。

二〇二二年四月二十八日，馬里烏波爾守軍發出一支求救影片。[1] 烏克蘭陸戰隊第三十六軍團指揮官沃利納（Serhiy Volyna）說：「我們作戰六十二天了，現在已經完全被圍困，

資料來源：Institute for the Study of War、Natural Earth、Google Map
資料最後更新時間：2022/4/26

有數百平民跟我們一起困在這裡（馬里烏波爾鋼鐵廠），包括數十個孩童、沒辦法移動的傷者跟老者。我已經跟全球的領袖們請求過，向全球的外交官們，向教宗，用我所有的聲音向你們請求協助我們撤離。（否則）在這裡的人們，即將死去，沒有其他下場。傷者會死，還活著的會死在戰鬥之中，躲在防空洞、在家裡、在建築物裡的老百姓，也會一一被射殺，跟我們一樣，全被殲滅。」

地方報成為掙扎求生者的戰地共筆

回憶開戰之前，穆利基納坦承，人們沒做好準備。「人們本來以為事情只會如二〇一四年[2]那樣，所以當戰爭全面性開打，這座城市其實沒有準備好，記者們也都沒準備好，我們沒有頭盔、沒有防彈背心、沒有衛星電話，」穆利基納回憶。

但從戰爭一開始，馬里烏波爾就是進攻的重點，當地居民形容，最高峰時每分鐘轟炸一次，空氣中滿是粉塵、玻璃碎屑，人們的皮膚跟眼膜隨時都感受到一陣陣因爆炸而傳來的音波，居民稱房子在「發抖」、地殼在搖，飛彈一步步癱瘓城市，人們只能趁空檔逃難，在處處可見屍體的社區裡求生，每天承受被炸彈擊中或是遇到俄軍的風險。

戰爭第一週，俄軍先是包圍整座城市，燒毀二座戰備存糧的倉庫，攻擊城市中十五處主要電纜，讓整座城市斷電，進而失去暖氣供給；同一天，自來水供應系統、天然氣管線、行動網路基地臺也全被破壞。最大的消防隊工作站也成為空襲目標，摧毀當地的救災能力。

至三月一日，開戰第六天，俄羅斯已成功對馬城實質封鎖，「斷網、斷電、斷水，所有一切資訊傳播都被切斷了，地方記者沒辦法工作下去，也無法把訊息傳出去，」穆利基納說，作為 0629.com.ua 總編輯，她旗下的廣告業務部門決定逃到歐洲其他國家，遠端繼續業務，編輯部門有二名員工辭職，稱不可能繼續採訪報導的工作，另二位記者則拿起槍，加入地方防衛隊。

「事實上，我們整個編輯團隊就剩二個人，我跟艾連娜・卡雅基納（Alena Kalyakina），」穆利基納感嘆，二個人逃到安全的地方後，透過過去的人脈，從各地軍方、地方防衛隊收到第一手的訊息、照片、影像等，掌握城市的現況。有的民眾也想辦法尋找訊號，傳遞訊息給 0629，希望將各地的危險、人道走廊遭受的攻擊等傳遞出去。0629 網站上，開始出現每天最新且重要的消息，包括人道走廊情況、叛變的軍人照片、各區的避難狀況等等，提供軟性新聞的地方媒體一夜之間變身成為一份戰爭下的「共筆」。

「我不知道我究竟需要多少力量，才足以面對這場考驗，但我知道我們的工作現在非常重要，我們必須蒐集那些成功從地獄生還的馬里烏波爾的故事。」穆利基納說。

身兼記者、編輯、研究員的兩人，每天工作十二到十六個小時，除了穆利基納喪母的那天，她們連續二個月未停。

在地記者蒐集平民之聲，見證戰爭罪行

穆利基納十六年前創 0629.com.ua，希望用自己的專業，推動家鄉在政治、經濟、文化各方面的發展與繁榮。她打破一般烏克蘭媒體仰賴政府或財團資金的陋習，希望靠著中小企業的廣告，打造一個健康的地方媒體。二〇〇六年創立的 0629.com.ua，員工數約十人，報導地方觀光、財經、生活、政治、文化，各種市民生活所需的資訊，但戰爭開始後，這座地方報網站，成了留存戰爭罪的重要據點。

正在烏克蘭境內，記錄戰爭死傷與兩軍交火的聯合國烏克蘭人權觀察團（The UN Human Rights Monitoring Mission in Ukraine），負責人包格納（Matilda Bogner）對媒體說：「一旦如馬里烏波爾這樣的激烈交戰地帶的慘況揭曉，我們確信，平民死傷的真實數目，將遠大於目前所知的數字。」統計至四月二十日，人權觀察團已記錄五千二百六十四個平民死傷個案，但在四月的第三週，透過衛星照片，馬城近郊就被揭露至少有三個大規模的新墳場，俄軍正在將屍體埋入土中，可能嘗試湮滅證據。根據國際法，戰爭中無差別地對平民展開攻擊即是犯

罪，俄軍的指揮官皆必須受審。

「他們（馬里烏波爾市民）每個人的經歷，就是審判俄羅斯的明證，」0629.com.ua 刊登來自 Mitropolitskaya 街一〇八號的卡特林娜（Kateryna）的故事，就是穆利基納口中的證據之一：

三月十三日那天，我跟死亡擦身而過三次。

凌晨四點，我夢到死去的媽媽，夢裡我們遇見大火，但媽媽把我帶去了安全的地方。從夢中醒來沒多久，我發現隔壁開始燃燒，有毒物質跟氣味開始出現，一連串的爆炸跟高溫愈靠愈近。我必須把人們叫醒，不然他們沒有機會醒過來了。

人們在濃煙中試著逃離避難所，我跟我先生、我的狗，顧不得宵禁直接逃了出去。接著立刻遇上俄方的破壞分子，他們朝我們開槍，我跟我先生往另一個中庭逃，結果遇上一個有迫擊炮的俄軍小隊，那一刻我覺得像戰爭電影一樣，我老公抱著我躲在牆後的時候，我們覺得自己就會死在這裡了，在這裡被轟成碎片，我老公對我說他不知道該怎麼辦，那是戰爭開始後他第一次這麼說。

還好我們順著迫擊炮的燈光看到建築物的門，我們衝過去敲門但沒人應，換下一扇門繼續敲，直到其他人也來敲門、大叫屋主名字的時候，他們才把門打開，但這時候迫擊炮已經發射了，我們被轟炸的力道震到門裡面。第二次爆炸時，我跟一群不認識的人互相掩護彼此的身體跟臉，第三次爆炸，我已經在室內、臉部朝下。我告訴自己，我終於安全了。等俄軍走了之後，我們後來還是選擇回到了一開始的防空洞躲藏。但幾個小時之後，突

> 然有二個很大的爆炸聲，我們的房子開始搖，發出聲響，有些裝潢開始掉落，我們趕快拿著東西跑到走廊上，結果看到隔壁的人往我們的方向跑，全身是血、帶著眼淚、有人在尖叫，他們全都朝我們這邊跑來，但來不及了，他們的出入口開始崩塌，有人跑了出來，但有的人，掉落的水泥塊就落在他們身上，把他們埋在下面。有人說當時還聽得見他們的聲音，但沒幾分鐘，他們就被粉塵窒息了，我們沒有設備或機器去移開那些水泥塊，沒有辦法。
>
> 沒多久，有些人大喊著來這裡找他們的家人，有個全身發抖的女孩，只找到她全身是血的媽媽，她一直問「爸爸呢？爸爸呢？他還活著吧？告訴我他還活著！」沒有人能夠回答那個女孩。其他人也陸續過來找他們的家人，有個人沒找到，當場心臟病發死了。
>
> 我一直記得社區裡的一個家庭，一個媽媽跟她的兩個小孩，他們總是能逗人們發笑，還會唸詩，有人說他們沒來得及逃出來，但我想要相信他們只是逃到了另外一棟大樓，我想相信那個最好的結果。這是我的一天，一個悲慘的一天，我只能傳達大概五％的情緒，我知道有更多的人，過得比我慘，失去的比我多太多、太多。

穆利基納與同事們，主動尋找在馬里烏波爾各地的故事，受訪者可能是事件的當事人或目擊者，「我們到處試著聯繫他們。我們的讀者是很大的支持，主動幫我們尋找願意受訪的人。」在戰爭開始前，0629.com.ua 有個超過六萬人的 Facebook 社團，那是他們蒐集資訊與戰況最直接的管道，許多居民也透過 Instagram 發文，標注 0629，讓 0629 能透過 Instagram[3] 的分享直接把訊息告訴讀者，或者聯繫張貼者進行採訪。「社群媒體的重要性現在比我們的母網站還高，尤其在網路訊號不好、通訊環境這麼差的情況下，社群媒體上接收資訊是快又簡單的方式。」

但穆利基納嘆道：「很不幸的，Facebook 在這種情況下是很不友善的角色，它的演算法事實上阻擋了烏克蘭記者們第一線的報導，我們一直看到『你的影片違反了我們的社群規範』這句話，Facebook 最後封鎖了我們的社團——六萬個馬里烏波爾讀者彼此互通消息的地方。我們現在必須從頭來過。」

來自戰場的真實影片反而成了平臺封鎖的內容，穆利基納只好從頭開始建立新的社團，目前只有數千人。

被轟炸的醫院與留守的醫生

戰火下的地方媒體，另一個重要的角色，是記下國際媒體所不知道的故事幕後。

二〇二二年三月十四日，馬里烏波爾婦幼醫院慘遭空襲，一張孕婦下體流血被擔架推出的照片震驚全球。世人不知道的是，因醫院被炸而轉至其他醫院的病人們，在四月初，又成為攻擊標的。

0629.com.ua 團隊認識留在城市裡的最後六位醫生之一，透過採訪，她們記下在僅存的最後一座醫院——馬里烏波爾市立醫院，被俄軍完全摧毀前的工作情況。醫院裡沒有任何軍人，三百位病患都是平民，但一樣被攻擊，其中一位醫生待到最後一分鐘才跟著傷者離開。

我們跟其他醫院一樣，缺乏水、藥、汽油，靠著善人幫助，我們才有機會運作，但我們永遠不知道明天還能不能做下去。

三月二十日，大部分的醫生都離開了，剩下六個醫師，照顧（婦幼醫院送來的）受傷的孩子，跟本來在市立醫院裡面的病人。（因為需要大量的手術）每個醫生都變成了外科醫師必須動刀，每個護理師也都變成了醫師，每個人都試著盡可能地幫助傷患，但同時飛彈一直掉下來，有的醫生就死在病人旁邊。

還有三百個病人還在醫院裡頭，最小的二個月大，還有一些孤兒。我們一直努力維持著這三百個人的性命，直到四月四日，我非常肯定俄軍是衝著醫院來的，他們再次對醫院開火，那是人間煉獄。

炸彈就這麼飛進辦公室，然後爆炸、開始起火，我很難告訴你我的感覺是什麼：當我看到一個金屬的片狀物直直朝我的同事心臟飛去，然後他當場死亡。

（俄軍開火之後）火開始燒，我們趕緊疏散醫院裡的病人，能走的就請他們趕快移動到地下室。對醫院的轟炸從那天（四日）持續到五日，當他們終於停止的時候，我們的醫院已經全部沒了。

我們的病人，尤其是孩子們，都被帶到了東部的俄軍占領區，我們有四個孩子的情況特別危急，我希望他們會被好好對待。我們的醫院就是這樣被毀掉的。我們所努力的一切就這樣消失，我們剛買的先進設備就這樣成為廢鐵。

無論如何，我不想讓我的故事結束在這麼悲慘的情節。我想強調，醫生們非常地自豪，我們讓病人們都還能繼續存活著，他們還能繼續存活下去，如果他們被俄軍帶走之後能受到正確的醫療照護的話。

這是那位我告訴你的孩子，他的爸爸媽媽在空襲中死掉了，我們緊急動手術救活了他。他很害怕，我們給了他紙跟筆，但他（除了黑色）什麼顏色也不用，一切都是黑色的，黑色的房子、黑色的人，但一直到我陪伴他的最後一天，他畫了海。我很希望他的眼睛能趕緊好起來，顏色會回到他的生活、回到我們所有人的生活。希望黑色離開我們的國家。

根據 0629.com.ua 的紀錄，婦幼醫院轟炸的另一個後續，有孩子被送往市立醫院，有的被送到城市裡最大的劇院。另一篇 0629.com.ua 的報導，是劇院裡的演員投稿。

原來，劇院在開戰後成為市區內最大的避難所。這位演員看著劇院團員如何分工，舞臺、後臺、更衣室，以及劇院裡的餐廳，如何一步步成為上千人索取食物、物資，以及軍隊、警察服務人民的地方。人們志願挽起袖子掃廁所、煮飯、做簡單的醫療照護。婦幼醫院的孩子加上愈來愈多的避難家庭，人們在劇院的室外空地以俄文寫了大大的「孩童」字樣，要俄軍的轟炸避開此劇院。但最終，至少三百人死在塌下來的劇院殘骸之中。躲過婦幼醫院轟炸的民眾，沒能躲過這次。

演員的投稿以一幕、一幕來寫，最終為劇院寫上閉幕詞，放上她同僚的名字。如同受訪

一位失去雙親的馬里烏波爾孩子的畫（圖片來源：0629.com.ua）

的醫生一樣，他們在報導裡記下一同守到最後一刻的同僚的名字，在名字後方的括號裡加上（失聯）或是（死亡）字樣。

揭露俄國占領區的「過濾營」

「這些都是很沉重的故事，很難，這件工作會在精神上折磨你、耗損你，心理諮商師會跟你說，要轉換心情、脫離一下這些，去外面呼吸新鮮空氣、散散步。不要一直浸在戰爭的訊息裡，但我們的職業跟現在戰事推進的速度，我們不可能這麼做。」穆利基納的心急，是因為她們除了看見證據在消失，也看見戰事不斷升高、進化，地方媒體必須持續對外揭露。

在烏東地區所謂的過濾營（filtration camp），便是戰場上新的手法之一。

每一個在俄羅斯占領區域的烏克蘭人，都被要求要經過「過濾營」過濾，人們被帶到那裡去，有的就被留在營內……有時候他們需要等上數週。所謂的過濾，就是數小時的拷問，人們被全部脫光，檢查身上有沒有武器，查看身上有沒有刺青或是任何從軍、心向烏克蘭的符號。

「每個人都要留下指紋，被俄羅斯聯邦安全局[4]人員跟心理師審問，審問的目的是為了摸清每個人對俄羅斯的想法、對政治的態度，如果支持烏克蘭、如果是烏克蘭記者，是絕對過不了關的。發現任何一點對烏克蘭的忠誠，這個人就會被關起來。關起來之後會發生什麼事，一切未知。至今，我們已經知道了至少五座過濾營，[5]」穆利基納說。

0629.com.ua 採訪經歷了過濾營、進到俄國境內又逃到他國的烏克蘭人，其中一位受害者來信投稿，化名為伊利娜・雷茲尼申科（Iryna Reznychenko）。她和父母一起經歷三天的排隊、審問，父親最後一眼失明。她詳述在馬里烏波爾，人們試著逃離戰火後，卻又得被過濾的過程：

> 首先，好幾個軍人從裡到外地盤查了車子，然後把我們一家一個個帶進過濾營區，他們在我們身上尋找刺青的圖案，男生全身被扒光，站在路旁被檢查，手機裡面的檔案跟照片、訊息也被他們一一清點。

被帶進過濾營區裡面之後，蒐集指紋、影印證件留存，另一個士兵在精神上折磨你，問一些挑釁的問題：「你喜歡你的政府嗎」、「你想活嗎」、「你有把票投給這個小丑（指烏克蘭總統）嗎」、「我把你耳朵割掉你會怎樣」，或喊「榮耀歸於烏克蘭」然後觀察你的反應。

如果是對男人，他們會不斷逼供，用暴力、酷刑。在我們過濾的過程中，在我們面前，有兩臺車沒有「通過」過濾營的檢查，被軍車帶去別的地方，再也沒有回來。

我爸爸一直到半夜才被放回來，因為他的手機通訊錄是空白的，所以他們就把他打到一隻眼瞎了。

我們開車離開的時候不被允許開燈，所以我們點亮車子裡的小燈然後試著找路往前，發現那是一條死亡之路，路上是被燒毀的車、有被轟炸的痕跡，有時侯有被燒過的屍體，人體碎塊。

與俄國假新聞和死亡威脅賽跑

記錄事證、揭露罪行，穆利基納不僅要與時間賽跑，還要與俄國的宣傳機器對抗。從二〇一四年俄羅斯侵略烏東與克里米亞以來，那是她們一直面對的挑戰。

「假新聞足以影響人心」，她先為八年來的資訊戰下結論，她稱俄羅斯的宣傳機器運作得相當有技巧，每則宣傳都是真假相伴，但用完全脫離現實的方式去述說、包裝。「可怕的是，捏造地愈惡意，人們就愈容易相信它。」

她舉出戰前的一個例子，二〇一五年一月二十四日，俄羅斯第一次對烏克蘭民宅發射飛彈，三十二個人死亡、一百五十人受傷，數十間房子全毀或半毀，但俄羅斯卻開始宣傳，說是烏克蘭的軍人夜半偷偷動了手腳、換置飛彈發射的位置，想裝成是俄羅斯方發射過來的飛彈，「嫁禍」在俄羅斯身上。「他們告訴人們是烏克蘭軍方對自己人民發動攻擊，而許多人相信了，」穆利基納無奈說。

戰爭發生之後，0629 在網站上透過當地人脈的事實查核、電話確認，試圖一一戳破俄國宣傳，但俄軍祭出鐵腕，直接強關烏克蘭媒體，在馬里烏波爾市內，俄國的電臺強壓當地的訊號，網路、電視臺訊號也都被切斷。

根據烏克蘭大眾傳播研究中心（ＩＭＩ）的紀錄，全面開戰二個月後，俄軍對烏克蘭或派至烏克蘭的國際媒體工作者，犯下至少二百四十三起罪行，光是在四月二十四日一天，就有七個記者在採訪現場死亡、九個受傷、至少十五人失蹤。除此之外，還有至少十四個來自馬里烏波爾的記者失聯。

紀錄中指出，俄軍針對媒體的攻擊，包括轟炸、威脅、騷擾、網路攻擊或直接接收電視塔或辦公室等，攻擊尤其針對烏克蘭語的廣播電臺與電視臺，俄軍也切斷俄占領區民眾對烏克蘭媒體的接收管道。至今，烏國已有至少一百零六個區域媒體因俄軍攻勢與占領而被迫關閉、停止運作。

0629.com.ua 一直是被針對的目標之一，來自駭客的網路攻擊不斷，其中一次，駭客直接將 0629 的標誌換成了俄羅斯國旗。至今 0629 能持續發刊，一方面是團隊的努力，另外部分便是穆利基納以生命為代價的堅持。

「我們幾乎每天都收到威脅信，」穆利基納讓我們看其中一封來自 dimaw3tburov@mail.ua，發信人為 Dima Burov 的威脅信，信中寫道：「妳如果不怕被俄羅斯聯邦安全局關進西伯利亞的流放地，就繼續為烏克蘭政權說話吧，但至少準備一些溫暖的衣物，妳會在牢裡放一個很冷很冷的『長假』。」

穆利基納說，她不是不害怕，但這場戰爭讓她們學會一件事：「把握當下，因為你可能沒有明天。」

四月底的母喪沒有打敗她的意志，她在紀念母親的貼文中寫道，她沒有難過的資格，她感恩自己陪著媽媽走到最後一刻，並能安葬她，「成千上萬的馬里烏波爾居民，沒有這樣的幸福。」

---

1 https://www.youtube.com/watch?v=_5SJpIxL2QM&t=6s

2 指俄軍併吞克里米亞、較小規模的侵占烏東區域等行動。

3 https://www.instagram.com/mariupol_live/

4 俄羅斯聯邦安全局（Federal Security Service；FSB）前身為國家安全委員會（Komitet gosudarstvennoy bezopasnosti；KGB），該組織是蘇聯在冷戰時期的情報機構。

5 分別位於 Novoazovsk，Mangush，Nikolsky，Bezemynnny，以及 Rosa-Luxembourg。

6 走進俄軍占領三個月的赫爾松，烏克蘭人如何從「統戰」手段裡求生？

文字——劉致昕

烏克蘭南部大城赫爾松（Kherson）是俄烏戰爭開戰後第一座落入俄軍手中、也是至今唯一一座被俄軍占領的省級城市。俄軍支持的新政府已在此成立，強迫使用俄國貨幣、改時區、換電話國碼、要求學校使用俄國課本。全面「被俄羅斯化」之下，赫爾松人民仍在街頭、在網路、在群組之間抵抗。

我們透過越洋連線採訪三位赫爾松居民，聽他們如何在俄軍眼底下保有自我、求生，並透過他們的眼，看這場俄羅斯軍人與烏克蘭平民的最近距離相遇。

俄烏戰爭進入第三個月，在俄羅斯官媒的世界裡，歐薩娜（Oksana Glebushkina）的家鄉赫爾松，是烏克蘭最早被「解放」的城市，也是如今烏克蘭境內最「平靜安全」的地方。

位於關鍵戰略位置的南部城市赫爾松，是俄軍要往東拿下馬里烏波爾、往西拿下奧德薩，攻下兩大烏克蘭港口城市的必經之地，也是俄國占領的克里米亞地區淡水水源的上游。二〇二二年三月二日，開戰的第一週，俄軍快速拿下二十五萬人口的赫爾松城。

占領區下的日常生活

在俄羅斯電視臺播出的宣傳影片裡，俄軍為此城提供人道救援物資與乾糧，居民主動迎接俄軍；而赫爾松的前任官員，以及親俄的部落客，組織「軍民行政機關」（military-civilian administrations）和緊急救助委員會，成為當地與俄國合作的「官方代表」，策動在地人與烏克蘭軍「對抗」。

五月九日二戰勝利紀念日[1]當天清晨，宣稱是赫爾松人民的遊行隊伍，慶祝被俄軍「解放」。六月一日，俄軍將在廣場為孩子們免費播放電影，舉辦娛樂活動；片單上的影片最新也是五年前的電影了，主題包括反波蘭、讚頌俄羅斯。

俄羅斯電視臺上沒播的，是像歐薩娜與她八歲女兒和年邁老母親這樣，為數更多的平民，在戰爭下的日子。

自俄軍占領後，歐薩娜每天的行程是這樣的：

早上五點起床，提防俄羅斯情報人員破門而入、潛入盤查文件；

白天在街道上行走時，要備好第二支手機、使用各種網路應用的第二個帳號，以免俄羅斯軍警無故盤查、羈押甚至毆打；

經過檢查哨時得謹慎應對，身上的財物要藏好；

下午三點後不能上街，因為俄軍會開著車，時不時無故開槍。

除了顧慮安全，她還要為一家三口張羅稀缺的食物和油品。為此，歐薩娜得抓準商店上架時間，排上數小時隊伍補貨；她甚至要到特定地方搶走私進來的汽油、藥物，或私下與小農交易農作物。

「我們像是活在平行世界一樣。俄羅斯對外打造出來的劇本跟真實世界是兩個模樣。」歐薩娜是單親母親，開戰前，她已備好地下室的發電機以及存糧，躲過第一週的空襲。但她沒想到，俄羅斯留土不留人，全面性製造恐懼，如今城市裡只剩約六成人口。

俄軍以恐懼進行統治

今年三十八歲、仍留在赫爾松的藝術家米哈伊爾（Mikhail）透過越洋電話，向我們解釋俄羅斯人製造恐懼的方式。「他們帶著武器在街上走，在城市裡建立檢查哨，檢查每一臺車、每一個戴口罩的人。他們用催淚彈、震撼彈驅離表達抗議的人們。他們試著表現出一種他們不打算離開的樣子，要在這裡建立效忠於他們的假政府。」「他們幾乎搜遍了每一戶，用他們手上握有的資料，要找出那些曾經參與政治的人、參加社會運動的人、曾經從軍或參與烏東戰役的人。他們綁架並逼迫當地的公務人員為他們工作，如果不願意，就以死亡或綁架作為威脅，硬是逼對方離開這座城市。」

米哈伊爾說，他的一位朋友被綁架至今沒有消息；一位鄰居，因為以手機拍攝俄軍發放物資的畫面，被關兩週。

歐薩娜說，俄羅斯情報人員著便衣，在公車站、街上、廣場盯著人們，「除非他們開口說話，你永遠不確定誰是自己人，誰是他們。」在NGO工作的歐薩娜，形容恐懼與威脅隨侍身旁：「你知道危險離你並不遠，但不知道它什麼時候降臨身上，沒人知道誰會是下一個受害者，這裡沒有法治、沒有規則。」「有一次，早上五點就有幾輛車開來我們家的那條街，幾個帶著武器的人來敲門。沒應門的那一戶，他們就用爆裂物把門炸開，進去找東西，把電腦、手機、筆電帶走；若有人應門，他們就直接把人帶走。」

她說，地方的人都知道，赫爾松有超過五百個人被關押在臨時監獄裡。被抓的人也被迫要供出其他的人，在被釋放出來前，還得簽下一張未來無條件配合俄羅斯政府的文件。

歐薩娜許多朋友被抓、被刑求、被消失，有的被放逐到克里米亞。「像是對烏克蘭人的大獵捕行動一樣，」她認為，俄國的目標是把每個人都抓一遍——用打壓、威脅、騷擾等，讓赫爾松成為一個絕望之城，逼潛在的抵抗者和行動者離開，讓俄羅斯更容易統治。

居民的抗爭與自救

赫爾松居民回應恐懼鎮壓的方式，讓俄羅斯及世人出乎意料——他們上街抗爭。

三、四月，赫爾松街頭出現連續多日的街頭抗爭，規模最大超過兩千人。烏克蘭平民對著開著坦克和拿著槍的俄羅斯軍人破口大罵的畫面，從赫爾松傳向世界。

「我第一次聽到有人要發起抗爭，我以為那會是唯一一次，」米哈伊爾回憶，在地居民透過加密軟體、社交網站，上傳自己抗爭的畫面，激起更多人的抵抗。甚至在四月二十七日，俄軍試圖舉辦假獨立公投、捏造投票結果的當日，居民們成功以集結抗爭，停止在地親俄勢力的行動。

「就算（俄國警方）發射震撼彈、塑膠子彈、催淚彈攻擊，人們還是上街了。儘管人們可能被綁架、被獵殺、被情報人員追蹤，但人們還是上街了！」米哈伊爾激動地說。

參與四月二十七日抗爭的居民之一，是線上社團「黃膠帶」（Yellow Tape）團隊。年僅二十出頭的他們，因安全理由，匿名接受我們的訪問。

「黃膠帶」以建立網路公開活動的方式，分享抗爭資訊，讓有意參與的民眾，能夠看見占領之地的人民力量。「叫黃膠帶，是因為黃色是我們的國旗色之一，當時，我們家裡就只有黃色的膠帶，我們猜每個人家裡都有黃色的什麼吧。」隔著網路連線，二十歲的匿名組織者說，他們鼓勵烏克蘭被占領區民眾在公園、路燈、行人道上貼上黃色記號，為彼此打氣。

在與俄國軍警互動的過程中，「黃膠帶」成員還發現，與他們交手的俄國人對於言論自由、集會自由權利的陌生與嚮往：「我們知道被捕之後會發生什麼，審問、拷打等等的，但我向你保證，敵人的士氣相當低落，他們的軍隊忠誠度值得懷疑。他們看到我們國家的團結時，非常驚訝我們對於言論自由、集會自由的理解跟堅持，在俄羅斯沒有這些。」

一開始，「黃膠帶」成員只有兩人，但他們在赫爾松的行動，吸引了其他被占領地區民眾的效法。「黃膠帶」主要成員如今有來自烏克蘭被占領地區共數十個人，有些人負責在各地發黃膠帶，有人準備印海報，有的跟烏克蘭官員聯絡、一起辦活動。

除了實體的抗爭，赫爾松的民眾也透過加密軟體組成線上自救會，歐薩娜形容，那是以建築、社區為單位的互助團體，人們透過群組回傳最新的檢查哨位置，製作應對手冊、被捕時的須知，也在群組內齊力查核謠言。隨著物資被封鎖，人們開始在群組內互通有無，建立待救助清單，接著有廚師號召人們一起供餐、向國際募款、協助發送餐點。最高峰時，志工們為傷者、老者和無家可歸的人，每日提供五百份餐。

「那像是一個地方上的小社會一樣，以一棟一棟房子為單位的，人們在這裡組織起來，找到一個方法救助彼此，一起在戰爭裡活下去。」歐薩娜補充，群組裡的互助也包括心理支持，他們每天互相問候打氣。「尤其有些朋友受到不實訊息的影響，可能會生氣、絕望，你只能陪伴他，並幫助他冷靜下來。」

當居民的群組逐漸上了軌道，他們也與烏克蘭軍方共建群組，隨時回報俄軍位置；或是建立線上表單，讓赫爾松居民們共同將被刑求拷問的傷痕、被關押的過程、被俄軍破壞的房舍街景等，透過上傳照片和貼寫表格方式留存。以此為據，他們未來將透過法律行動討回正義。

俄軍利誘、分化、吸收在地協力者

面對當地民眾強力的反抗力道，俄軍除了製造恐懼外，也展開利誘、分化、吸收在地協力者。他們似乎有一套完備的策略，除了持續逼走反抗者，也讓走不了的人放棄希望、改變意向。

1. 逼走現任官員，吸納失意政客

在二〇二二年四月二十六日，戰爭滿兩個月時，赫爾松市市長柯里哈耶夫（Igor Kolykhayev）終因不願「合作」，被迫下臺。俄軍另安排一位蘇聯時代曾任俄國情報人員的柯貝特（Oleksandr Kobets），成為代理市長。

同時，俄羅斯勢力所建立的「軍民行政機關」，透過吸收過往敗選政客和低階公務人員，在赫爾松行政機關中擔任要職，包括一位開戰後宣示挺俄、在當地有影響力的政治人物薩爾多（Volodymyr Saldo），他曾在二〇〇二至二〇一二年擔任赫爾松市長，二〇〇八年獲得全國最佳市長獎，二〇一四年烏克蘭發生廣場革命時，他站在親俄的前任總統亞努科維奇那一邊，支持制定法律，強硬對付廣場革命中的抗議群眾。

薩爾多是個具高度爭議性的在地政客。他經營建築業，是俄羅斯東正教教會的長期捐款者，在二〇一六年時甚至試圖綁架他人，以毀掉對方手上握有的薩爾多與俄國情報單位的通話錄音。他也長期擔任俄羅斯電視脫口秀的來賓。

在二〇二〇年再度參選赫爾松地方選舉卻落敗的薩爾多，二〇二二年三月中開始上街遊行，支持俄軍「維持秩序」，建立「和平與秩序救援委員會」；四月二十六日，他正式成為赫爾松軍民行政機關領導人，並呼籲克里米亞改制為更大的行政區，將赫爾松納入俄國實質統治之下。烏克蘭檢察總長隨即對薩爾多提出叛亂罪的控告。

其他參與救援委員會和軍民行政機關的烏克蘭人，包括多次犯下暴力罪行、反防疫政策的極右親俄部落客斯特雷穆索夫（Kyrylo Stremousov），二〇二〇年參選市長，拿下一・三％選票的他，在三月中被以叛國罪嫌疑起訴。另一名成員則是共產黨員，該黨在二〇一五年正式在烏克蘭被禁。

2. 從文化、教育下手，試圖影響當地人的認同

成為軍民行政體領導人的薩爾多在五月底，與赫爾松地區的校長們見面，要求各校根據俄羅斯的課綱以俄文教學，也宣告新政府正在找尋教育局局長人選，挺俄、支持占領者，是申請職位的第一要件。薩爾多的目標還包括送三千五百位赫爾松地區教師，到克里米亞接受進一步的「訓練」。但不僅當日會面只有約二十位校長出席，至今也只有個位數老師參與「訓練」。

文化面，除了在街景、地標進行改造，來自克里米亞的親俄組織，也多次組織活動、遊行等，在赫爾松街頭營造歡慶氣氛。對此，赫爾松市政府文化局局長鄧慕娜斯克（Svitlana Dumynska）公開呼籲在地文化工作者，「不要在金錢跟職位的誘惑之下，成為雙手沾血的人

操弄的魁儡，不要配合演出敵軍占領之下的『快樂童年』畫面。」

3. 資訊戰洗腦，鼓勵分離主義

事實上，離克里米亞一個小時車程的赫爾松，從二〇二一年起，有二十一個社區已看不到烏克蘭電視臺，取而代之收到的是二十家俄羅斯電視臺的訊號，俄羅斯官媒的敘事在此大力放送。

開戰後第一天，烏克蘭電視臺訊號在赫爾松全區斷訊，接收不到衛星電視的長輩，開始被洗腦。他們看俄國官媒的畫面，來理解這場實為戰爭、卻被俄羅斯總統普丁口中單方稱為「特別軍事行動」的戰役；或者看到俄羅斯議員帶著歷史書捐贈赫爾松，要教育在地青年國族意識的新聞；又或報導稱赫爾松街頭的抗爭是演員演出來的，是外國勢力的大戲。五月二十八日，臉上帶著傷勢、瘀青，被關押一週的赫爾松市警局總長出現在俄國電視臺上認罪，在招供影片裡他聲稱收取西方媒體賄賂一萬美金。

資訊戰手法也滲透進街道上，與俄羅斯政府世界觀一致的印刷物，海報、手冊等在開戰後隨即在城市出現，大肆散播著烏克蘭南方歡迎俄軍「解放」的謠言。

針對俄羅斯勢力在赫爾松的手法，曾在二〇一六至二〇一九年擔任「暫時被占領國土和流離失所人民部」（Temporarily occupied territories and internally displaced persons）副部長的圖卡（Heorhiy Tuka）公開提出警告：克里姆林宮正在重複二〇一四年以來在烏東地區和克里米亞的劇本，試著透過混合手法，混淆人心、破壞事實，最終發動公投並捏造在地人民期待獨立或願意加入俄羅斯聯邦的結果，合理化他們在烏克蘭領土上的戰爭。

圖卡強調，俄羅斯情報單位長期資助各地分離主義者：「克里姆林宮的行動準則，就是鼓勵各式各樣的分離主義，放大種族性的、社會的、族群的衝突，積極支持各種異議者的行動，包括極端主義者、種族主義者、宗派主義團體，讓國內的政治程序不穩，出現衝突。」

烏克蘭軍方也警告，因物資缺乏，人民陷入挨餓和貧苦之中，赫爾松的占領軍在發送物資時搜蒐集地方居民的資料，未來會在假造選舉結果時使用。而俄軍在赫爾松的一整套手法，未來預計將在更多城市實施。

「我相信這次我們將有不同的結果」

俄軍的各種攻勢，看在歐薩娜眼中，是為了鞏固原有的親俄族群，以及對普丁交代。「很多沒有衛星電視的老人家被俄羅斯洗腦，除非身邊有人會告訴他真實在發生的事，否則俄羅斯的政治宣傳還是滿有效的，」歐薩娜觀察，俄羅斯官方不斷聲稱戰爭的死傷、損害，都是烏克蘭政府造成的，而如果想要回到日常的生活、想要平和的日子，「應該去克里米亞，投奔俄羅斯。」

「他們試著勾引我們的人，告訴大家：『你的政府不要你了、來投降吧！』試著改變人們的想法。」歐薩娜認為，俄羅斯掌握的是一直以來親俄的年長族群，但她擔心的是，如果原來支持烏克蘭、愛國的烏克蘭公民，也在各種洗腦手法下對國家失望或選擇離去，俄羅斯的策略就成功了。她強調，許多市民不甘心敗給占領勢力，在挨餓的狀況下仍冒著危險留下，更多烏克蘭人透過線上串聯支持被占領區民眾的士氣、提供正確資訊。

歐薩娜曾經向俄羅斯警察打聽他們未來的政策，「警察也說不知道，只知道要拍照，創造長官要的畫面。」她認為公投在這樣的情況下不可能辦成，因為俄軍都努力在為普丁的需求做戲。

「我想大家心知肚明的是，一旦烏克蘭軍隊到來的那天，這些事情、假象就會消失了。」只是，歐薩娜等不到烏克蘭軍重返赫爾松的那天，四月底，俄國軍警對她的組織相關人士擴大抓捕，加上行動通訊不穩，為了保護女兒和老媽媽的安全，歐薩娜在兩軍交戰的混亂中帶著家人冒死離開守了兩個月的家，暫時落腳其他城鎮。

仍留守的米哈伊爾，也認為赫爾松現在宛如一座舞臺，供俄國演出勝利的畫面，但唯一能說服的，僅是俄羅斯人或普丁自己而已。「有一些人，沒有任何的資源、沒有食物了，也沒有工作、工資，他們必須活下去，他們會去領俄軍發的人道物資，也可能會支持俄軍的治理，那是人們為了生存會做的事。但這些人是少數，大部分的人不會買單，大家會一直反抗到最後一刻，沒人用盧布、沒人把假的政府當真。」

讓米哈伊爾如此肯定的，正是俄軍自己。他解釋：「派駐在赫爾松的俄羅斯軍人跟在前線的不同，在前線都被洗腦成殭屍一般，看到烏克蘭人覺得都是納粹。他們在我們這裡的比較清醒，他們知道這裡沒有納粹；也有很多俄羅斯軍人發現自己在這裡不受歡迎，然後當有人被指派了艱難的戰鬥任務，就會選擇逃兵，他們不想死在這種軍事行動當中，也知道自己的作為是在破壞另一個社會的秩序。這類的消息在這邊很多，有時候俄羅斯的軍警、檢查哨，其實是在找他們自己的逃跑軍人。」

俄羅斯人帶來的過時價值觀和制度，在烏克蘭人之中顯得格格不入。「烏克蘭人不是三十年前蘇維埃時代的一部分了，」米哈伊爾強調，「我們很團結，但也尊重彼此個人的獨立存在，這個是戰爭之後我感受到社會認同的改變，完全跟俄羅斯想要的方向相反。」

但戰爭進行三個多月，在被封城的占領區裡，連生存都是考驗，米哈伊爾坦承，烏克蘭銀行跟行動通訊還能運行，所以他還能留在赫爾松。若銀行系統也被切斷，加上俄羅斯偷糧、徵糧、並阻撓在地農人耕種，或許不久的未來，他也必須冒死穿越戰場離開。

目前赫爾松的占領軍宣布，因民眾沒有共識，公投可能將是明年的事，這場民眾與軍隊的對抗，與二〇一四年俄軍占領烏東、克里米亞有極大的不同。

米哈伊爾稱，這是赫爾松過去八年盯著克里米亞而有的轉變與成長：「我們有自己的媒體、有自己的自覺跟認同，有不同的價值觀，對未來有跟俄羅斯不同的方向，烏克蘭的軍隊也不會像八年前那樣放棄我們。我們的國家、軍隊都跟過去不同了，我們更有自信，還有許多國家的協助，甚至連日本都在幫助我們，我相信這次將有不同的結果。」

1　一九四五年五月八日納粹德國對蘇聯正式簽訂投降書，投降書生效時間在歐洲中部為五月八日，莫斯科時間為五月九日。因此美國及西歐國家定於每年的五月八日為勝利日，東歐國家則把勝利日定於五月九日。

7 基輔防空洞裡的脫口秀：用笑話當武器的喜劇演員，和他來自全球的觀眾

文字——劉致昕

「住在俄羅斯旁邊有個好處，就是你總是懂得『活在當下』，因為你可能只剩當下可以活了。」二十八歲的提摩申科（Anton Tymoshenko）在基輔的地下防空洞，對著四、五十個現場觀眾說。

防空洞裡，喜劇演員以戰爭日常作為段子：屍體、制裁、德國的納粹歷史跟忍者龜。開戰後，他生平第一次用英文演出，並把影片放上網，一個月內吸引九萬多人點閱，這也是提摩申科為烏克蘭軍隊向世界募款的方式之一。作為一位喜劇演員，他能做的是透過說笑話，激勵眾多烏克蘭人與殘酷戰爭共存並維持勇氣，戰爭已過百日，他們還在努力。

二〇二二年春天，對二十八歲的脫口秀（Stand-up Comedy）演員提摩申科來說，本來是

耕耘八年表演之路的重要里程碑，原訂展開首次個人大型巡迴演出，四月在首都基輔首演的五百張票，在二月就已完售。

俄羅斯的軍隊二月二十四日全面入侵，基輔一度成為俄軍圍城的首要目標，家住基輔的提摩申科，住家周邊大樓、購物中心被炸彈炸毀，他和基輔的居民幾乎長期在防空洞裡生活。戰爭歷經百日後，六月五日，俄羅斯又對基輔發射五枚飛彈。烏克蘭已失去約全境五分之一大小的國土，面積超過三個臺灣大，粗估有數萬名平民死於這場戰爭中。

「過去我演出賺錢想在基輔買房，現在我努力籌錢要打贏一場戰爭。」提摩申科與許多烏克蘭人一樣，在防空洞裡躲了一個月，尤其當基輔遭逢圍城時，槍戰聲、爆炸聲、空襲警報，是他生活的背景聲。

「那時候城裡出現很美的畫面，」他回憶，「開始出現很長的排隊隊伍，人們主動報名從軍或加入地方防衛隊。」由於人數太多，軍方開始呼籲，沒有軍事經驗或專長的，可以用不同的方式貢獻國家。老弱婦孺選擇離開對戰區域，以免拖累軍隊攻勢，提摩申科則運用自己的社交帳號，替軍隊募集物資、資金。許多提摩申科的跨國粉絲，從國外寄來軍隊所需的物資，包括止血帶、汽車零件、藥物和一臺臺要價兩千美金的發電機等。

「很多烏克蘭演員、明星現在也都做這些事，現在這是我們生活的一部分了，」提摩申科用繳稅來形容，沒有打仗時，人們用繳稅來支持國家的運作，戰時則用不同的方式。像他就用自己擅長的脫口秀，為國家出力，只是這一次，他用英文來說。

「還請各位包涵，這是我第一次用英文表演……也很有可能是最後一次，因為我不知道普丁的飛彈什麼時候會來。」四月中，他在基輔的地下室用英文表演了一段十七分鐘的脫口秀，錄下後上傳 YouTube，要幫軍隊募款，成功吸引來自世界各地、九萬多次的觀看。

「我的同行，澤倫斯基（烏克蘭總統，任公職前為喜劇演員），現在在世界各地表演，在一些世界各國的國會裡還有一些特別演出，由於烏克蘭的頭號喜劇演員現在很忙，今天就先由我來替各位服務。」鏡頭前，提摩申科緊張地說著他準備的段子，在現場的烏克蘭觀眾熱情回應，幫他加油。

「你所看到的就是烏克蘭的地窖，因為飛彈啊、槍戰啊那些東西，所以基本上現在我們整個國家都在地窖裡，所以如果你要做脫口秀的話，快來烏克蘭，在這裡超多觀眾的，你來就是了，人都在這，他們也走不了，外面都是空襲警報，你說一些亂七八糟的東西他們也不會離開。（笑）」「我過去十年不斷到處籌錢，想要在基輔買一間房子，現在我努力籌錢要打贏一場戰爭（歡呼），我其實不知道哪個比較難？因為基輔的房子真的好貴。」

在戰爭的時候表演脫口秀，提摩申科說，是軍中友人鼓勵他的。

笑話，是武器、是對勝利的信念

戰爭仍在持續，他與同胞們都仍在苦難之中。「很多時候你坐在電腦前，其實什麼也寫不出來，因為你腦袋裡面想的是馬里烏波爾的事、想的是你的國家正在遭受的磨難、想到軍人，他們還缺什麼……」提摩申科突然語塞，「那些畫面在腦袋中揮之不去，你根本就沒辦法繼續。」

他有許多朋友選擇從軍，軍中朋友對他說：「你的工作就是好笑，你就好好地做。」

提摩申科分享了一個故事。有個軍人在網上發了一則從他身上取出彈殼的貼文，那是他當天中的第二顆子彈，手術取出彈殼後，軍人還說一康復就要重返任務。「這是一種互動，先是你的軍隊激勵了你，然後你想用這些方式來支持他們，為他們喝采。」

俄羅斯發動侵烏戰爭後，提摩申科（Anton Tymoshenko）在改為避難所的基輔地下酒吧演出脫口秀，為軍隊募款，也和觀眾彼此激勵。（**照片提供：**Anton Tymoshenko）

「我想我的武器就是笑話，我要最大化地使用它。」他從社群網站上試水溫。在開戰的第十天，全球為烏克蘭人的團結與防守感到驚豔時，提摩申科在 Twitter 上說了個「北約想要加入烏克蘭」的笑話。

在現實世界裡，許多烏克蘭人希望加入北約，以抵禦俄羅斯的長期侵略。戰爭開始後，北約因為不願掀起第三次世界大戰，遲遲不把烏克蘭劃入禁飛區，也未派兵進入烏克蘭直接介入戰爭，這樣的做法自然引起烏方不滿。

在笑話段子中，提摩中科反轉了現實的局勢：烏克蘭表現亮眼，不只讓北約想加入烏克蘭，「復仇者聯盟想要加入烏克蘭、蜘蛛人也想，美國隊長也帶著盾牌來了。」「你慢慢地開始瞭解我們沒有輸、我們不會輸，俄羅斯人沒辦法置我們於死地，所以我們決定要用笑話來鼓勵軍隊，就像足球迷會為他們的球隊做的事一樣。笑話裡是我們對勝利的信念，對這個國家的信念。」提摩中科的 Twitter 帳號，成為許多烏克蘭軍人追蹤的紓壓來源。

開戰100日，
俄侵烏戰爭影響關鍵數字
俄軍摧毀烏克蘭約3.8萬民宅，造成22萬人無家可歸
1,900座教育設施被毀，約500座工廠、500間醫院被毀
國內流離失所的烏克蘭國民有710萬人
約680萬人因戰爭離開烏克蘭；約220萬人返國
烏克蘭平民死亡數粗估至少萬人（馬里烏波爾死亡數超過2萬人）
開戰後烏克蘭流失五分之一國土，約12.5萬平方公里，等同3.5個台灣；兩軍交戰戰線仍有超過1,000公里
資料來源：烏克蘭國會人權委員會、聯合國、European Dialogue、烏克蘭總統府辦公室
資料整理：劉致昕
製圖：黃禹禛

地獄哏，真實反映烏國人地獄般的生活

除了在表演裡頭藏著信念，激勵人心，提摩中科希望戰時的脫口秀也像一面鏡子，映照

出烏克蘭的真實情況，幫人們說出不好言說的話。

例如來自俄羅斯的朋友，尤莉亞（Yulia）的故事。尤莉亞在六年前來到基輔，開戰前受憂鬱症影響，有自殺的念頭。「但幾週前我遇到她，問她現在過得如何。她說很苦，但她說，『不過，老實說，我覺得我現在過得好多了。』我問她什麼意思？她說，『因為我的腦袋裡現在想的不再是自殺了，我想的是該怎麼多殺幾個俄羅斯人。』謝謝你普丁！你救了我的朋友！給了她活下去的意志，她決定把死亡的日期推遲到你的死期之後。」

提摩申科說，雖然笑話藏著地獄哏，但真實地反映了他們地獄般的生活。藉著跟烏克蘭各地朋友的對話，提摩申科試圖理解不同城市的情況，也想讓世界各地的人體會他們正經歷的超現實生活。

「另一個例子是我朋友跟他媽媽的對話。我朋友住在大城市裡，但他媽住在鄉下。有一天晚上他媽媽急急忙忙打電話來說：『天空中有飛彈！我剛剛看到飛彈！』我朋友跟他媽說：『媽妳不要擔心啦，飛彈是要往我們這邊飛過來的，目標是大城市，不是鄉下的家，放心，不會有事。』」「他選擇用這個方式來安慰他的媽媽！（笑）瘋了！好像他媽媽坐在沙發上看電視一樣，看著他兒子成為目標，然後這樣能夠讓他媽媽安心？超怪的，這一切都超怪的。但這就是我們的日子。」

提摩申科用「在喪禮講笑話」形容戰時表演脫口秀的困難，「我很多時候會安慰自己不好笑也沒關係，我反正可能幾天之後就死了，就試一下吧。」

但戰時的演出卻是提摩申科這輩子最享受的表演。「有股奇妙的氛圍，人們非常想要大笑，他們表現出很強的支持，我們講什麼他們都笑，有種『反正我明天都要死了，我們不在乎你的笑話好不好，反正盡力讓我們笑！』的感覺。」

「你會覺得沒什麼好擔心、好猶豫的，那幾乎是我人生最享受的表演之一了，你感受得到臺上跟臺下的連結。對脫口秀演員來說，很多笑話仰賴的其實是人跟人之間的共同生活經驗，現在我們有一個戰爭裡的共同經驗，有各式各樣的方法可以說笑話，因為每個人都經歷過這些，我們共同的經歷讓這場表演難以取代。」

俄羅斯入侵烏克蘭的戰爭不只為烏克蘭人創造了一場集體經歷，俄羅斯政府的宣傳機器、錯假訊息在全球投放傳播，讓全世界也都從這場戰爭中擁有了共同經歷。

「好，現在來談談俄羅斯的政治宣傳，超蠢的。例如，他們會說烏克蘭有很多美國人出錢的生化武器，包括那些在天上飛的鴿子啊、鳥啊，會載著病毒跟生化武器飛過來攻擊俄羅斯。Okay，好，我現在就去基輔的肯德基買一桶生化武器桶來吃。」「另外一則俄羅斯的新聞大概就會是忍者龜。『在烏克蘭的軍隊裡面，有武裝青少年忍者烏龜，他們在車諾比出生，你仔細看，米開朗基羅跟李奧納多站在一起的時候，他們的顏色就是一面烏克蘭國旗！』」[1]

以黑色幽默直視現實的荒謬

「其實我從臺上看大家的表情，感覺很像是一場集體的心理治療，便宜的那種，」提摩中科笑說，他的票比真正的心理諮商便宜多了，「但我也必須說，臺下的人也在幫助我，我像是一個空掉的盒子一樣，是人們用他們的情緒跟笑聲填滿了我，看到那些笑臉聽到那些笑聲，我知道必須繼續，而且要做得更多，因為我做的，可以讓我的同胞們有好的心理狀態。那是我跟觀眾之間的重新連結，我幫他們、他們幫我，算是一種關係吧。」

維繫這段關係並不容易，隨著愈來愈多烏克蘭表演者開始登臺，也出現脫口秀演員犯錯、踩紅線的例子，例如在烏克蘭西部，一位表演者以軍人死亡補助為題，立刻引來撻伐，隨即公開道歉。

「我自己也有一個非常危險的笑話，關於死掉的孩子跟制裁。當我在寫的時候，一開始我其實不太確定，因為這是相當黑暗的事情，但是當我看到布查（Bucha）的照片，看到新聞，看到那些『西方夥伴』們說，『我們就是沒辦法停止購買俄羅斯的油跟天然氣』，天啊，我必須要說這個笑話，我就是要點出這個荒謬的現實，也測試看看人們如何應對這種荒謬的現實。」

「接下來，來談談西方的經濟制裁，我一直搞不太懂，為什麼他們不現在就把什麼制裁都推出，西方的回覆總搞得好像我們是在跟寬頻網路供應商對話一樣。」「『（手比打電話姿勢）您好，烏克蘭嗎？如果你想要升級到新的制裁方案，麻煩你上傳更多布查屍體的照片，謝謝。』」「『喔，我很抱歉烏克蘭，目前你還沒有夠多的孩童屍體的照片，你還沒有辦法獲得升級的制裁方案喔。所以請你稍候再試試，或是就先用現在的制裁方案吧。』」「抱歉，這笑話很地獄，抱歉。在殘酷的時代段子也是殘酷的。但再殘酷也比不上掉在你頭上的炸彈。」

提摩申科說自己不是沒有犯錯的經驗，開錯玩笑，但這次，他覺得「大部分的人是清楚

從 2022 年 3 月中旬開始，提摩申科（臺上左三）與其他喜劇演員，在各防空洞、地下避難所展開表演。（照片提供：Anton Tymoshenko）

明白的，他們知道這些事情實實在在發生，我們必須要坦然面對跟討論這些痛苦的事情」。對他來說，在戰時的脫口秀演員，是啦啦隊，是諮商師，是情緒出口，也是協助各地觀眾正視現實的窗口。提摩申科說，戰爭時期的社會情緒與一般不同，脫口秀演員必須堅定地站穩自己的位置。

「我也感受到人們有其他想說的，例如很多人要我說那些會偷錢的志工、戰爭裡的壞烏克蘭人等，但我覺得現階段還不是我們談這些的時刻。我們的工作，是讓人們可以放鬆，可以讓他的身體不再那麼僵硬。我們的工作是讓大家感受到人跟人之間的連結，鼓舞大家的士氣，設法支持著人們走下去。他們的生活裡已經有太多太多糟糕的事情了，他們轉個身、上街，或打開電視就都是。」

笑容的背後是直視痛苦

戰爭開打至今，戰爭已超過百日，提摩中科的第二段英文表演，也在六月中旬上線。提摩中科的表演成為外國人理解烏克蘭人想法跟遭遇的方式之一，而他對於脫口秀的思考，也更加清晰一些，戰爭時的脫口秀，他認為是帶領人們放下成見，仔細思考的一條路。

「現在我的想法是，關於戰爭的任何事情你都可以拿來變成喜劇，因為笑話能幫助人們想得更深、更細微地思考、經歷那個事件。」作為創作者，這代表提摩中科需要重複去觀看、體會、理解戰爭中的畫面跟事件經過，他坦承笑容的背後是痛苦。

「許多喜劇演員都會把自己痛苦的過去當作段子來表演，當你能夠對著大眾訴說那段過去，代表你找到面對那段過去的方式，可能可以從過程中找到力量，接著或許可以找到更多的同伴陪你一起往前，幸運的話，也是為上一階段的自己寫下句點的方式，」提摩中科解釋他作為脫口秀演員的心境，以及此時他認為這個職業對社會的可能意義。

「這是我喜歡脫口秀的原因，因為觀眾看到喜劇演員怎麼面對過去的痛苦，然後也幫助了觀眾處理過去。我們一起經歷這個過程，不是孤獨地走，而是用一種輕鬆一點的方式，『你看，其實可以這麼好笑！或許我們有能力繼續向前走。』」除了讓同胞們有力氣往前，他也試著在笑料背後，讓世界各地的人們不要忘卻烏克蘭人的苦難，不要輕易地讓烏克蘭獨自與極權對戰。

在這場英文表演最後，提摩申科對著鏡頭前面的觀眾說：「有些人會說這場戰爭離我太遠了啦，我也永遠都可以選擇跑得遠遠的（指躲開極權），遠到像澳洲這麼遠，這麼說是錯的，地球是圓的喔，所以如果你一直選擇逃避，一直跑、一直跑，最後還是會回到原點的。」

觀眾給提摩申科的留言

- 我非常喜歡這場脫口秀！可能有人會說這幽默太地獄了，但大家，那就是我們烏克蘭人的日常啊。在我們烏克蘭有句很棒的話，來自重要的詩人列霞．烏克蘭卡（Lesia Ukrainka）：「我笑，所以我不會哭出來。（I was laughing not to cry）」
- 你超棒！很好笑，但也很悲傷，你讓我邊哭邊笑。
- 各種情緒交雜。我跟烏克蘭同在。（來自義大利）
- 這完全是我現在需要的。謝謝你！
- Wow！我跟我一起在庇難所的朋友（co-shelters）都笑到不行！
- 在看之前，我想說，好，我每笑一次我就會捐個多少錢，但沒看多久，我就決定我要為這支影片捐出我一整個月的月薪。你們要堅強！Slava Ukraini（榮光歸烏克蘭）。（來自加拿大）
- 有些段子的確能吹散一點傷痛。但人們坐在那裡一起笑，是因為他們還活著，因為他們知道一切的苦難終究會過。

---

1 漫畫《忍者龜》裡有四個角色，其中兩個叫李奧納多跟米開朗基羅，他們的眼罩顏色分別是藍色跟黃色。「武裝青少年忍者烏龜」是模擬俄羅斯人描述生化武器的口吻。

2

摧毀下的圖存：烏克蘭如何挽救新世代

俄羅斯官媒裡呈現的烏克蘭，沒有被圍困的城鎮、沒有在地下室生產的孕婦，沒有逃離炸彈的人群、沒有被強暴的婦女，沒有一千一百萬流離失的人們。甚至，克里姆林宮宣稱「拯救」了二十三萬烏克蘭孩童。他們把攝影機架在逃難的烏克蘭人面前，要他們淚眼婆娑地感謝俄羅斯軍人，要孩子指稱其實是烏克蘭人在射擊平民。

俄羅斯毀滅烏克蘭的方法，是反覆否定烏克蘭獨立的事實。當烏克蘭擁抱和融入西方自由民主，它開始號召民族主義大旗，企圖恢復斯拉夫民族「榮光」，它打破國際社會對於主權國家邊界的尊重，用「收復領土」讓自己感到安全，讓威權獨裁體制不被擊潰。

八年來，俄羅斯進行各種有形無形的入侵。從身體的殘害，到心理的迫害；從利誘、分化、吸收在地協力者，到製造難以判斷的混亂；他們把古老KGB時代的特工手法植入現代的戰爭，像是一場對烏克蘭社會的活體改造術。

四千四百萬烏克蘭人最擔心的是下一代，戰爭中已有數百萬兒童流離失所，在占領區的孩子，被灌輸親愛俄羅斯，仇恨烏克蘭，孩子與青少年被教導使用手榴彈和上戰場的準備。然而面對強力的洗腦、人口的置換、資訊的汙染、仍持續有為數不少的人相信極權者劇本；為了抵抗巨大又惡意的摧毀，烏克蘭人正發展出各種拆解極權者侵略的方法，他們訓練蒐證員、學會核實資訊、建立資料庫，並把戰爭罪的證據，交給國際法庭。父母、心理師、社工師，陪伴與療癒戰火下的孩童。

換不了鄰居的烏克蘭人，持續在自由的前線，激發更活躍的公民社會，挽救時代，挽救自己，也挽救他們的下一代。

（文字：李雪莉）

1
八年蒐證，她們記下俄軍在烏克蘭的戰爭罪行

文字——劉致昕

俄烏戰爭即將屆滿四個月，烏克蘭失去五分之一、近三．五個臺灣大的國土。每一天，烏軍傷亡人數破千，總統澤倫斯基形容，兩國軍隊在烏東的攻防戰，已成歐洲軍事史上最殘酷的戰役之一。

我們專訪了三位公民團體與人權工作者，她們從二〇一四年俄軍侵略克里米亞時，就已開始冒死進到前線，記錄包括：過濾營、系統性性暴力、百萬人強迫移動等違反國際法的戰爭罪行，協助烏克蘭政府或國際刑事法庭進行蒐證。這些罪行不斷重複上演，宛如一本「極權者手冊」（playbook），要烏克蘭人毀家滅國。她們之所以記錄，是希望讓世界看清戰爭的模樣和極權的真面目，讓來自鄰國的威脅，止在這一代。

「他們（俄軍）發射磷彈的時候，我們正在窗邊，看著磷彈掉下來，（它擊中的地方）沒有人能夠存活。」透過視訊，剛從烏東戰線的北頓內茨克（Severodonetsk）和利西昌斯克（Lysychansk）回到基輔的人權媒體倡議組織（Media initiatives for Human Rights）共同創辦人雷舍蒂洛娃（Olha Reshetylova）向我們述說，澤倫斯基口中的「死城」是如何造成的。

「我在那裡三天。俄羅斯幾乎什麼（類型的炮彈）都發射，空襲、轟炸等等的，僅有的防空洞也不夠安全，那裡幾乎沒有平民。」雷舍蒂洛娃回憶，即使鄰近沒有任何軍事措施，民宅仍被強力攻擊。她拍下社區被重達五公噸的重型炸彈攻擊後的畫面，包括三十棟被毀的房子和死傷的人們。

無差別攻擊民宅，或使用足以產生八百度高溫、造成毒害的磷彈，都是聯合國等國際組織和國際法中禁止的戰爭罪行，如今成為烏東的日常。

包括雷舍蒂洛娃等所屬的公民組織，在烏克蘭全境努力蒐證，從俄軍對平民和軍人的性暴力、強迫移動、大規模關押、過濾（指查核身分和思想），到無差別屠殺等違反戰爭罪、危害人類罪的行為。目前烏國檢方已針對上千起戰爭罪案件進行起訴和調查。

檢方、公民與國際組織聯手調查戰爭罪行

至少二十九個公民組織馬不停蹄，集體蒐證、建檔，建立「Ukraine 5 AM 聯盟」（5 AM 代表俄軍二〇二二年二月二十四日展開空襲的時間），與烏國檢方、聯合國人權委員會

（UNCHR）、國際刑事法庭（ICC）合作，力圖透過在法律體系下尋求正義。[1]

他們蒐證的方式，除了線上接受案件通報、存取影像等證據，各組織也展開大規模的第一手訪談，記下當事人和目擊者的證詞。這是記者出身的雷舍蒂洛娃不顧危險，堅持到烏東地區的原因：「我們堅持要到現場，去跟當事者對話，如果不是我們親眼看到，我們無法告訴世界真實的情況是什麼……我很多同事從軍犧牲了，也有很多記者在這場戰爭中死亡。我們沒有選擇，如果我們不去記錄，誰去？」

布查三百名平民橫屍街頭、六百名平民在馬里烏波爾劇院被炸身亡的慘劇，疏散用的火車站被襲擊、婦幼醫院被空襲……像是拼圖一樣，透過大規模的蒐證跟建檔，描繪出在一起起看似隨意的攻擊背後，俄羅斯系統性的手法。

「目前所有我們見到的戰爭罪，都是系統性的任務，是來自克里姆林宮的決定。不同的軍隊在各地以一樣的方式犯下這些罪行，基層的軍隊對罪行固然有責任，但最大的責任在克里姆林宮，」雷舍蒂洛娃說。

從創造「死城」、強迫移動到「過濾」人口

「俄軍是這麼做的，他們先把一個地方圍起來，接連轟炸，斷水、斷電，然後逼得當地人只能躲在地下，沒有物資、沒有藥，連續一個月。」人權資訊中心（Information Center for Human Rights）國際倡議專員庫琳娜（Maria Kurinna）為我們解釋，大規模開戰時仍是冬天，困在城內的平民，無法在零度以下的氣溫撐太久，當意志消沉、近乎絕望時，俄軍就在他們的防空洞前廣播：「放棄吧，你們被包圍了，你們沒有機會逃走、沒有機會活下去，唯一能夠離開的方式，就是跟我們走。」

庫琳娜解釋，這些搭上俄軍巴士，或被俄軍壓著走的人，許多登上俄羅斯的國家電視臺，變成俄國「特別軍事行動所解救的烏克蘭人們」的樣本：「你看看，他們就是要回俄羅斯。」在俄國的宣傳敘事中，俄軍是來解救被烏克蘭軍隊欺壓的平民。

「那些人的確是『選擇』了去俄羅斯，因為那是他們要活著的唯一方法，」庫琳娜說，這些坐上疏散專車的烏克蘭人，最終被流放到俄羅斯境內，如此強迫平民移動到敵國的行徑，也違反戰爭罪。「那些被移到俄羅斯的人，許多人沒有證件，無法申請難民，就在俄羅斯境內自生自滅。我們聽到的是，他們有的沒有行李、沒有手機、沒有電話號碼，有的被送到俄

羅斯最東方、最貧窮的地方，」庫琳娜氣憤地說，他們用這些人拍完了宣傳影片，就不顧這些人的死活。

「宣傳機器強力地說服他們自己，創造出強迫移動，產生那些畫面，讓他們相信自己所說的，烏克蘭是俄羅斯的一部分。但對我們來說，他們所想像的蘇維埃時代留下來的帝國體制，就是要占據我們的政權……他們只會一直說，沒有烏克蘭、沒有這個國家。」

強迫移動的對象，還包括了在孤兒院、社福機構裡的孩子，或因戰爭失去父母的孩子——俄軍不必取得親人的意願，就逼迫孩童離開，這同樣違反戰爭罪。開戰三個月，被移動至俄羅斯境內的烏克蘭人超過百萬，其中包括二十三萬名孩童，俄國官方宣稱他們「拯救」了烏克蘭孩童。

「疏散」烏克蘭人的過程中，俄軍還設下「過濾營」，對每個離開的人進行盤查。庫琳娜解釋：「過濾營是KGB留下來的『傳統』，是一種打壓的工具，對人們進行心理、身體的檢視；被查到國旗、有官員的聯絡方式，或手機裡有愛國照片、反俄貼文的，都被當成『證據』。我們也記錄到證詞：烏克蘭軍人、官員等被查出身分後，被送到克里米亞的過濾營去虐待。」

占領之後：大抓捕、虐刑關押、系統性強暴

俄軍對待占領城市和人民的方式，與他們在二〇一四年併吞克里米亞、和烏克蘭親俄勢力（俄國代理人）拿下盧漢斯克和頓內茨克時雷同。

庫琳娜就出生在盧漢斯克，二〇一四年時，她經歷過俄方勢力占領的第一階段，收過死亡威脅，她的記者朋友消失、鄰居被強暴，庫琳娜的媽媽更因擔任當地選舉委員會主任，被親俄勢力關押虐待。

庫琳娜說，俄方在來到一座城市前，就會透過收買、招募當地人士，取得情報，建立一份在地活躍人士的名單，當時記者、商人、老師、地方官員、人權工作者跟其家人們，都被威脅、被攻擊、被消失，甚至連宗教人員也不放過。在克里米亞，還有四十多位在地活躍人士，至今沒有下落。

「只要是與民主價值相關的活躍分子，就是他們要的人。」直屬烏克蘭總統辦公室，專責克里米亞事務的克里米亞平臺主任（head of the Crimea Platform Department at the Mission of the President of Ukraine）托瑪克（Maria Tomak）接受我們專訪時表示，這些活躍分子對俄方占領過程來說就是威脅。而二〇一四年在克里米亞所採用的手段，現在在新占領區一樣看得到，只是規模更大。

托瑪克細數過往名單上的人的遭遇：被綁架、被殺、被虐待、坐電椅、挖眼球、斷手指、塞木箱……用極刑拔除活躍的公民，如同拆解民主社會的必要元素，逼著帶領民眾發聲的人沉默或逃離。

在克里米亞地區擁有八年人權工作經驗的托瑪克解釋：「大多數人可能是沒什麼特別意見的，但活躍的公民會為了社會奮鬥，那些反貪腐的人、試著創造改變的人，是反對的主力。我相信你的國家（臺灣）會懂這件事……從這個角度來看俄軍占領的過程，以及抓人的目標，這不只是烏克蘭人與俄羅斯人的對抗而已，這是民主自由社會跟極權統治的對抗。」

大規模開戰至今，俄軍在全烏已設下至少二十二座具規模的關押設施，雷舍蒂洛娃取得的一份證詞，來自最早被占領的城市之一赫爾松一座足以關進六百人的地方，每個夜晚，都聽得見尖叫、痛苦的吶喊與咒罵。

關押後的刑求有不同目的。首先是為了取得情報，雷舍蒂洛娃取得的證詞中，每個被關押過的平民，都被虐待刑求，被要求給出各類俄軍所需要的情報。第二是為了殺雞儆猴，讓烏克蘭人看見反對俄軍的下場。有時刑求只是為了好玩，「這是最糟的事，但常常發生，只

除了殺害平民，俄軍近4個月來的其他戰爭罪行

強暴	統計至5/4，烏克蘭政府收到約400個通報個案，受害者包括成人、小孩、長者，不分性別。聯合國專員稱，已知的個案只是全貌的冰山一角。
強迫移動	統計至5/21，137.8萬烏克蘭人，被迫移動至俄羅斯境內，包括23萬名孩童。
過濾營 (filtration camp)	光是馬里烏波爾，已知至少有5間查核烏人身分和思想的過濾營。
大規模關押	由工廠、地下室、警察局、行政機關、監獄改建而成的關押設施，已知至少22處，用來刑求、威嚇平民。
虐刑	在占領區被關押者，受到電椅、毆打等酷刑對待，施虐的目標之一是逼供，交出更多潛在反俄、支持烏克蘭的人名。另一個目的是要求其簽下「自願合作書」，聲明未來無條件配合俄軍所有指令。

資料來源：Eyes on Russia、Information Center for Human Rights、Media initiatives for Human Rights、Ukraine 5 AM Coalition

資料整理：劉致昕

製圖：黃禹禛

因他們有辦法這樣對你，有辦法打你、強暴你、殺掉你，他們就只是想這麼做，走到街上開槍，或是對人道走廊、人道疏散的隊伍掃射、轟炸。」

在占領地威嚇平民、瓦解當地社會、進一步控制人民的另一個武器，是性暴力（sexual violence）。

「對俄羅斯來說，性暴力是創造恐懼，震懾民眾的手段之一，也是他們要徹底擊垮烏克蘭的手法。」庫琳娜說明，一九九三年聯合國人權委員會已認定系統性的強暴跟軍事性奴役屬「危害人類罪」。

烏克蘭總檢察長薇娜迪克托娃（Iryna Venediktova）受訪時也稱，他們在緊鄰基輔的伊爾平（Irpin）與二百二十八個目擊者訪談，也從屍體鑑識專家的鑑定中認定不少女性死前遭到強暴。

聯合國性暴力調查特使普蜜拉・佩頓（Pramila Patten）認為，目前已知的只是冰山一角。正在調查的案例包括在基輔近郊的未成年男孩與女孩的強暴案；人權觀察（Human Rights Watch）三月發布的報告中，也證實在占領區中有強暴案例。

公民自由中心（Center for Civil Liberties）創辦人馬特維奇克（Oleksandra Matviichuk）也是人權律師，在針對俄烏戰爭性暴力的研討會中分享她的觀察：「我們在被占領區所記錄的狀況是，這些性暴力通常發生在受害者的孩子、家人、朋友面前……我想強調，對單一個人的強暴，不只是一項對個人的罪刑，而是對整體烏克蘭社會的集體侵犯，造成受害者承受著羞辱，而他身邊的人則要背負著無法保護他的罪惡感；而對所有人而言，則是有一股深怕自己成為下一個目標的恐懼……這就為俄軍的占領創造了機會，讓占領跟控制可以更快、更容易。」

除了受害者的證詞跟證據，烏克蘭情報單位也攔截到一段音訊，音訊中一位俄羅斯軍人承認，強暴了一個未成年少女和一名女性。另一段音訊，則是一對俄國夫妻的對話，太太在對話中准許從軍的先生強暴烏克蘭人。俄國獨立記者隨後辨認出兩人的真實身分，一位是俄國公民，另一位是參與併吞克里米亞的軍人畢考夫斯基（Roman Bykovsky）。

妻：「所以，你去那邊強暴烏克蘭女人吧，不要告訴我就好，瞭解嗎？（笑）」

夫：「強暴她們然後不告訴妳？」

妻：「對，所以我就不知情。還能怎樣？（笑）」

夫：「好，妳真的可以不在意嗎？」

妻：「可以的。你安全就好。」

改造當地的長期手段：洗腦、洗人口、招募青年軍

除了用各種違反戰爭罪的手段壓制、驅離與瓦解在地反抗意志，俄軍的戰法，也包括長期性地「改造」當地社會。

例如，除了強迫移動烏克蘭人口、鼓勵占領區的民眾申辦俄羅斯護照，在克里米亞，俄羅斯則頒布長期政策，以住房補貼、高薪、社會補助等，鼓勵俄羅斯公民移入占領區。托瑪

克解釋：「最終目的是改變人口的組成，讓支持民主的烏克蘭人離開，同時把對莫斯科忠誠的人運進來，這是殖民的經典手法。」

改造的另一個手段是教育。在一些占領區，烏克蘭學生、老師，已經接收到以俄文教學、使用俄國課綱的指令。在克里米亞，甚至針對兒童、青少年，建立青少年軍（Young Army），讓孩童接受軍事訓練，隨時準備為俄國而戰。

「現在烏克蘭國會正在討論，人們認為這就是一場大規模的屠殺跟種族滅絕，這樣的行為不斷地重複。」托瑪克舉例，在赫爾松，兩軍還在交火，俄軍已經進到圖書館裡焚書、洗腦烏克蘭教師。

來自各地的戰爭紀錄，拼起一份與過去八年俄國在烏東、克里米亞相似的極權者手冊。但大規模開戰四個月來，俄軍的表現與過往最大的差異，是他們公然且公開犯罪的態度。

「公然犯下這些罪，是KGB策略的一部分，一方面不想要留下太難看的證據，希望在國際間、在國際法庭上，爭取一點時間跟空間。但另一方面，它要你知道（這些）就是俄羅斯幹的，它要每個人都對俄羅斯感到恐懼，看看他們在克里米亞做的事、看看他們在英國毒殺俄羅斯人[2]的例子。他們要你對俄羅斯感到懼怕，要用這股恐懼來影響每個人的決策，你別想提供武器給烏克蘭，要替普丁保留面子等等。我覺得全世界都應該懂得這件事情，這就是他們威脅這個世界的方法，」托馬克說。

但一樣的極權者侵略手法，在烏克蘭東部、克里米亞已發生了八年，為什麼世界仍不知曉？為什麼仍有部分世人或是代理人採信俄國的說法？托瑪克觀察，對許多烏克蘭人來說，不認識俄羅斯極權統治的本質、不承認俄國的惡意行為，原因之一是未從帝國統治下「解殖民」，仍期待自己成為帝國的一分子、享有帝國光輝，受到帝國權力的垂憐。

原因之二，是俄國對內對外的宣傳機器，創造出另一個平行世界。過去八年，戰事發生在烏東地區和克里米亞，「除非你是人權運動者、記者、受害者，（否則）我不認為整個烏克蘭社會，對俄軍的整套手法有正確、足夠的認知，他們甚至不知道真實發生了什麼事。」

原因之三，是烏克蘭東部在過去八年發生的事上不了檯面。「在國際社會上，真相出不去。一方面是俄羅斯強大的宣傳攻勢，一方面，即使我們有證據，但因為政治現實，因為『不適當』，檯面上的政治人物不點名俄羅斯。如同現在，歐盟仍沒有政治意願、沒有共識，要完全禁運俄羅斯的能源。」

研究極權者手冊的價值

全面開戰之後，公民組織帶著過去八年的經驗，試著掌握證據，讓戰爭罪行被看見，期待侵犯者被定罪的可能。

「每個烏克蘭人都知道，這是一場攸關烏克蘭人還能否存在於世上的戰爭，這場戰爭已經（持續）三、四個世紀了，這是我們與帝國間的對戰，如今是兩個文明（指極權與民主）之間的戰爭。如果你認知到這可能是戰爭的最後一個階段，而你跟你的世代必須要終結、完成這場戰鬥，你就會有更多的能量面對挑戰，這是歷史性的一刻。如果你不讓這場戰爭有個了結，那就是你的孩子要面對。這不只有我，對許多烏克蘭人來說都是如此，」剛從「死城」回來，有兩個孩子的雷舍蒂洛娃這樣告訴我們。

過去八年烏克蘭逐漸壯大的公民社會，此刻分工互助，訓練線上蒐證員，並與律師團體合作，希望將社交平臺上流傳的影像核實、建檔，成為符合國際標準、足以成為法庭罪證的證據資料庫。另外，公民團體也各自建立起國際網絡。五月、六月、七月，在世界經濟論壇（WEF）以及國際法庭所在的荷蘭海牙等地，都有以戰爭罪證據為主題的公開展覽和遊說。新一代的烏克蘭公民，即使家鄉被占領，他們仍試著透過網路與國際網絡，把這些證據顯現給世界。

庫琳娜和托瑪克都認為，「這是一個對國際秩序的全面性破壞，對國際法、對人權、對法治的攻擊，國際間的局勢會變成叢林法則，我們也為包括臺灣在內的其他地方擔心。」托瑪克更做出提醒：「俄羅斯一步步建構出這套手法，讓他們能在付出最小代價、國際上最低的譴責之下，奪走土地，這當然是其他政權可能會效法的手段……我想對於臺灣來說，認真研究這份極權者手冊是有價值的。」

---

1 蒐證的目標除了犯罪現場的鑑定跟物證外，包括目擊者證詞、當事人證詞，以及照片、影片等等也都是戰爭時的證據。但這些證據要能作為法庭上的證物，需要透過一個經過驗證的工作方法，以及妥善的建檔，才能供各國檢方使用。

公民團體的角色，是透過彼此水平的合作，讓採證不要重複，且共享訓練課程、律師諮詢等專業協助；

並與國內或是國際的檢方跟專案辦公室聯繫，成為他們取得證據的資料庫，也透過國際的資源跟專業，來協助建立專業的工作流程跟資料庫。

不過，國際法庭要判罪的前提是，受起訴個人的國家必須承認國際法庭的司法管轄權；但俄羅斯並不承認國際刑事法院司法管轄權，因此未來要追究領導人層級的戰爭罪責，恐有困難。

2　此處指二〇一八年三月四日發生於英國的前俄羅斯間諜斯克里帕爾（Sergei Skripal）被毒殺案。

2 戰場上的童年
——烏克蘭兒童以繪畫述說戰爭暴力與微小希望

文字——劉致昕

他們在戰爭裡長大，有不少人的父親上前線作戰，有的是空襲下全家唯一的生還者，有的被綁架為人質而父母被迫成為敵軍的情報來源。俄烏戰爭開戰四個月，超過二百二十萬烏克蘭孩童逃到國外成為難民、三百萬兒童在國內流離失所。聯合國兒童基金會（UNICEF）稱這是二戰後最大兒童人道危機。

透過「今日的烏克蘭兒童」（Ukraine Kids Today）兒童線上畫廊的發起人夫婦的專訪，我們試著從六百多張畫作，以及一位兒童諮商師在庇護所、難民營裡的訪談與陪伴，理解戰爭在孩童身上留下的影響，以及戰場上的孩子想對世界說的話。

二月二十四日，俄羅斯全面性對烏克蘭展開空襲，住在首都基輔的阿爾坦姆・布科維茨

（Artem Bykovets）和安娜塔西亞・布科維茨（Anastasia Bykovets）夫婦，在飛彈擊毀住家大樓之後，立刻開車載著二歲的兒子和六歲的女兒離開。不知能去哪裡的他們，一路向西，尋找安全的棲身之地。三十七個小時的車程中，父母一邊面對漫長的車潮、搶油、找飯店，一邊得安撫孩子們的不安。

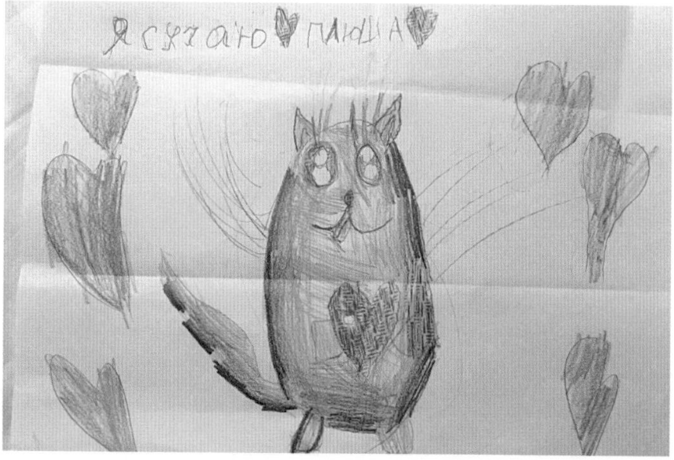

布科維茨夫婦的六歲女兒蘇飛雅（Sofiia Bykovets）離開基輔，將寵物貓 Plyusha 留給祖父母照顧。她在畫上寫著「I miss you ♥ Plyusha ♥」，寄給祖父母，請他們把這幅畫給 Plyusha 看。（**圖片提供：**Ukraine Kids Today）

「我女兒是一個需要時常被肯定的孩子，在逃亡的路上，她突然開始畫畫，我就大力地稱讚她，她很開心。我把她的畫拍下來，傳給爺爺、奶奶看，她更開心了，我順勢問她，如果全世界都能看到妳的畫呢？她的笑容整個綻放開來。」安娜塔西亞回憶，開戰後的第一週，他們面對俄軍全面進攻、基輔被圍城，耳邊是空襲聲、手機上是朋友們傳來的一張張血腥照片，逃難的他們，不知在道路盡頭等著的會是什麼。

全球唯一的戰爭兒童線上畫廊

根據聯合國人權事務高級專員辦事處（ＯＨＣＨＲ）公布的統計數字，在開戰後的一百天，平均每天有二個孩童因戰爭死亡、四個受傷。

能看見孩子平安健康、保持童年的歡笑，是逃難中的父母最渴望的事。阿爾坦姆和安娜塔西亞是資訊工程師，夫妻在找到旅館作為暫時棲所後，一直掛著「讓全世界看到孩子的畫」的念頭，向同在逃難的家庭做了簡單的意見調查，發現這樣的構想「不只是小孩需要，大人們也都想要」。阿爾坦姆於是在二十四小時內架起了「今日的烏克蘭兒童」（Ukraine Kids Today）兒童線上畫廊，太太花二十美元買社群廣告，女兒則在旅館內跟新結交的小朋友們徵件，一家子就在旅館的餐廳裡開線上說明會，也跟小朋友示範畫畫課、上傳的流程。截至六月中旬，他們收到來自烏克蘭國內和歐洲各地六百多張烏克蘭孩童的畫作。

「戰爭開始的第一個月，孩子畫的都是墳墓，還有飛彈從天空掉下來、家被燒毀，屍體、血的畫面。」阿爾坦姆說，有人選擇以自己的貓為題，表達想念，有孩子畫出離家前的最後一眼、防空洞裡避難的畫面，還有孩子畫了烏克蘭女兵，獻給在前線擔任狙擊手的媽媽。

其中，十一歲的札哈（Fishchuk Zakhar）來自布查，他用繪畫記錄自己逃難的過程，用顏色抒發情緒。戰爭第一天就逃離家園的札哈，目睹機場被空襲的畫面。開戰後，他每天緊盯戰爭消息、烏克蘭軍隊的戰況。他最在意的是來自國際的援助，與不援助的原因。戰前，札哈在布查定期上畫畫課，戰後，他必須用上更強烈的顏色跟對比，才足以表達內心的情緒。

十歲的朵布煦（Polina Dovbush），出生於烏東盧漢斯克，二〇一四年時逃到基輔近郊，二〇二二年再次逃難。朵布煦說：「我畫這些，希望其他國家的小孩跟大人們，都看到烏克蘭正在發生的事，這是惡魔普丁開戰之後的結果。我也畫了一個保護我們的軍人，老天會給我們勝利的。無論如何。」

「當你看著這些圖，你可以感受到他們的情緒。」阿爾坦姆說，網站上線之後，他們與心理諮商專業的朋友聯繫，才理解這是藝術治療的一種，透過畫畫，孩子能抒發壓力，也能協助親子之間的溝通，父母得以理解孩子的狀態，看見孩子難以言喻的內在情緒。

作為二歲和六歲孩子的母親，安娜塔西亞說，理解此刻孩子的腦袋跟心理狀態極為挑戰。有時必須靠著孩子的夢境來解讀。「我們聊天都必須非常小心，不能談太多戰爭的細節，否則女兒過幾天會哭著起床。」採訪前幾天，安娜塔西亞的女兒夢到了晴天之下，和朋友們在畫畫課堂上作畫，但俄軍突然闖進教室，把孩子們抓起來，喝斥要他們離開。「還好，她的夢只是這樣。如果我們談太多俄軍做的事，她的夢就不會只是這樣而已。」讓安娜塔西亞擔心的，是戰爭中針

聯合國安理會 1261 號決議，六項「戰時嚴重侵害兒童權利行為」

1. 在戰事中徵用兒童
2. 殺戮或殘害兒童
3. 對兒童施加性暴力或強姦
4. 對醫院、學校以及教育或醫療相關人士的攻擊
5. 綁架孩童
6. 阻擋人道救援物資

對孩童發生的戰爭罪。

兒童生存權的重大危機

戰爭進行至六月中，二百七十七個烏克蘭孩童被殺、四百五十六個孩童受傷、一千一百一十二個孩童失蹤，烏克蘭檢察總長辦公室負責兒童權保護的主任烏申科（Yulia Usenko），在公開聲明中表示，他們以接收到的證據和情報，展開一千零四十二件以兒童為目標的犯罪調查，包括五百五十一件關於身體暴力的戰爭罪，如謀殺、性暴力、綁架等；還有四百九十一件，是針對與兒童相關的學校、醫療等設施的攻擊。

聯合國兒童基金會在戰爭百日時公開警告：「烏克蘭戰爭是一場兒童生存權的危機。」光是烏克蘭國會中人權委員會設立的專線，收到的孩童性暴力案件通報，就包括女童被強暴、陰部嚴重受損，以及女嬰、男女童因性暴力死亡案件。在許多俄軍撤離的村落當中，屍體經過鑑識後，也有許多男女童在生前有被強暴的跡象。

來自布查十一歲兒童札哈（Fishchuk Zakhar）的作品，題名為 Belief in Life。（圖片提供：Ukraine Kids Today）

孩童除了在戰場上成為攻擊的對象，也成了綁架的對象。俄軍綁架小孩後，要脅交換居民手上的武器、要求父母成為俄軍間諜。也有俄軍拿金錢跟人道物資來誘拐孩童和青少年，叫他們蒐集烏克蘭軍隊的情資。

此外，有孩童被迫成為政治宣傳演員的案例。尤其是被占領區的孩童，被迫接受俄國媒體訪問、拍攝，成為俄軍用來指控烏克蘭「新納粹」、「第三共和」的不實資訊，甚至逼孩童從軍。

除了身體安全上的攻擊，對記錄孩童戰後生存情況的烏克蘭哈爾基夫社會研究所（Kharkiv Institute for Social Research, KhISR）首席研究員切爾諾烏索夫（Andrii Chernousov）來說，心理上的「攻擊」對孩童將造成更長遠的影響。

「攻擊孩子的心理跟思想，比戰爭本身更具衝擊，我們目前看到的是對烏克蘭認同的威脅跟抹除，」切爾諾烏索夫告訴我們，俄軍已透過教育、軍事訓練，改造烏克蘭的下一世代。老師被迫重新準備教案、接受新的教育訓練，「學校也成為洗腦的工具，跟隨克里姆林宮的宣傳走。」

「八年前我只帶著一個包包逃難，我的家就只剩一個包包。現在一樣的事情又發生了。」烏克蘭孩童朵布煦（Polina Dovbush）寫道。（**圖片提供：**Ukraine Kids Today）

切爾諾烏索夫說，開戰之後，俄羅斯頒布新法，對全俄羅斯六歲以上孩童實施愛國教育，「以傳統俄羅斯價值，形塑其世界觀，增加愛國心。」實施範圍包括烏東和新占領區。他以克里米亞為例：二〇一四年被俄國併吞的克里米亞，成立了給八至十八歲孩童參加的「青年軍」（Young Guard-UNARMY），幼稚園孩童則進入「軍事學習小組」。學生們學習軍事基礎知識、認識祖國（俄羅斯）歷史、參與軍事演習和特殊體能鍛鍊。根據俄國黑海艦隊公布的數字，至二〇二一年，克里米亞共有二萬九千個孩童加入當地青年軍，占克里米亞同年齡層孩童總數的十分之一；他們被灌輸愛國主義，仇恨烏克蘭，學習射擊、使用手榴彈、去除地雷，做好從軍的準備。

經歷了戰爭後，
烏克蘭兒童表現有何異常？

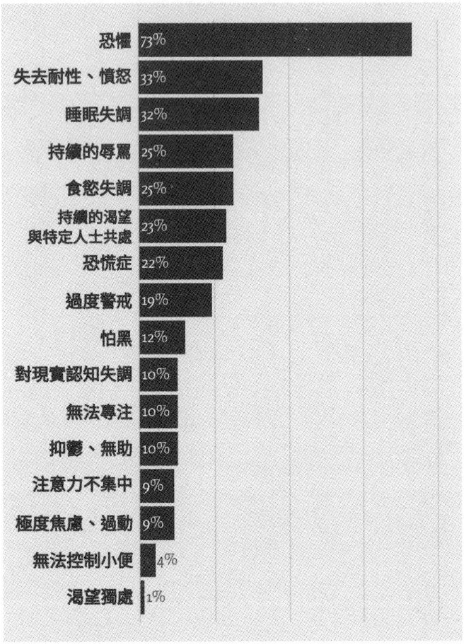

注：本調查涵蓋69位烏克蘭父母深度訪談，皆為經歷戰鬥而逃離家園、在國內流離失所的家庭。訪談時間為2022年3月28日到4月11日間，訪談進行地點為利維夫（Lviv）和波爾塔瓦（Poltaca）兩大城。

資料來源：Kharkiv Institute of Social Research

資料整理：劉致昕

製圖：黃禹禎

切爾諾烏索夫解釋，在克里米亞，俄方說服孩童們加入青年軍的方式是透過學校、父母，來創造同儕壓力和氛圍，讓家長跟小孩覺得，順從是比較「容易」的，加入青年軍是「正確」的選擇——這樣能避免被輿論批評或遭受鄰居和同儕的排擠。

「失去」之後，幫助兒童心理復原成迫切議題

不僅被占領區的孩童受到衝擊，在非占領區，經歷戰爭孩童的心理創傷，也將對他們的造成長年的影響。切爾諾烏索夫在三、四月間，與六十九位帶著孩子躲避戰火、離開家園的烏克蘭家長深度訪調，發現孩童身上皆有明顯的創傷症候群：「我們必須盡快建立系統性的機制，支持小孩跟家庭的心理復原，降低戰爭對孩子的影響。」

「孩子的心理與成人的不同，還在成長跟發展，還沒完全成熟，而且也不穩定，」兒童之聲（Voice of Children）慈善基金會行動諮商計畫的諮商師娜塔莉亞（Natalia）向我們解釋。自二〇一四年起，她往返烏東前線地區，與受到戰爭影響的孩童進行心理諮商。

「一個人在戰爭中經歷的是各種『失去』，失去平靜、日常生活、穩定、工作、財務、住房、他／她情感依賴的東西、與親人們的聯繫，失去水、食物、親人朋友們的生命，甚至失去了自己身體的某部位或是健康。」

「有些時候，孩子並不確定應該怎麼表現或應對，（如戰爭等重大事件發生後）這種不知道怎麼回應的情況，會造成孩子焦慮、無助、恐懼，」娜塔莉亞說，更嚴重的情況是對他人

和自己的攻擊性，例如爭吵、割腕、咬指甲等，甚至演變成長期的抑鬱症。「孩子會用這些方式來懲罰自己無法應對壓力，表現出各種身心症狀，甚至開始無法控制排尿。」

娜塔莉亞說，還未成熟健全的孩子，戰爭下被迫同時面對各種失去，烏克蘭孩童面對的是極為艱難的考驗，「他們面對的除了戰爭的創傷外，也缺乏親人的支持，無依無靠，在這種情況下，我就是他們的支持和依靠……二〇二二年戰爭爆發之後，我們主要的任務是到各地為兒童提供心理上的支持，穩定他們的心理狀態，輔導他們接受自己所有的經歷和情緒，陪他們度過創傷，從各種失去中再站起來。」娜塔莉亞說，有時自己就像孩子的第二個母親。

戰爭中人所面對的是各種「失去」，孩童在不斷失去的狀況下往往不知道如何應對。（圖片提供：Ukraine Kids Today）

娜塔莉亞分享了幾個讓她掛念的孩子，讓我們理解問題的急迫性：

- 五歲的女孩卡佳（Katya），從馬里烏波爾撤離後，不說話、不離開自己的房間。
- 十四歲的瑪琳娜（Marina），經歷幾乎兩個月在地下室的日子後，陷入了抑鬱狀態，經常用毯子蓋頭一整天，拒絕任何外在接觸。

▪ 男孩丹尼爾（Danil）在北頓內茨克時與母親躲在地下室，撤離之後，開始展現出攻擊性，會打其他孩童。

「一個八歲女孩在跟我談話時尿出來了。我跟她的媽媽說話，才發現她們經歷了人口販運的過程——她們被帶到妓院，還被告知孩子將被帶走，母親必須留下來工作。她們設法逃脫，但母女都經歷了巨大的壓力。」其他諮商師同樣也記錄了成為難民的孩子異常的情況。

用畫畫抵抗戰火，看見未來

開戰近四個月，阿爾坦姆和安娜塔西亞的線上畫廊計畫，也愈來愈成熟，慢慢變成了一個不受地理限制的線上社群。每天，他們在 Instagram 上給出「每日挑戰」，出不同的題目供孩子們發揮。每週，透過 Telegram 群組、線上直播還有網路索引，提供說故事課程、線上故事書、繪畫課程，有愈來愈多關心孩童的專家，一起透過這個平臺，陪伴戰爭中的孩童。

孩童的畫作反映出他們當下最深刻的感受（圖片提供：Ukraine Kids Today）

在奧德薩，今年十三歲的雅

莉珊德拉（Penya Oleksandra），與全班二十幾個同學，在老師鼓勵下投稿畫作。老師從旁觀察，看見了這座線上畫廊的重要性：「它能讓孩子知道，雖然自己年紀小，也能為國家的安全跟生存一起出力，不只是被害者的角色。」「孩子在畫畫的時候，覺得自己在做一件非常重要的事，（他們）畫的這些全世界都看得到，覺得自己是烏克蘭未來迎接勝利的一分子，是在為烏克蘭的安全跟獨立而戰，覺得自己真的能做些什麼。」安娜塔西亞觀察，部分孩童們的畫作開始出現變化——有的人回到了烏克蘭、有的人確定了落腳處，他們開始想像未來，微笑的軍人、太陽，還有象徵安全的城堡，開始出現在畫作中。

阿爾坦姆說，計畫開始後三個月，這座線上畫廊的目標，除了給孩童心理上的抒發跟自我對話的空間，「另一個目標，是要世人們不要遺忘。不要習慣了烏克蘭就是有戰爭，這不是『正常的』，我們要大聲提醒世界，不要對一個國家經歷的屠殺跟破壞習以為常，在這裡發生的事情是極為恐怖、不可思議的，你現在看我們的表情好像很正常、能跟你說話，這只是我們的保護機制而已。」

這座孩子的線上畫廊，也意外成為父母們維持親職角色的強力互助的窗口，他們正在籌辦回到基輔後的第一次實體聚會，「只是現場絕對不能有氣球，沒有人能承受爆炸聲，」安娜塔西亞苦笑。

烏克蘭哈爾基夫社會研究所也和兒童之聲基金會，展開一週到兩週不等的課程，或是短期的踏青、夏令營，希望陪伴孩童療傷、穩定、激勵，然後重建生活。但切爾諾烏索夫強調，最急迫的，仍是救援在交火地區、占領區的孩童，以及停止戰爭。「只要戰爭不停，我們就沒有救助孩子的機會，所有的攻擊都會造成傷害，不論是對烏克蘭西邊或東邊的攻擊。」切爾諾烏索夫強調，那是對一整個世代、對未來至少十年的傷害。

阿爾坦姆說，烏克蘭人無法「搬家」，換不了鄰居，只能一直在民主自由的前線，對抗極權，他們不容下一代的未來被毀滅。對他們來說，對抗的力量之一如今來自這六百多張畫，以及想陪伴在戰爭中長大的小畫家們成長。

「我們在教小孩畫畫的時候，他們也教會了我們：繪畫即是創造，創造事物的過程會讓我們集中精神、想像未來、得到能量，讓我們脫離受害者的狀態，拿回創造未來的主動權。這將是我們對抗敵人的無情毀滅的方式之一。」

3 擺脫大斯拉夫、認同新烏克蘭的青年，怎麼向世界傳遞故事？

文字——周思宇

二〇一四年俄羅斯出兵克里米亞以來，面對俄方一系列經濟、軍事、資訊等混合戰的侵擾，烏克蘭人的「烏克蘭意識」卻益發穩固。在政治上，特別是青年族群，國家認同高漲，入歐議程已成世代共識；在網路上，年輕的內容創作者選材也愈來愈「本土化」，無論是堅持使用母語，或以國際通用的英文介紹母國，他們共同的期望是自己的國家可以被看見、尊重、認同。

與上一輩不同，這些「天然獨」沒有太多關於蘇聯的記憶，認為烏克蘭是主權獨立的國家。他們傾心西方的自由民主，閒暇會搭著廉價航空暢遊歐洲，「烏克蘭屬於歐洲」本是自然，而普丁的「大斯拉夫」民族夢跟他們毫無關係。我們越洋採訪了政治學者及這群「新烏克蘭人」，試圖理解青年世代「烏克蘭認同」的韌性，以及他們在戰時的角色。

「基本上，二〇一四年（廣場革命）後，烏克蘭年輕人已經做出了歷史選擇，選擇更加融入歐盟、西方文明。對他們而言，歐盟代表更好的未來。」波蘭克拉科夫教育大學（Pedagogical University of Krakow）政治學助理教授卡米翁卡（Mateusz Kamionka）如此說。儘管年輕人知道民主並不完美，烏克蘭民主體制仍有不少難題需克服，但烏克蘭自一九九一年獨立後，已歷經六場大選洗禮，反觀俄羅斯卻由普丁掌權二十二年，「某種程度上，他們（青年世代）認為，烏克蘭仍優於俄羅斯。」

卡米翁卡專研中東歐學運、青年政治傾向，二〇二〇年曾發表一篇名為〈混合戰時代下的青年愛國主義〉（Patriotism of the Young Generation in the Era of Hybrid War）[1]的文章，探討烏克蘭年輕人對於「愛國」的認知，以及強韌的公民社會如何成為抵禦混合戰的利器。

「新烏克蘭人」的國族認同和語言變化

目前人在波蘭的卡米翁卡因熟稔烏克蘭語，正在兩國邊境協助難民安置事宜。他透過電子郵件接受我們的文字訪問時，以「新烏克蘭人」（New Ukrainians）稱呼年輕世代。

卡米翁卡描繪的「新烏克蘭人」多數出生在烏克蘭獨立的一九九一年前後，年紀最長的不過三十歲，在他們的成長經驗裡，「烏克蘭是獨立國家」是政治現實，國家也漸漸融入歐盟、與世界接軌；雖然烏克蘭夾在俄羅斯與歐盟兩大強權間，國內政治也有長期親歐、親俄的路線之爭，但在二〇一四年後，脫俄入歐的「新烏克蘭人」認同已蔚為主流。

多數烏克蘭人通曉烏克蘭語及俄語，[2]但即便兩種語言系出同源，同屬「斯拉夫語系」，發音、語法、用詞卻不盡相同。在過去，母語與政治立場間的關係密不可分，中西部以烏克蘭語為主要語言，東部地區則以俄語為主，部分學者常以「語言」分析其身分認同政治（identity politics），得出「一個國家，兩個烏克蘭」的結論。但二〇一四年後，「講俄語」與「親俄」之間不見得是正相關，不少俄語人口也自認是「烏克蘭人」，對俄羅斯心懷不滿。卡米翁卡舉例，「好比東部俄語區現在也跟全國各地一樣，奮勇抗敵。」

卡米翁卡也預測，語言之於政治未來將成「假議題」，面對新世代只講烏克蘭文，或烏俄混雜（烏俄語，Surzhyk），加上歐美通用語言為英文，一或兩個世代後，烏克蘭可能會變成「烏克蘭為國語、英語作為第二外語」的國家，俄語只會一般的生活對話，俄羅斯恐無法再把語言當作政治工具。

除了以「世代」作為新舊之分的基本指標外，這些「新烏克蘭人」也一起經歷重大政治事件（如橘色革命、廣場革命），相信「融入歐盟等於更好的未來」是多數人的共同理念。

「我知道誰才是烏克蘭的敵人」

「新烏克蘭人」對於來自俄羅斯的政治宣傳、歷史敘事並不買單，其強烈的國家認同、親歐盟的政治立場，也與習慣看俄國頻道、聽俄文廣播的年長世代或俄語區居民形成鮮明對比。

年長世代的身分認同複雜，有頓巴斯地區的人民自認「俄國人」、要求併入俄羅斯聯邦；亦有人曾認同蘇聯時代的榮光，自認「前蘇聯人」，或是文化上認為同屬「斯拉夫」而「親俄」。

出生在蘇聯解體前一年（一九九〇）的 YouTuber 雷茲尼科娃（Olga Reznikova）接受我們採訪時表示，從她有記憶以來，烏克蘭就是一個獨立自主的國家，俄羅斯充其量就只是「鄰國」。年僅二十二歲的網路廣播電臺 Urban Space Radio 創辦人浩爾奇克（Nadiia Hulchuk）也自認沒有國家認同的困擾：「我知道誰才是烏克蘭的敵人。」

另一名二十五歲的 YouTuber 塔雅（Taya）卻有迥異的家庭經驗。她的家族源自烏克蘭東部，父執輩生長在蘇聯時期，曾告訴她當時生活、工作的故事，「對他們而言，真正的模範城市是莫斯科（俄羅斯首都），而不是基輔（烏克蘭首都）。他們可能不認為自己是百分之百的烏克蘭人。」

免簽加速年輕人融入歐盟，親近民主自由

二〇一三年的廣場革命，展現青年世代追求融入歐盟的渴望。時任烏克蘭總統、「親俄」的亞努科維奇擋下烏克蘭與歐盟的自由貿易協議，有意轉而與俄羅斯締結關稅同盟，引發長達三個月的民眾抗爭，導致軍民衝突，死傷慘重，最後議會解除總統職務，亞努科維奇倉皇出逃。

對於年輕世代而言，除了無蘇聯時代的生活經驗、二〇一四年廣場革命結束後更確立了

「親歐」的政治立場。在簽證政策上，歐盟向烏克蘭「開放門戶」，亦加速烏克蘭融入西方社會的進程。

歐盟自二〇一七年向烏克蘭開放短期觀光免簽後，大批烏克蘭年輕人可藉由旅行、觀光，浸淫西方文化，深化「歐洲人」認同。在政策宣布當年，當時的總統波洛申科（Petro Poroshenko）認為，此制度象徵「烏克蘭脫離俄羅斯帝國」。波洛申科本人也是強烈的融歐派，他在此次的俄烏戰役中，也身揹 AK-47 突擊步槍，在基輔街頭加入民眾保衛家園的行列。

卡米翁卡解釋，烏克蘭年輕世代受益於免簽及廉價航空，（疫情前）可暢遊歐洲，體驗當地文化、共享的自由民主價值，更加融入西方。在他們生活圈內，也有朋友去歐洲留學、工作，「這是他們在俄羅斯的同輩難以體會的經驗。」他們勤學英文也不光是因為學校有課可以選修，而是他們需要學，畢竟在歐洲用俄語無法溝通。

事實上，俄羅斯同樣給予烏克蘭國民免簽待遇，以利探親、觀光。「俄羅斯的宣傳常告誡烏克蘭年輕人不要去巴黎、不要去羅馬，應該要看看俄國的車里雅賓斯克（Chelyabinsk）；不要去法國阿爾卑斯山，去看看美麗的卡拉恰伊巴爾卡爾地區（Karachay-Balkar region）。[3]你去問問看烏克蘭年輕人，看他們想去哪旅遊？」至於軟實力部分，卡米翁卡也說明，西方的影視串流平臺（如 Netflix）、音樂、流行文化、社群媒體，甚至是電玩遊戲，與俄羅斯的流行文化相比，更具吸引力（sexier）。

「我們必須不斷地使用烏克蘭文創作」

青年世代心向歐盟，勢為普丁所不容，而後俄羅斯併吞克里米亞、挑起烏東地區分離主義及武裝衝突，及在社群媒體上傳播假訊息，並策反烏國軍隊等「混合戰」攻勢，正試圖再度撕裂這個國家。青年世代卻展現十足的韌性，這些人多數擁有大學學歷、生長在網路時代、擅長使用 Twitter、Instagram、TikTok 溝通交流。為求國際化也勤學英文，更以身為烏克蘭人為榮。

在政策方面，卡米翁卡也補充，政府除了強化「烏克蘭入歐」政治議程，環保、觀光、青年交流政策都可形塑「愛國心」，例如提倡資源回收及禁用塑膠袋、發展地方觀光，及推動烏東烏西地區的青年交流。特別藉由觀光、交流，讓這兩個地區的青年「更加認識，我們其實同屬一個國家」。

一個國家，兩種語言。長年以來，烏克蘭語與俄語相互爭奪文化詮釋權，特別在廣場革命後，以烏克蘭語創作成為趨勢。

浩爾奇克認為，語言作為一個武器，且與國家認同息息相關。戰爭爆發前，Urban Space Radio 是一個堅持以「烏克蘭語說烏克蘭故事」的網路廣播電臺，題材多元廣泛，如都市生活、建築、教育、文學、藝術文化，甚至是永續發展，內容無所不包。「我們必須不斷地使用它（指烏克蘭語）。」這也是為何她的電臺節目堅持以烏克蘭語播報，「如果市場上沒有優質的烏克蘭語節目，人們就只能被動接受他人設定的內容，例如俄羅斯。」

不只廣播節目，YouTube 影音平臺上也愈來愈多以烏克蘭為主題的內容創作者，他們以英文說烏克蘭的故事。二十五歲的塔雅跟三十一歲的雷茲尼科娃皆是其中代表，兩人分別擁有近六萬及二十三萬的訂閱數。[4]她們向我們表示，當年投入創作的原因都是：「（網路）上面幾乎沒有關於烏克蘭的內容。」

身為創作者，塔雅希望世界知道烏克蘭是一個「獨立的國家」，有自己的國家認同。她想藉由分享烏克蘭生活、文化、景點，破除網路上對烏克蘭的誤解及刻板印象，好比暴力、危險等。「我期盼這次戰爭後，大家可以知道烏克蘭的存在，有機會也可以來這裡走走。」

一場戰爭，兩種敘事

面對假資訊侵擾，烏克蘭過去幾年透過公民社會、媒體識讀教育、網路社群協力，培養民眾分辨真偽及查證的習慣。身為網路原住民的青年世代或可「免疫」，但俄國的官方敘事及政治宣傳，卻一再撕裂那些橫跨烏俄兩國家庭的情感。

許多烏克蘭人親戚在俄羅斯有遠親，反之亦然。雷茲尼科娃感嘆，「我住在俄羅斯的親戚就是政治宣傳的受害者。」每當她試圖向在俄羅斯親友提到「烏克蘭被俄羅斯威脅」，卻被反指是她搞不清楚狀況，而這種情況在二〇一四年後愈形嚴重。「我們毫無交集，索性就不談政治了。」

如今，俄羅斯已全面封鎖各大社群軟體（如 Facebook、Twitter），也以避免散播「假訊息」為由，禁播烏克蘭戰事新聞，俄羅斯再度罩下訊息鐵幕。一場戰爭，在烏俄兩國卻有截然不同的敘事。塔雅無力地說道：「我在俄羅斯的親戚當然不想要有戰爭，但他們似乎仍相信官方內容，反指責是我們的總統瘋了。但對我而言，我的國家正在被侵略、我們的反抗是為了保護自己的國家；但他們卻深信，歐盟試圖在烏克蘭部署武器，準備與俄羅斯開戰，普丁下令的軍事行動只是為了要自衛。」

在防空洞錄 Podcast，把烏克蘭的故事傳給世界

在俄軍進犯後的前一兩天，烏克蘭西部城市伊凡諾—法蘭科夫（Ivano-Frankivsk）仍可聽到炮擊聲。浩爾奇克聽見空襲警報後，不敢相信惡夢成真：普丁真的出兵了。

一確認戰火暫且不會波及住所，浩爾奇克旋即與同事商討，作為一個傳播媒體，Urban Space Radio 能替烏克蘭做些什麼？幾番討論後，他們決定善加利用既有的平臺以及記者人脈，「盡快把烏克蘭的聲音傳出去。」一檔名為「烏克蘭：我們活下來的那一天」（UA: The day that we survived）的 Podcast 英語節目因應而生。

浩爾奇克向我們坦言，她對自己待在相對安全的城市、沒有親上前線，感到羞愧、有罪惡感。但除了現實世界的戰場外，他們還可以在資訊世界作戰。因此，團隊開始與第一線的記者、全烏克蘭受到戰火波及的居民合作，請他們協助錄音或傳遞文字訊息，再由團隊編輯

並翻譯成英文，製作成十五至三十分鐘不等的節目。

目前Podcast的工作團隊包含浩爾奇克僅有三人，他們每天的工作就是聯繫受訪者、編輯、翻譯、錄音、剪輯、上傳，「我們必須把這些深具力量的故事，給全世界聽見。」他們期待，當國際社會聽見後，願意出手幫助烏克蘭，向俄羅斯施壓，如此便能早日結束戰爭。

每天打開蒐集到的音檔時，浩爾奇克可依稀分辨錄音地點應該是在地下室、防空洞，或偶有車輛行經、人群呼喊，甚至是疑似爆炸的背景音。其中，有人聲音平穩地訴說避難的日常，也有人聽起來緊張、害怕，更有人咒罵普丁、俄羅斯軍隊，宣洩情緒。

父親參加志願軍，女兒在資訊世界奮戰

如今，烏克蘭正遭受戰火摧殘，這些自帶流量、擁有國外粉絲的內容創作者也發揮所長，製作影片或運用社群媒體，向國際社會發聲，更與來自俄羅斯的假訊息對抗。例如，雷茲尼科娃從開戰至今，已發布一系列影片，分享烏克蘭現況、難民如何逃離烏克蘭、俄羅斯戰俘的待遇，以及波蘭如何安置難民等內容。

雷茲尼科娃接受我們訪談時也擔心，隨著戰爭時間拉長，國際社會及新聞的關注度恐怕會遞減，人們可能會淡忘烏克蘭正遭受攻擊。作為一個內容創作者，一來必須肩負起「傳遞訊息」的責任，二來希望可以補足新聞上欠缺的細節。

自承「對政治感興趣」的雷茲尼科娃，在她的頻道上，除了烏克蘭的日常生活、文化、旅遊等軟性內容外，一度有過「記者夢」的她也曾下功夫製作政治題材的影片，包括烏俄兩國複雜的歷史、領土紛爭等，甚至在戰前她也曾至兩國邊境去做街頭訪問。

「政治之於烏克蘭社會很重要，我不能不去談論它，」雷茲尼科娃說，也許有些創作者稱自己不懂、不關心政治，或認為二〇一四年的烏東武裝衝突（指頓巴斯戰爭）只在部分區域，「但如今戰爭波及全烏克蘭，沒有人可以置身事外（out of politics），國家正遭受攻擊、生命一個個死去，這場戰爭已經影響到每個人。」立場鮮明的她也直言，「我不認為在戰爭過後，還會有人把俄羅斯當『朋友』！」

另一名 YouTuber 塔雅在俄軍進犯後，睡眼惺忪、戴著眼鏡的她馬上用了手機錄了一段影片，向粉絲告知戰爭開始了。但她之後卻焦慮到無法入眠，思考如何離境。開戰第三天，塔雅的父親開車一路往西到邊境，塔雅帶著愛犬與母親順利離開，暫時安頓在波蘭，父親則折返回基輔參加志願軍。離開烏克蘭後，塔雅重拾拍片本業，也透過社群媒體，替父親所在的志願軍募款。她表示，作為內容作者，主要任務是在資訊世界中奮戰，「我們的角色的重要性是傳遞事實，」她數度強調，「我們只要和平，不要戰爭！」

俄國入侵烏克蘭已成既定事實，戰爭如何落幕，將牽動歐洲安全體系重構，以及全球地緣政治的格局。烏克蘭仍在守護自由民主的道路上奮戰不懈。卡米翁卡說：「烏克蘭所在地在歷史上被稱作『哥薩克（Cossacks）』，這是源自古土耳其語或韃靼語單字，意思是『自由人』。或許有時候，歷史遺緒的影響比我們想像的更深刻。」

1 https://journals.lka.lt/journal/lasr/article/607/info

2 根據二〇一七年民調，被問及「何種語言是你的母語？」有六七·七%的受訪民眾回答「烏克蘭語」、一三·八%的民眾則稱「俄語」，另有一七·四%的民眾回應「兩者皆是」。（參考資料連結：https://www.ukrainianlessons.com/language-situation/）根據受訪者回應，學校授課語言依地區不同，如中西部以烏克蘭語為主，東部以俄語為主，但基本上多數年輕人通雙語。

3 俄羅斯官方近年向烏克蘭人力推國內觀光，試圖形塑同屬大斯拉夫民族的文化情感。其中，車里雅賓斯克州位於歐亞大陸交界的中心點，具湖濱、森林、溫泉、泥療；卡拉恰伊巴爾卡爾則位於俄國西南部、北高加索地區，亦有媲美阿爾卑斯的雪色山景，兩者皆為莫斯科、聖彼得堡一線城市外的俄國旅遊勝地。

4 數據統計至二〇二二年三月十四日。塔雅（Taya）的頻道：https://www.youtube.com/c/TayaUkraine/videos
雷茲尼科娃（Olga Reznikova）的頻道：https://www.youtube.com/channel/UCTATkyWul73umjIJjzC7YEA

4 抵抗極權國家的全球資訊戰

——專訪烏克蘭查核組織 StopFake

文字——劉致昕

從一個新聞學院的師生 Facebook 群組開始，烏克蘭事實查核組織 StopFake，自二〇一四年三月成立至今，已查核超過三千則來自俄羅斯的不實資訊。StopFake 發行的實體報紙，最高發行量達二十萬份；他們更將查核報告翻譯成十三種語言、做 Podcast，拍影音節目登上三十個電視頻道，一步步成為編制二十五名員工的專職組織，也成為美國、歐盟國家對應俄國假新聞攻勢的典範。

我們越洋採訪 StopFake 創辦人和查核者，理解過往八年來他們在資訊戰場上的抗戰與備戰。他們提醒，資訊戰是極權國家統治權力的根本，手法會愈來愈激烈，民主國家不只要防守，還得用真相反攻，健康的媒體產業正是關鍵。

俄烏戰爭開打以來，全球從開戰第一刻，就透過各大社交平臺見證戰事的進展。不論是Instagram上烏克蘭總統澤倫斯基的貼文跟直播，還是Telegram上每日來自馬里烏波爾的求救訊息，烏、俄兩方的士兵也透過Twitter更新戰場上的進展。

這場戰爭，可能也是史上資訊戰火最頻繁和猛烈的戰事。烏克蘭結合網紅群組、各國行銷團隊的相助，發動掃雷犬的可愛照片、虛構了「基輔之鬼」飛行員[1]的英勇故事等鼓舞士氣的宣傳材料。俄羅斯方面，則砸下超過去年（二〇二一）同期三倍的政府宣傳預算，一至三月就以約新臺幣八十多億元，展開媒體上的政治宣傳，也僱用歐洲網紅拍攝造假影片、利用深偽科技（Deepfake）製作澤倫斯基投降的畫面。兩方在社群平臺上交戰，真假帳號在其下留言、分享、按讚，搶奪關於「真相」的主導權。

三十一歲的事實查核者冉克沃伊（Alex Zamkovoi），以及四十七歲、目前是基輔大學莫亥勒新聞學院（Mohyla School of Journalism）主任費琴科（Yevhen Fedchenko），是資訊戰場上的戰士，二〇一四年俄國入侵克里米亞後，費琴科與學院裡的師生，就成立了事實查核組織StopFake：「停止造假」，八年來與俄羅斯國家宣傳機器捉對廝殺，當時只是一項志工性質的計畫，也意外地成為世界觀測極權國家資訊戰的前緣。

「烏克蘭是俄羅斯不實資訊手法的實驗場，」美國智庫自由之家（Freedom House）主席阿布拉莫維茨（Michael Abramowitz）直指，俄羅斯在烏克蘭測試的資訊戰技法，「接著被使用在世界各地，包括美國。」

身處戰場最前線，StopFake 成員告訴我們，二月底展開的這場二戰後歐陸最大戰事，如何從雲端上先展開攻勢。

宣傳機器作為當代戰爭的「核心」

「戰爭不只是在戰地，不只在烏克蘭境內，全球都是俄國資訊作戰的範圍，」冉克沃伊說，在真正大規模揮兵進攻之前，俄羅斯從二〇二二年初，先頻繁、大規模地展開心理戰，試圖從內部分裂民心，說服烏克蘭人不戰而降。

在最常見的敘事中，稱烏克蘭是個失敗國家（failed state），稱「基輔政權」是由歐盟跟邪惡西方操弄的魁儡跟喜劇演員合手，剝削烏克蘭的資源，並透過一系列失敗的改革，毀掉烏克蘭的前景。另一方面，俄國宣傳機器也不斷告訴烏克蘭人，他們沒有文化、沒有歷史，只是俄羅斯帝國的一部分。

事實查核者冉克沃伊（Alex Zamkovoi）認為，俄方的宣傳多是重複過去的論調，只是這次的規模與範圍更大更廣。（**圖片提供：**Alex Zamkovoi）

冉克沃伊表示，俄方所使用的說法跟言論，多是重複過去八年的論述，只是這次操作的規模更大、平臺更多、範圍更廣。「像是『俄語人口受到打壓』這個說法，根本騙不了在地人。幾世紀來一直以來是烏克蘭語言受到打壓，因為學校裡過去都是教俄語，想學烏克蘭語的人沒有機會；是二〇一四年新的政策開始，法庭、媒體、學校才開始使用（烏克蘭語）。」

冉克沃伊再以「烏克蘭境內的新納粹」謠言為例解釋，烏克蘭境內的極右分子是在俄國併吞克里米亞後才出現，但極右派在烏克蘭並不受歡迎，沒有國會席次、也不曾在選舉中獲勝。「俄羅斯以新納粹或是極端勢力的名義稱呼他們，目的就是要讓烏克蘭人覺得是自己國內的問題，也讓國際覺得烏克蘭人不可靠。」冉克沃伊說，過去幾年，一則不斷在網上出現的假新聞，甚至稱烏克蘭政府準備將希特勒的臉放上烏克蘭紙鈔。這些手法都是利用上一輩對納粹的恐懼，操弄人們的情緒。

「他們從文化、歷史、社會的矛盾之中，建立起敘事，長期用敘事打造一個支持俄國利益的世界觀，短期則用一則一則的假新聞、假影片、假照片，來重複支撐強化敘事的『可信度』，」冉克沃伊分析。

戰爭全面開打後，雲端上的資訊戰、地面上的攻防與分化民主陣營的外交戰三者緊密相連。「在交火地帶，假新聞能夠殺人。」冉克沃伊舉例，俄國媒體及不明的帳號，在網路上刻意製造錯假消息，告訴民眾「已經安全了，可以從防空洞裡出來了」，結果提高了傷亡人數。又或告訴交戰地帶的人們不要離開房子，讓烏軍無法大規模開火反擊；接著在停火時刻，強行移動留困當地的民眾至俄羅斯境內或占領區，成為俘虜，拍攝宣傳影片，稱他們「自願回歸祖國」。

在外交場域，宣傳機器協助俄國脫罪。例如當俄軍撤離基輔近郊小鎮布查，百位平民屍體橫躺在街上的畫面傳出，俄國說這是西方與烏軍捏造出的場景。而俄羅斯在難民湧入歐洲時，則向各國廣發烏克蘭難民是流氓、引發治安問題、帶來經濟危機的謠言，試著阻止其他國家出手相助。

「俄羅斯的政治宣傳是有效的，而且將持續發揮作用，因為這是在俄羅斯複雜的歷史中已被驗證過的手段。」科羅拉多大學批判文化與國際研究學系助理教授克雷布坦—霍爾哈格（Julia Khrebtan-Hörhager）撰文[2]指出，俄羅斯總統普丁的敘事，是帝俄時期跟蘇維埃時期的「邪惡西方」敘事的回收再利用，讓俄國人民在蘇聯解體之後找回民族驕傲。她指出，普丁在開戰後的演說，都不斷強調勝利、團結，倡議「新俄羅斯愛國浪潮」。

一份由美國非營利組織芝加哥國際事務委員會（Chicago Council on Global Affairs）和俄國非政府民意調查中心列瓦達中心（Levada Center）合作，針對俄羅斯國內民眾的民意調查指出，即使戰事不如預期，普丁的支持度在二〇二二年三月底仍高達八三％。

「俄羅斯整場戰爭就是建立在資訊戰之上的。」身為大學教授與 StopFake 共同發起人的費琴科如此作結。他分析，蘇維埃時代的政治宣傳策略並沒有結束，反而在普丁任內轉型成為符合當代的有效武器；俄羅斯政府長期投入大量資源打造宣傳機器，從電視臺、廣播、網路媒體，到建立西方的魁儡政治人物、歐盟議會裡的代理人，還有成千上萬的無名網軍帳號。「這讓俄羅斯可以策動一場虛實緊密連結的戰事，」費琴科說。

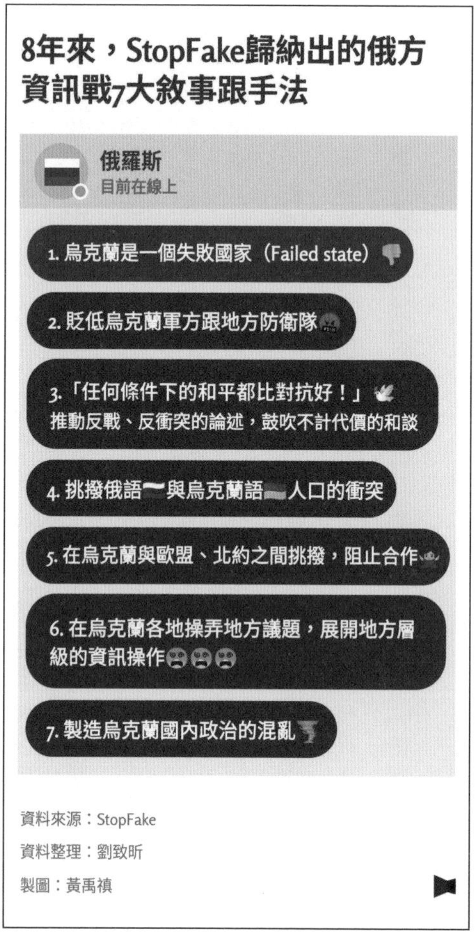
8年來，StopFake歸納出的俄方資訊戰7大敘事跟手法
俄羅斯
目前在線上
1. 烏克蘭是一個失敗國家（Failed state）
2. 貶低烏克蘭軍方跟地方防衛隊
3.「任何條件下的和平都比對抗好！」
推動反戰、反衝突的論述，鼓吹不計代價的和談
4. 挑撥俄語與烏克蘭語人口的衝突
5. 在烏克蘭與歐盟、北約之間挑撥，阻止合作
6. 在烏克蘭各地操弄地方議題，展開地方層級的資訊操作
7. 製造烏克蘭國內政治的混亂

資料來源：StopFake
資料整理：劉致昕
製圖：黃禹禛

八年來，用「殺傷鏈」概念建立反擊之道

直面世界上最大的政府宣傳機器之一，八年來，StopFake 沒有畏戰，反而利用「殺傷鏈」（Kill Chain）的軍事概念，一步步找到反攻的可能。

費琴科解釋，殺傷鏈在軍事上指的是一種攻擊過程，識別要打擊的目標，監控其行動，並在適當時機攻擊和摧毀目標。對事實查核機構來說，就像刑警在辦案一樣，把每一次的資訊操控都當作一次犯罪現場來看。

StopFake 透過數位工具跟大量建檔，比對敘事內容、散播平臺、製造資訊的手法，以及傳播的帳號跟涉入的個人，「接著像刑警一樣，在牆上貼線索、圖表、照片等等，把彼此之間的關係列出來，用數據的方式來分析，有機會看見資訊戰地的全貌跟動態。最終，我們必須對其採取行動，消滅這整個系統。」

在烏克蘭的事實查核者，目標有三：

守護事實、傳遞真相，包括傳遞至俄羅斯境內；

降低錯假訊息帶來的影響；

蒐集證據，未來有機會定罪煽動屠殺、種族滅絕的造假者。

對民主國家來說，如何在資訊戰場上發動反攻，並且不傷害民主價值？費琴科闡述八年來的思考與經驗，供民主社會中的民眾、政策制定者和媒體等不同角色作為參考。以下訪談，我們的提問以黑體字呈現。

事實查核者也面臨的挑戰

問：從事實查核開始，StopFake 的策略是什麼？該怎麼有效地協助民眾不被錯假訊息影響，並跟上俄國宣傳機器的不斷進化？

費琴科（後簡稱答）：過去八年，我們試著理解敵人是如何製造、散播錯假資訊，並且比對敘事，所以現在知道要尋找的是什麼、知道去哪裡找。更重要的是，我們建立自己的觀眾，讓人們使用StopFake的新聞內容、理解我們的理念，所以當俄羅斯侵略行動開始，我們已有自己的觀眾、媒體平臺跟合作夥伴，一起把事實查核的成果傳出去。

建立國內、國外的網絡是很重要的，找到那些跟你做類似工作的組織，一直精進對抗不實資訊的方法，讓你的成果可以有數倍大的效益。這些工作——尤其是建立網絡——愈早開始愈好。

問：這一次全面開戰以來，從臺灣、西班牙到美國，都看到跨國事實查核者的協作。但事實查核者總是會面臨「人們會問為什麼要相信你」的挑戰，你們是怎麼克服的？

答：在我們的社會裡，事實查核對烏克蘭人來說，是一項「抵抗」的技能，是實際層面上反制不實資訊的技能。我們的網站有好幾個不同語言的版本，有電視上的片段、有社交平臺上的內容，我們舉辦很多實體的活動、教民眾媒體素養、跟不同領域的專家對話，我們盡可能服務不同的觀眾，取得信任。對不同的閱聽人必須要用不同的策略、不同的方式。例如，對烏克蘭人，

基輔大學莫亥勒新聞學院主任費琴科（Yevhen Fedchenko），2014年創立StopFake，與俄羅斯的國家宣傳機器捉對廝殺。（**圖片提供**：Yevhen Fedchenko）

要讓他們知道來自俄羅斯的資訊可能是不能信賴的、必須多元化自己的資訊來源等。對非烏克蘭的人來說，他們的生活不一定會直接受到俄羅斯的影響，此時重要的是讓他們理解，俄羅斯的不實資訊與他們的關聯：俄羅斯政府會利用當地社會裡的矛盾，放大差異，擴大衝突，讓當地動盪不安；他們利用開放社會的特性，讓媒體、代議制、公共討論、新聞自由都失效。我們必須讓人們知道，世界上沒有人是局外人，沒有人對俄羅斯的宣傳機器免疫。

問：這些都是你們必須對大眾溝通的內容？對各國的大眾都必須說這麼多嗎？

答：對，因為事實查核者最大的挑戰不是技術，而是建立我們在人們心中的可信度跟正當性（legitimacy）。我們用專業和好的新聞實作，來建立自己的正當性，我們也用透明度來提高自己的可信度，讓人們從一開始就知道我們是誰，不是什麼可疑的匿名組織，盡可能地讓國內外的閱聽人受益於我們的工作成果。另外，我們也符合國際事實查核組織的標準跟專業的審核——財務的透明、可責性、每個人的背景、發現錯誤後是否即時勘誤等等。

戰爭時期認定「代理人」的標準

問：烏克蘭如何面對俄羅斯代理人在烏克蘭境內的宣傳？

答：八年前，當克里米亞被入侵時，烏克蘭第一件做的事，是把俄羅斯的電視頻道切斷——這是非常重要的，因為在當時，烏克蘭境內有八十個與俄羅斯政府相關的電視臺，它們多多少少被武器化了，從兒童頻道到新聞頻道、釣魚頻道，都與意識形態相關。對我來說，停下那些頻道的軍事意義，就如同處理掉地雷一樣，你不會想讓敵人踏進你的國土，防止他們在烏克蘭國內發揮作用。

二〇一七年，烏克蘭封鎖了俄羅斯的社群媒體跟俄方支持的「新聞」網站。但接著，它們開始在烏克蘭國內建立了在地的組織——由於是烏克蘭人成立的，無法封鎖或制裁，因為那是烏克蘭的電視臺、網站，就在烏克蘭，甚至網站上有愛國標語跟圖案。

一開始的時候，它們還有 Facebook 社團，在裡頭分享愛國的訊息，或是建立該地的、專屬那個城鎮的 Facebook 社團，張貼地方的購物資訊、民生訊息或揪團等等，但當俄國有需要時，它就成了影響地方民眾的管道。一整個網絡，包括了親俄的記者、親俄的社運分子。這些合法的、有執照的電視臺、網站，加起來是以千計算的，它們共同協作、放大彼此的聲量，創造一架替俄羅斯發聲的巨大宣傳機器，它們知道，「你不允許俄羅斯媒體在烏克蘭境內，那（我）就創造親俄的烏克蘭媒體在烏克蘭營運。」

在這次侵略之前，這些代理人成了當地的宣傳要角，他們公開加入俄羅斯新建立的地方媒體，或是重新開張自己的媒體，但傳播的內容走向完全是親俄的。

你拿這些代理人沒辦法，因為你是一個民主國家，這是最主要的難題。當烏克蘭政府關掉親俄媒體時，為數不少的烏克蘭媒體人和國際組織批評這是不民主的，不能因為一家電視臺是來自俄羅斯，就不給予它們為閱聽人服務的權利。即使在二〇一四年後，俄羅斯光明正大地侵略烏克蘭，雙方進入戰爭，仍有不少人批評烏克蘭政府不能這麼做，這阻止了政府剔除俄羅斯影響力的作為。現在各國終於都理解為什麼不能允許俄羅斯媒體在境內運作了。

問：除非拿到收據、匯款明細等證據，否則很難證明他們與俄羅斯的關係。你們是如何稱一個「代理人」為代理人呢？

答：我理解這個難處，對我們來說，「如果牠看起來像隻鴨子，走路的樣子也像鴨子，牠就是鴨子。」因為我們一直以來蒐集和比對俄方的敘事，如果他們不斷重複、放大那些說法，他們就是在傳播支持俄羅斯的敘事，我們不一定能說他們是拿了俄羅斯錢的代理人，但他們的確就是俄羅斯的傳聲筒，所以他們可以被歸類為親俄的。

關於這類判斷，後來其實愈來愈簡單，因為他們不再隱藏自己跟俄羅斯官方的往來跟關聯，他們有的直接去上俄羅斯電視臺的節目，有的變成固定來賓，那些當然可以判斷他們是親俄分子，幾年來每天在電視上重複俄羅斯政府的說法，以此維生、賺錢。或是有些在烏克蘭境內的媒體，靠著親俄政黨的財源運作——這些政黨甚至直接與普丁有互動——他們自然而然被視為俄羅斯的代理人，為他們工作的記者們，也就被認定為親俄的代理人。

對烏克蘭人來說，在二〇一四年之後，這種討論不再只是合不合法、道不道德，對處於戰爭狀態的我們來說，人們不能再用承平時期的方法來認定誰是代理人，你必須要快，也必須選邊站。這就是戰爭，在這種情況下，你必須選邊站。

何謂政治宣傳的惡意操縱？民主社會如何與極權攻防？

問：如果你選邊站，當烏克蘭政府也開始做政治宣傳，做資訊操縱、甚至不實資訊，你作為媒體跟事實查核者，該怎麼辦？

答：這是個很好的問題，我經常被問到這個問題。首先我必須要說，烏克蘭並沒有像俄羅斯那樣的政治宣傳，因為我們沒有一個替代性的世界觀（alternative worldview）或者一個另類事實需要去「宣傳」。關於這場戰爭發生的事，不言則明，我們不用創造一個假的論述來包裝這場戰爭，所以不用去強調這場戰爭背後有什麼宏大的意識形態，戰場上發生了什麼就是什麼，烏克蘭人雙手打開、非常開放，沒什麼需要隱藏。

但戰爭時期當然有許多烏克蘭人，在網路上發布各式各樣的訊息來表達他們的愛國心，我們的確看到了一些事實錯誤，但不是俄方的那種瞞天大謊。例如兩天前，我看到 Twitter 上有一些照片，是軍人們圍著坦克在地上睡覺的照片，發文者說：「我們的軍隊辛苦了！我們與你們同在！加油！」我一看就知道那些照片不是烏克蘭軍人，是外國士兵，地景也是像沙漠一樣的地方，那是以色列軍隊的照片。從事實上來說，這是個錯誤，我隨便找都有上千張烏克蘭軍隊睡在路邊的照片，那是他們的日常，我不必分享一張來自以色列軍隊的照片。

我在我的 Facebook 上發了一則貼文，呼籲大家謹慎地發文轉貼，這種圖文不合，但也沒有扭轉真相的錯誤真的沒有必要犯。這就是你會看到的烏克蘭方會有的不實資訊，它不是在灌輸或宣傳一個不存在的世界，沒有要刻意傷人。不是烏克蘭政府坐在那邊說要怎麼騙這個世界。

如果你因此說烏俄雙方都在做政治宣傳，你忽略了俄羅斯政府投入的不成比例的資源跟心力，創造出大量的政治宣傳跟資訊操縱行動，由政府發起、執行，也為了政府而做。這是我反對如此比較的原因，這種比較是不合理的。

問：所以兩方政府的宣傳，從出發點、惡意程度跟規模等，都是有明顯差別的？

答：對，更重要的關鍵是這些訊息背後，有沒有一個政府的敘事在主導全局？一則則貼文的存在、傳播，是否是政府為了建構有利於它們的龐大敘事？那是判斷政治宣傳的核心。

辨認這些訊息的方法，聽起來很細微跟繁瑣，卻是避不開的一堂課，因為你沒辦法完全地讓這些資訊消失，它們隨時都在調整、散落在各個平臺。而且極權國家的特色就是有無上限的資源、人力、錢、技術來創造這類的資訊產品，民主國家沒有相對應的能力跟資源。這永遠是一場不對稱的對抗。

遇到親俄的媒體、俄國的代理人，你只能解釋他們的行為哪裡有問題，讓人們注意到他，戳破他的錯誤訊息，解釋他的行為造成的危害等等。你希望人們能夠回歸理性，你是在跟人們的大腦對話，但人們是在跟自己的情緒對話。

我們能做的就是就事論事、用事實來對話。這可能是一條非常漫長的道路，可能需要好幾年才能有成效，包括教育民眾、把事實查核的工具教給他們，同時也是在建立跟倡議一種事實查核的文化。每個人應該要知道，多花個一分鐘、確認資訊來源，就能保護自己不被帶風向、被誤導，或是被有心人操弄。這條路大概得花好幾年。

以烏克蘭的經驗來說，現在的我們比二〇一四年懂的多一些。當時，我們對俄羅斯的資訊戰根本沒有招架之力，沒有任何的比對建檔。就像新冠病毒吧，一開始人們也一無所知，怎麼傳染的、有什麼症狀、怎麼治療、如何創造疫苗？後來人們開始累積知識，建立一個科學的方式，以事實來對抗病毒。

除了科學的方式，另外一個就是從錯誤中學習。即使我們有了蘇聯時代的經驗，但還是要知道俄羅斯的策略和手法如何進化，這些都是需要一年一年研究累積，接著共享，才有機會找到真正的反擊方式。

問：與二〇一四年相比，烏克蘭民眾如今有找到應對的方法了嗎？

答：此次全面性開戰後，我們看到人們建立了自己的「過濾網」，我們無法成為他們唯一的把關人，但可以協助人們建立把關機制，有一個可以信賴的資訊名單，分得出來質報跟非質報的差別。另外一方面我們的成功在於，人們知道與俄羅斯有關聯的資訊來源是不可信的，他們不會把俄羅斯政府、媒體宣傳、親俄的代理人說的話當作一回事。於是它們（俄羅斯）必須創造新的「最後一哩路」，取信大眾。

報：你指的是俄羅斯這次創造了假的事實查核組織來攻擊你們、誤導民眾，利用歐洲網紅來突破你們的防線。

答：對，所以另外一點是，我們不能只在一個地方對抗不實資訊，必須水平的、多點的、跨國界地協力來打這場仗。就像 COVID-19 疫情，不可能只在一個國家對抗它。這主要是因為社群平臺是全球性的，它讓錯假訊息的傳播也跨國、多國運作，影響是全球性的。極權國家也彼此學習、模仿、複製俄羅斯的手法，如果它們看到俄羅斯成功了，立刻就會有樣學樣。我們也觀察到伊朗、委內瑞拉、中國等極權國家正彼此合作，用的都是俄羅斯的資訊戰手法，俄羅斯也把自己當作「成功典範」在向它們推廣，最終它們要證明自己的體制是最好的，可以粉碎民主。

守住媒體專業和健全環境，才能守住民主、對抗資訊戰

報：你同時在新聞系擔任教授，對你而言，一國的媒體環境，如何影響其在資訊戰的抵禦能力？

答：烏克蘭是一個開放的媒體環境，有各式各樣的媒體，不同的編輯守則、不同的政治裙帶關係、不同的財源、不同的品質。烏克蘭也是一個掙扎中的媒體市場，尤其在戰爭之下，

許多烏克蘭媒體生存上有困難，同時也有許多記者在戰爭之下選擇離開烏克蘭。總體而言，烏克蘭的新聞品質遇上挑戰。

另一方面，我們看到記者之間的討論、辯論仍是健康的。即使是在戰爭中，每一天，我們仍看到記者們在辯論此時的新聞標準應該是什麼，這是非常重要的，記者們沒有自我審查，沒有跟著風向走，仍在追求更好的媒體環境。記者們不斷質疑軍方的策略、公布的數字是否真實、質疑政府在戒嚴之下一些關於政治運作的限制等等，記者們沒有停止做該做的事。戰爭持續，而媒體該做的事也持續，因為這就是烏克蘭人打這場仗的核心意義。跟俄羅斯對抗，就是為了不讓烏克蘭成為俄羅斯，從每個方面來說都是。一個健康、開放的媒體環境，在俄羅斯已消失殆盡。烏克蘭必須窮盡一切努力，不要走上俄羅斯的路。守住法治、言論自由、結社自由，對抗不只是為了這場正在進行的戰事，是為了讓國家繼續走向開放、民主、正義。

報：所以對你來說，什麼是健康的媒體環境？

答：健康的媒體環境，要容得下多元意見，有建設性的對話，找到共同點進行討論，這樣的媒體環境就是良性的。

另外，健康的媒體環境，最關鍵的有沒有足夠多元的媒體機構，市場有沒有被壟斷。像戰爭來了，廣告沒了，現在最大的問題是，有多少家媒體能撐得過這場戰爭？它們的財源能有多健康？脆弱的媒體會不會被親俄的勢力或是有心人用錢來控制？

唯有建立一個開放、民主、多元、有韌性的媒體環境，才有機會跟大規模的資訊戰的手法對抗。因為通常敵人的資源是數倍以上。

---

1 包括《泰晤士報》等媒體於二〇二二年四月二十九日報導，擊落超過四十架俄軍飛機的「基輔之鬼」真實身分是烏軍飛官塔拉巴爾卡（Stepan Tarabalka）少校，烏克蘭空軍五月一日於臉書上證實，塔拉巴爾卡確有其人，不過他並未擊落四十架戰機，「基輔之鬼」的稱號則是由烏克蘭人民所創造。

2 https://theconversation.com/putins-propaganda-is-rooted-in-russian-history-and-thats-why-it-works-184197

新世界／戰爭／3

落地華沙，在出境大廳就見到了烏克蘭文的指示牌，剛逃離戰場的烏克蘭人在機場裡設法前往安全的棲身之地。車子進入華沙市區之後，路上是從北歐一路開到華沙的救助巴士、旅館裡是主動和我們打招呼的烏克蘭難民，往邊界，我們看到來自立陶宛、美國、法國的廚師、志工、年輕人和志願軍，彷彿全世界都來到了波蘭，站在新前線上，找自己「參戰」的位置。

Pure Luck，這是第一個見面的波蘭人，談起戰爭說的第一個字。華沙的市中心是史達林送來的地標式建築，四周還有二戰留下來的屠殺地點、彈孔，甚至是被炸毀卻因產權問題而留至現代的廢墟。Pure Luck 指的是普丁的炸彈沒有落在波蘭境內，對許多波蘭人來說，烏克蘭戰爭發生之後，飛彈瞄準波蘭只是遲早的事。

戰爭的氣息更跟著數百萬烏克蘭人的腳步走進波蘭，從邊界、收容所、到首都車站還有平民的家裡。戰爭撼動了波蘭、改變人們的生活，臉書社團上出現各種求助訊息，許多波蘭人一通接著一通地打電話，想問問親朋好友還有沒有空房，許多波蘭人即使內心恐懼，還是選擇把房門打開或在邊界輪班，那是他們與烏克蘭一起打仗的方式。

作為北約的最東邊，以及駐軍的重點國，開戰後的波蘭成為拜登演說的地點、兩方對抗的新前線；拿到歐盟與北約更多的支援後，波蘭是將成為民主陣營的前鋒，抑或其極右政府將藉此情勢坐大，繼續破壞波蘭國內的民主發展？

戰爭下，我們走進波蘭，記錄跨國界的救援、戰爭下的面容，以及戰火所引起的蝴蝶效應，我們看見溫暖和擁抱背後藏著的恐懼，以及經濟、社福系統以及國內政治層面的隱憂。

（文字：劉致昕）

【圖輯】

逃離戰火的人們，跨越國界後遇見的「第一條街」

文字——劉致昕、陳映妤

這是二戰後，難民數量在短時間累積最多的一場戰事。二〇二二年二月二十四日開始的第三週，已有三百萬烏克蘭人逃離家園，其中，有六成、約一百八十萬人前往波蘭，他們自波蘭—烏克蘭兩國間，綿延五百多公里長邊界上的八個關口中通關，而梅迪卡（Medyka）是其中逃離人數最多的一個。在三個東歐國家總理抵達烏克蘭首都基輔表達支持的三月十五日，我們抵達波烏邊界上新誕生的一條「世界街」。

這裡，迎接難民的是來自世界各地的志願軍、志工、各種物資的援助。在戰火尚未蔓延的地方，他們說，「終於又感受到希望了。」

梅迪卡本來是烏克蘭人跨越邊境，買菸、伏特加、汽油，從小店裡找些品質好的商品，帶回家鄉擺攤賣舶來品的地方。波蘭邊界管理局的區域辦公室發言人札奇拉許（Piotr Zakielarz）

波烏邊境的關口，烏克蘭難民就是從此處抵達梅迪卡。（攝影：楊子磊／報導者）

在波烏邊境提供難民免費衣物的捐贈區（攝影：楊子磊／報導者）

受訪時稱，開戰之後沒有人願意休假，他們二十四小時輪班，盡可能讓難民快速過境，「波蘭邊界從來沒有遇過這麼大的移民潮，前所未見。」

隨難民需求長出來的「世界街」

不只是海關內的繁忙跟挑戰，關口之外，一段數百公尺的步道，本來只是荒涼、雜草叢生的空地，如今堆滿救援物資，路上是來自世界各地的志工。毫無生氣的褐黃色乾草地景，如今有來自世界的顏色：法國、葡萄牙、美國、以色列等各國旗幟在這裡飄揚，迴異的口音、異國的食物，一間間帳篷裡提供著醫療、免費行動電話卡、嬰兒食品，成為戰事底下動人的風景。

這些物資的擺設、發放、取用等後勤服務，是根據難民的腳步和需求逐漸發展出來的。烏克蘭難民出關後會在這裡排成隊伍，等待登上波蘭政府安排的巴士，去到收容所，又或是進入十三公里外的普熱梅希爾（Przemyśl）火車站，往下一站、歐洲某個城市前進。戰事一開始，梅迪卡單日就有數萬人湧進，人龍二十四小時進入，一旁志工提供保暖的暖爐、帳篷、睡袋，端出熱茶、咖啡、營養品，讓排著隊的難民們好過一些。

目前出逃約三百萬難民中有近半是孩童，於是包括梅迪卡在內的各關卡，也出現玩具、嬰兒副食品、尿布、嬰兒車。在梅迪卡，志工拿著小丑玩偶，在人龍旁每隔數公尺就停下表演一次，他們拿著玩偶，邀隊伍裡的小孩們跟他手上的布偶一起對戲、一起跳舞。原本高頻率的孩童哭聲，被一陣陣笑聲取代，人龍後方的小孩，更踮起腳期待志工的到來。

許多難民也帶著寵物，於是有人端水給狗兒、貓兒、小鼠喝，海關外的走道，沿途擺放飼料、寵物牽繩、背帶，以及牠們的保暖衣物。

一頂頂帳篷的物品看似琳琅滿目，以為是民眾善心隨性的捐送，但仔細觀察，這條街上的各種元素，都反映了逃離戰火後的第一時間需求，附近的超市甚至將手推車、購物袋都運過來供難民使用，因為太多人逃離時，什麼都來不及拿，許多媽媽除了身上的外套，就只剩背包裡滿滿的嬰兒用品。

（攝影：楊子磊／報導者）

（攝影：楊子磊／報導者）

當地志工告訴我們，愈來愈多人加入援助的行列，不僅代表物資的充足，如今幾乎每十分鐘，就有一班巴士開來，歐陸的長途巴士業者也來此設站，讓難民能一路直達德國漢堡、柏林。

我們在梅迪卡待了一整個上午。這天，俄軍加劇了對烏國境內民宅、醫院、學校的轟炸，逼得更多人逃亡。穿著厚重的衣物，在嚴寒中搭車、步行、擠火車或尋求便車接送而來的人們愈來愈多，巴士永遠有載不完的人。

「我不怕，因為我是一個母親」

除了物資的供應，包括記者在內的許多志工，也試著與難民談天，透過喝熱茶、挑物資的空檔，確認他們

是否需要協助。當我們靠近一張張驚魂未定的臉，微笑之後，一句「你好嗎？」他們的眼淚就掉下來了。

「我們來自基輔。」帶著八歲女兒的娜塔莉亞（Natalia），說完這句話之後，眼淚滑落，她深呼吸之後立刻說對不起，她沒辦法控制自己，在防空洞住兩週之後，過去兩天，她決定一人帶著女兒逃亡，兩個人的行李加起來塞不滿一個行李箱。「我們決定離開，是因為孩子的學校已經完全被炸毀了，我們的家，建築物也有一半已經毀損，而且這些空襲有時候都是晚上來的，人們根本不能睡，一般人的生活早就不能繼續，我帶著證件，抓了一些衣服，趕快起程。」

「我們只是一般人，不是什麼政治運動分子，我們就是一般的市民，但在街上也被俄軍射殺攻擊。」戰爭開打之後，「我們只能在地下室一直等、一直等，當外面沒什麼聲音的時候，人們就會衝出去拿東西，拿鑰匙啊、寶貴的東西、吃的，然後攻擊又

（攝影：楊子磊／報導者）

開始，人們就趕快躲起來。」

她說女兒很害怕，但她不會，「我嗎？我不怕，對，因為我是一個母親。」她堅定地看著我們，但眼淚一直滑落。

娜塔莉亞說話的時候，八歲的女孩牽著媽媽的手搖晃，偶爾偷看，嘴角用力，大大的雙眼看著我們。我問她好不好，她小聲說：「I am all right.」

「不好意思，我想我們都還在震驚當中。」娜塔莉亞摸著女兒的頭，看著她笑：「我們搭巴士、搭車，一路上靠著每個人幫忙才到這裡的，幫助我們的每個人什麼都沒要，一切免費。」

「我現在什麼都沒有，但我們終於在一個安全、友善的地方，有吃的、有用的，我看到人們無私的付出，好像什麼都願意給！我很感謝。」娜塔莉亞再次為她的眼淚道歉，然後她提到那些幫助她的軍人們：「我們能安全出來都是因為烏克蘭軍人的幫忙，他們幫助每一個人，貓、狗、小孩、老人，他們真的救了我們，我知道很多軍人死掉了，可能就在幫助我們之後沒幾天就不在了。」她擦著眼淚，堅持要把對軍人的感謝說完。

準備前往德國漢諾威找朋友的這對母女，坦言不知道自己是否能夠順利抵達，在準備排隊前，她想跟世界說明一件事情。「你可能沒聽出來，我說的是俄語，我因為有念大學，所以我會說一些烏克蘭語，但平常我說的是俄語。我想說，認為說俄語的人就支持普丁，絕不是真的。我有看到俄羅斯的宣傳，那連宣傳都稱不上，那就是幻

（攝影：楊子磊／報導者）

（攝影：楊子磊／報導者）

想，我不太知道（支持普丁的人）是聽到了什麼？為什麼有人會聽、會相信普丁？在基輔、在烏克蘭本來就有很多人說俄語，那不代表什麼，即使我的女兒，她也會說烏克蘭語、英語、法語，也說俄語。」

娜塔莉亞希望，跟她同樣說俄語的俄羅斯人，都能看見戰火下對人們真確的傷害跟影響。

戰火孤絕下，兩對母女為重逢相擁

四十五歲的歐拉（Ola Ciertienko），是另一個逃亡的

（攝影：楊子磊／報導者）

母親，她與九歲女兒從基輔近郊逃離，在三月十五日終於抵達邊境。歐拉激動地說，她的丈夫留下來保護家園，歐拉的媽媽跟歐拉兩位二十幾歲的女兒都是護理師，也堅持留在國內，她們把地下室變成急診室，協助遭到俄軍轟炸攻擊而受傷的民眾。

「如果不是因為還有一個小女兒，我會留在那邊跟她們一起，」歐拉說。

歐拉的家，離基輔約四十五分鐘車程。戰爭爆發的第一天，她說附近的軍事基地被俄軍轟炸，隨後地面上出現槍戰和大量的地雷，他們緊急逃到一個地下室避難。幾天後，歐拉和小女兒決定離開。她付了四千烏克蘭格里夫納（約新臺幣三八二四元）搭巴士，中途帶著女兒睡在幼稚園的地板上、親戚朋友的家中或防空洞裡，花了十二天抵達波烏邊境。「這像不像一場公路旅行？」她苦笑說。

與歐拉見面是在三月十五日上午十一時，我們跟剛跨越邊境的她，一起迎接了一場美麗的意外——歐拉的好朋友麗娜（Lena Zariecniuk），同樣四十五歲，和十五歲女兒也在逃難，採訪當下，她們依約定，成功地在梅迪卡重逢了。

她們在一個掛著「歡迎休息」的軍綠帳篷外緊緊相擁，那是她們戰爭爆發後第一個擁抱。時間靠近中午，風和日麗，笑容在她們臉上綻放。

麗娜也來自基輔，一次空襲瞄準她的社區，她只有一分鐘的時間和女兒一起逃跑。她給我們看了女兒在逃難路上用手機繪圖軟體畫的圖畫，一邊是藍黃色的烏克蘭國旗與太陽，一邊是被子彈穿過、染血的普丁頭像。

「可能是我們沿路上已經把所有的眼淚給哭完了，所以現在哭不出來了！」她們開著玩

歐拉（Ola Ciertienko，中）與好友麗娜（Lena Zariecniuk，左）在梅迪卡成功重逢。（攝影：楊子磊／報導者）

笑，然後再抱成一團，儘管臉上看得出憔悴，還是不時爆出充滿能量的笑聲。她們的指甲很有默契地都修剪得整齊優雅，指縫沒有黑垢，指甲油一個塗的是淡粉色，一個是大紅色。

被戰火壓得太久，終於能呼吸的她們，稱彼此是冬日裡的太陽。許多來自世界的人，在梅迪卡出現，也試著提供一些溫暖——在難民們看著家園損毀、躲過死亡威脅、為家人擔心的情況下，在這段未知的漫長起點，這條「世界街」上，給

（攝影：楊子磊／報導者）

來自烏克蘭的她們短暫暖陽。

人龍的盡頭，在難民們即將上巴士之前，他們聽見的是拿著恐龍玩偶的志工，跟小朋友們說：「你們是烏克蘭人喔，你們要很堅強喔！」

1 「這也是我們的戰爭」

——波蘭家庭與他們所接待的烏克蘭客人

文字——陳映妤；共同採訪——劉致昕

俄羅斯侵烏戰爭爆發，超過二百萬難民湧入波蘭，光首都華沙就接收三十萬人，約為原本人口的一七%，且大概一半是小孩。在這波二次世界大戰以來波蘭面臨最大的難民潮中，許多波蘭人打開自己的家門，接待逃離家園的烏克蘭家庭。素未謀面的「客人」們，如何成為室友甚至是新家人？他們如何共處在同個屋簷下，一同理解戰爭，成為彼此的支持？我們實地走進三個家庭，看見並聆聽波蘭接待者與離鄉背井的烏克蘭人之間，在戰亂之中的共感與互助。

在華沙近郊的社區，羅曼紐克（Agata Romaniuk）在她幽靜寬敞的家中，取得過去三週來一份難得的寧靜。

住在波蘭華沙近郊的羅曼紐克（Agata Romaniuk）與她的大兒子伊吉（Iggy）。俄烏戰爭爆發後，這個家在三週內接待了四組烏克蘭來的「客人」。（攝影：楊子磊／報導者）

她的家裡有片窗明几淨的落地窗，開放式的廚房，一個小陽臺種了一些植株，養了兩隻貓。和丈夫分開後，羅曼紐克和兩個兒子住，家中總共三間房，孩子一人一間。

但從二〇二二年二月二十四日開始不到三週，這個家已經接待了四組烏克蘭「客人」。

第一組：兩位來自烏克蘭第二大城哈爾基夫的阿姨，分別是六十七歲和七十二歲。她們抵達的第一晚，就買了一瓶蘭姆酒，下午四點邀請羅曼紐克一起喝，隔天早上一起宿醉。

第二組：一對來自烏克蘭首都基輔西郊伊爾平的姊妹，姊姊當時懷胎約九個月，羅曼紐克帶她去產檢。最後一日則載她們到火車站去找親戚，她一直擔心在火車上姊姊如果生了怎麼辦，還好四小時的車程，姊妹平安抵達目的地。

第三組：二十七歲的安娜（Anna），來自烏國第三大城奧德薩，她和第二任丈夫帶著一個多月大的孩子開車到邊界，塞在車陣裡快兩天後，決定丟下車，推著嬰兒車走四十公里的路，從早上十點走到晚上八點。因為安娜的丈夫來自巴勒斯坦，他們被分到不同的人龍中排隊，安娜幾個小時後過了邊境，她在邊境上的臨時停靠站等了四天，才等到丈夫。羅曼紐克送他們去波蘭的巴勒斯坦大使館辦理前往瑞典的簽證，現在一家人安頓在瑞典北方小鎮。

在我們抵達之前，羅曼紐克才剛和第四組家庭道別，是愛琳娜（Irina）和她的媽媽娜塔莎（Natasza），以及六歲的女兒迪娜（Dina），她們離開在哈爾基夫的爸爸到波蘭，接著前往柏林，再到丹麥的哥本哈根。

打開門，接住人

「每天早上起來想的是，今天是好消息還是壞消息，她們在烏克蘭的丈夫或爸爸，是否還活著？或是我們在餐桌或沙發上的對話，有時候笑一笑忽然就哭了。或是愛唱歌愛笑的迪娜，會突然問媽媽，有人對爸爸開槍怎麼辦？」羅曼紐克在剛與最後一組家庭道別的家中，和我們回憶與這些家庭的相處。她說她和客人們用波蘭語、俄語、烏克蘭語、英語和肢體語言夾雜著溝通，試著理解彼此。「這不只是他們的戰爭，我覺得也是我們的

伊吉與家中的貓。十二歲的他會和母親一起招呼、關心烏克蘭客人，也安撫自己那不知所措的弟弟。（攝影：楊子磊／報導者）

戰爭，戰爭好像也發生在我們家裡，是坐在我旁邊的人正經歷的事。」

羅曼紐克自己開了間顧問公司，也是兒童繪本的故事創作者，從二〇二〇年COVID-19疫情爆發後，她會定期在線上說故事給小朋友聽。在和丈夫分開後，她自己扶養兩個小孩，罹癌的母親就住在對面可以就近照顧。即便原本生活已相當忙碌，她還是如同許多的波蘭家庭一樣，敞開家門，讓逃離家園的烏克蘭家庭待上幾晚。

有客人時，他們會擲硬幣，決定客人睡哪個兒子的房間。十二歲的大兒子伊吉（Iggy）很能理解烏克蘭人的處境，他做了貓咪形狀的煎蛋給客人當早餐，還做了三明治，附上一張紙條，畫上烏克蘭國旗和寫上鼓勵他們的話。有一天晚上，伊吉在客人到來之前，用Google翻譯在房間學烏克蘭文，他輸入想說的話，像是「你肚子餓嗎？」、「這是我的貓」，然後重複練習。

八歲的小兒子安東（Antoś）就不同了。他幾乎每天都問媽媽，戰爭什麼時候才會停。明天會不會停？「小兒子幾乎是縮在自己房間裡，有些害怕。他平常是很放得開，但這次可能他還不理解到底發生什麼事，所以還沒跨越那道障礙。他會躲起來，不會跟我們一起坐在餐桌上。」「大兒子需要幫忙安撫小兒子，他曾問我們，爸爸是不是因為要去打仗才離開家？」羅曼紐克有些心疼地說。

採訪當天，安東躲在房間，戴著綠色恐龍的頭飾坐在他的書桌前。小兒子班上已經多了三位烏克蘭女同學。他跟羅曼紐克說，一個很不錯，另外兩個是惡魔。他的足球隊上也多了二位烏克蘭隊友。

法比安（Monika Fabjan，右四）與漢娜（Hanna，左二）兩家人。法比安的曾祖父，也曾在二戰期間接待過不同的外國「來客」。（攝影：楊子磊／報導者）

一棟二戰時期就接待過外國人的房子

願意接待烏克蘭人的波蘭家庭，可以到車站或邊境的接待處或是向協助烏克蘭人的非政府組織登記，提供基本資訊、可接待的人數和住家地址等，接著志工會聯繫他們，協助媒合有需求的烏克蘭人。

三個女兒的母親法比安（Monika Fabjan），住在曾祖父母留下來的獨棟雙層百年別墅裡，因為二樓有獨立的空間與兩間寢室，她和伴侶決定盡力接待有需要的家庭。

法比安接待的第一組家庭，是三十六歲的媽媽漢娜（Hanna）、十五歲的女兒尤莉雅（Yuliia）和五歲的小女兒丹妮拉（Daniella），她們在戰爭爆發的凌晨五點，被轟炸聲震醒。緊急之下只帶了幾件衣服和牛仔褲，就往西邊逃，本來以為幾天後就能回家，沒想到一路逃到波蘭。

她們抵達法比安家時，是晚上六點。「去的路上我們很不安，一直盯著 Google 地圖看我們到底要去哪裡。抵達時我們非常疲累，也有點惶恐，很尷尬，我不知道要做什麼才好，」尤莉雅英文好，直接說出她剛抵達法比安家的感受。

法比安把她們安頓好後，隔天準備了豐盛的晚餐，煮了波蘭道地的熱湯給她們一家人。法比安也帶她們去超市採買，幫漢娜找工作，幫尤莉雅註冊學校。

尤莉雅從八歲就開始學琴，離開烏克蘭前在音樂學院上課，法比安因此在 Facebook 各社群幫她尋找鋼琴。三週後，一臺電子琴送到了她們家。漢娜因為過去是餐廳的廚師，法比安也幫她找到附近幼稚園的廚房工作，從四月一日開始。

「我覺得我們都像是小孩，而法比安是我們的媽媽，」漢娜帶著感謝與些微的愧疚說道。她回饋的方式，是準備拿手菜沙拉和起司可麗餅，還有在三月八日婦女節時，親自烘焙蛋糕給法比安一家人。

我們在他們晚餐前的時間抵達，電視上新聞正播著俄羅斯總統普丁的演說，四個孩子在客廳到處亂跑與尖叫。

法比安一邊安頓自己的孩子，一邊介紹今天下午才抵達的第二組家庭——母親歐蓮娜（Olena）神情仍然驚恐，她抱著兩個女兒不知所措。這一家原本今天預計要飛到加拿大多倫多申請庇護，卻在機場被拒絕。本來在烏克蘭是律師的歐蓮娜，抱著孩子坐在沙發上，無助地眼淚隨時就要掉下來，她不斷地說，只希望世界能幫一個忙，就是關閉烏克蘭的領空。她的女兒們，給我們看她們來不及帶走的貓咪和寵物鼠的照片。

過去三週，法比安除了自己本身在家的工作，以及平日接送三個孩子上下學，剩餘時間都在幫忙接待烏克蘭家庭。我們在現場，可以感受到家庭之間的張力和焦慮的情緒，都會影響到這個屋簷下的每個成員，包括孩子。

「所有事情都改變了。有些日子我非常想要幫忙他們，另一天我就什麼也不想做，只想休息。我上週有一次情緒崩潰。因為這真的超出了我的負荷，」法比安坦承，這比她想像的還要不容易。

「但在二戰時期，我的曾祖父當時在這裡，一樓接待的是德國納粹的軍人，二樓住的是猶太人，他們在戰爭期間共好共處。而現在，一樓是我們，二樓是烏克蘭家庭。我覺得我的祖先做得到，我也可以。」

小孩的共同語言是電動，只是貓咪還在打架

拉杜卡（Malgorzata Raducka）和她的丈夫，在俄烏戰爭爆發後，也希望可以做些什麼。

拉杜卡（Małgorzata Raducka，右二）與安東妮雅（Antonina，左二）兩家人，安東妮雅一家已經開始在華沙上工、上學。（攝影：楊子磊／報導者）

他們徵得八歲兒子的同意，讓出他的房間，一起在約二十坪的兩房一廳公寓裡，接待一組烏克蘭家庭。

三月六日當天，他們到華沙中央車站登記，沒多久安東妮雅（Antonina）和十二歲的兒子丹尼斯（Denis）以及二歲的貓就和他們一起回家。

「我看到華沙車站的媽媽和孩子，我兩天沒有辦法睡覺。我沒辦法想像這對安東妮雅有多困難，陌生的城市，陌生的人，我們試著做所有能讓她在這裡感覺到更舒服自在的事，」主人拉杜卡說。這一切對兩邊家庭來說，都還是進行式，採訪的當下，整個家庭都因為受到戰爭的影響，陷在很深的情緒裡。

他們兩家人一起相處十天，一開始要幫忙安東妮雅一家註冊文件、領取ＩＤ、找工作找學校，丹尼斯也處在離家的低落情緒裡，「真的非常困難，」拉杜卡說，「我很少向外求助，但那是我少數在社區的群組裡尋求支援，很幸運收到很多左鄰右舍的幫忙。」拉杜卡自己在一間活動籌備公司擔任專案經理，每天除了工作，還是會擠出時間和安東妮雅一家人相處。

幾天後他們慢慢適應彼此，一起在客廳聊天吃飯看足球賽。他們在家都練習講波蘭語，希望能更快適應新環境。兩個小孩共同的語言是電動，採訪時他們在房間一起玩。但他們的貓不喜歡彼此，從烏克蘭來的穆奇克（Murzik）跟波蘭家庭的可可（Cocoo），一定要在不同空間才不會打架。

工作是獨立的開始

他們幫忙丹尼斯找到學校去上學，他在學校不到幾天就收到情書。喜歡機器人和程式語言的丹尼斯，也開始在每週六去上當地理工高中提供給烏克蘭小孩一系列免費的課程。

三十五歲的安東妮雅，在烏克蘭是一位國小歷史老師，來到波蘭後，希望能盡快開始賺錢。拉杜卡幫她找到一份短期的工作，是在中央車站的廁所清潔員。安東妮雅選擇接受。「我有一份工作就已經很滿足了。這給我一個希望，我很快可以獨立靠自己，」不多話的安東妮雅說。她的丈夫在二〇一四年東烏克蘭的頓巴斯戰爭中犧牲，之後，她獨自扶養兒子到十二歲，現在孩子的身高已經超過她。面對第二場戰爭，她所求的已經不多，只希望給孩子好的未來。

當晚安東妮雅工作值班時間是晚上十點到清晨六點。她晚上九點離開拉杜卡的家。「我沒有很堅強，還在烏克蘭抵抗的人，他們才是最堅強的。」安東妮雅在公車站牌前，用翻譯軟體和我們說著。帶著些許疲累的笑容，她和在臺灣支持烏克蘭的人們輕聲地說了聲謝謝，便獨自搭上往火車站的 507 號公車。

讓我們一起做本來就會做的事

邀請烏克蘭人到家中的波蘭

晚間九點多，安東妮雅搭上了拉杜卡家附近的公車，準備前往華沙中央車站進行清潔員的工作。（攝影：楊子磊／報導者）

人，面對要在如此私密的場域和陌生人共同生活，共同承擔彼此的情緒，難免產生磨合與張力，主人要幫到什麼程度？客人想不想被幫忙？各種平衡與兩難，是共處一室的家庭在戰爭時期面臨的考驗。

娜塔莎、愛琳娜以及迪娜離開波蘭的那個週末，羅曼紐克在她們起床後一起化妝，用熨斗燙整衣服，打扮得漂漂亮亮，一起去華沙老城喝杯咖啡，看場電影，再享用棉花糖和爆米花當晚餐。

六歲的迪娜在離開羅曼紐克家前留下的圖畫，上頭有這個家中的貓、桌子和布偶。（攝影：楊子磊／報導者）

「她們想要的是好好化個妝，想要看起來體面，然後來個週日的散步。我覺得很重要的是，不要當她們是難民，而是一起做她們本來就會做的事。」

而這個家庭裡最小的女兒迪娜，本來都會做和戰爭有關的惡夢。在羅曼紐克家休息幾天後，終於沒有再做惡夢了。羅曼紐克表示：「她覺得在這裡安全了。或許這就是我們所能做的最好的事。」

Agnieszka Żądło 對此文亦有貢獻

2 成為新前線的波蘭面對歷史性抉擇：更擁抱民主，或支持獨裁化極右政府？

文字——劉致昕、陳映妤

「我們只是運氣好，所以這次（俄羅斯）打的不是我們。」在滿是烏克蘭國旗的華沙街頭，剛從邊界忙了一週的非營利組織工作者克拉耶夫斯卡（Helena Krajewska）說，這是一場距離太近的危機，最近的一次空襲離波蘭邊界只有二十公里，已有二百三十萬難民住進波蘭。無論身心，波蘭人都無法置身事外。

我們走訪波蘭不同城市的收容所，不斷地從年輕世代、移民社群甚至在蘇聯時代發起民主抗爭的上一代波蘭人口中，聽見俄烏戰爭中他們的共感，看見公民社會的動員跟熱潮，也感受到他們的恐懼。在飛彈之外，他們害怕的是人們學不會「團結」這堂課，害怕被列為全球獨裁化最嚴重的民主國家之一的波蘭右翼政府，在「前線國家」的位置上又找到「不

2022年3月18日晚間，波蘭首都華沙市中心，許多電子看板不時出現烏克蘭的國旗。（攝影：楊子磊／報導者）

民主」的理由。

走在波蘭首都華沙街頭，很容易以為自己到了烏克蘭。商店、使館、圍牆、街燈，處處有藍黃色的烏克蘭國旗，火車站跟機場的標示已標上烏克蘭文；入夜，藍黃色的燈光灑向古蹟地標、現代大樓、跨河鐵橋，連一九五五年由蘇聯工人建造、史達林送給華沙的科學文化宮，也處處是烏克蘭的國旗色。

俄烏戰爭開戰後，波蘭成為戰事中另一個焦點，國際物資、武器裝備、人道救援，從波蘭邊界往烏克蘭送。作為北約、歐盟成員國，波蘭也在一個月間迎來美國總統拜登、副總統賀錦麗、中情局局長、國防部部長，以及歐盟理事會主席米歇爾（Charles Michel），和其他美國與歐盟的高級官員。

美國總統國策顧問蘇利文（Jake Sullivan）以「前線」稱波蘭，不僅靠戰場最近，二戰後最大的四百萬難民潮中，波蘭也首當其衝地接

華沙市中心的霍爾大型體育場館成為烏克蘭難民的收容中心（攝影：楊子磊／報導者）

收了超過二百三十萬人，米歇爾特別對波蘭總統致意，「我們必須表彰貴國、團隊和人民的付出。」

波蘭人的行動，從線上到線下全面展開。在社交網站上，以萬人計的 Facebook 社團、Telegram 頻道，有波蘭人提供空房、分享行車路線，有需要住處或搭車的烏克蘭人，傳個訊息就能找到幫手。

除了民眾打開家中空房收容難民，各城市的主要場館，也成為戰事中的難民居所，華沙市中心的霍爾大型體育場館（Arena COS Torwar）就是一例。

這座表演者、冰上曲棍球運動員夢想的舞臺，六千個觀眾席跟符合國際標準的溜冰場，已經空了一個月，場地如今被五百張床鋪滿，後臺休息室成難民小孩的遊戲室，志工跟來來去去的難民們，在多種語言的諮詢臺討論包括住處、醫療、諮商等相關資訊。

體育館內可見到烏克蘭語、波蘭語、英語及俄羅斯語的四國語言標示。（攝影：楊子磊／報導者）

體育館的臨時孩童遊戲室裡，志工正在陪伴孩子們。（攝影：楊子磊／報導者）

戰事開打至今，一百八十萬人口的華沙，人口數已因難民潮成長一七%，市長公開喊話稱市政系統面臨危機。波蘭志工們和社福單位也開始不堪負荷，霍爾體育館的協調員紐薩斯（Joanna Niewczas）接受《金融時報》（*Financial Times*）採訪時表示，「志工們已經到了身心可以承受的極限。」

離邊界不到十公里的六萬人城市普熱梅希爾，可能是最早被難民潮擠爆的波蘭城市，當地火車站是烏克蘭難民透過火車入境波蘭的最主要出入口，最高峰時，那裡單日就湧進三萬人。

在極權恐嚇中，分裂的波蘭社會重新團結

從戰爭爆發那天起，六十三歲的志工羅馬娜（Romana Zolotnik）開始忙進忙出。她出入的地方曾是地方議會會堂，如今也改為收容所。「我忘記我到底帶了多少的睡墊還是睡袋，家裡所有可能幫得上忙的物資，我通通都帶來了。」我們被羅馬娜帶進這棟百年建築裡小小的廚房，這邊是志工們的「辦公室」，也是各種食用物資的堆積處。揉著眼睛的志工在這裡暫時歇口氣，他們除了在收容所裡排班，也到火車站裡輪值，每四小時輪一次。

「就算非常累，我也覺得我有這個義務要來幫忙。」這位六十三歲的媽媽敘述她的心情：「作為一個母親，看著這麼多媽媽帶著孩子逃離家園，一開始情緒上真的很困難，非常困難。但我在心裡建了一道牆，然後把這些情緒轉化成行動。」

羅馬娜和許多志工，是波蘭烏克蘭協會（The Ukrainian Association of Poland）的成員，他們平常會舉辦音樂會、文化節、學者作家等發表或聚會，推廣烏克蘭的文化與歷史。在戰前，波蘭境內就有包括一百五十萬名烏克蘭移工和過往烏克蘭移民家庭的龐大社群。

不僅自己在收容所幫忙，羅馬娜的兩個兒子也是志工，家裡還接待一組烏克蘭家庭。難民家庭中的爸爸是一位小提琴家，戰爭開打那天，他和老婆與兩個小孩，從烏西城市利維夫逃亡到這。逃亡的他來不及帶上樂器，家鄉的友人卻設法將小提琴輾轉送到了羅馬娜家。音樂家爸爸

普熱梅希爾火車站湧進了剛從烏克蘭逃出的民眾，一名烏克蘭孩童在車站大廳裡休息。（攝影：楊子磊／報導者）

一看到小提琴，眼淚瞬間潰堤。他拉了一首烏克蘭的生日快樂歌，給當天生日的羅馬娜。

築牆保護自己的心、犧牲自己的睡眠，全家出動接待不認識的難民，即使快撐不下去了也還要做，羅馬娜說，她的理由跟許多人相同：憤怒。

波蘭與烏克蘭皆有被蘇聯統治、侵略的經驗，在二戰時，也同時被德國納粹、蘇聯紅軍進行屠殺。至今，華沙的市中心還有二戰時被炸毀的遺跡，市中心的牆上有彈孔；而往波烏邊界，則會路過納粹執行種族滅絕的馬伊達內克（Majdanek）死亡集中營。

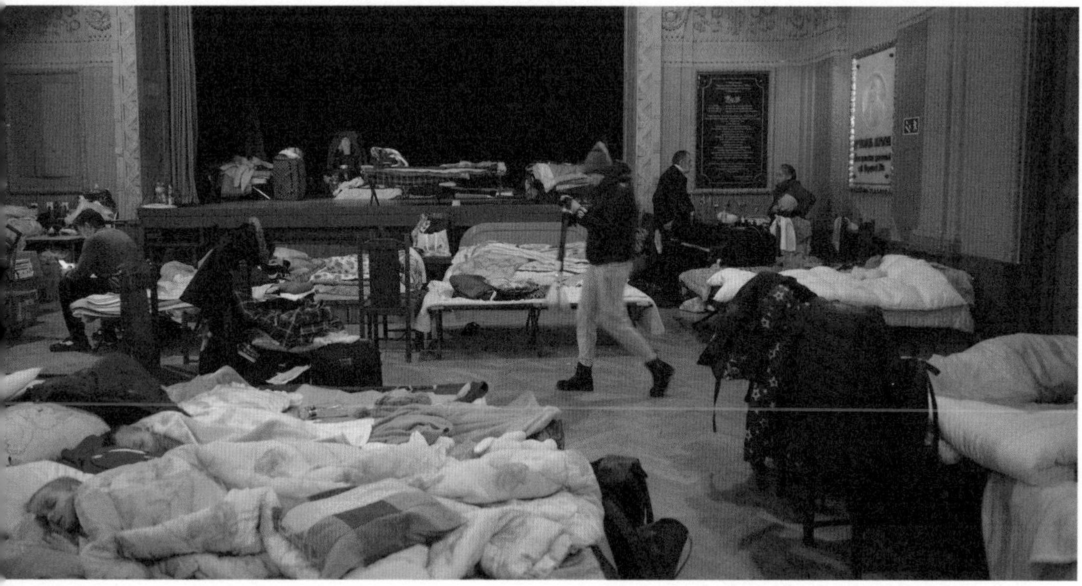

普熱梅希爾的地方議會會堂，如今也作為難民收容中心使用。（攝影：楊子磊／報導者）

約三十餘年前，蘇聯政權垮臺前夕，本屬蘇聯集團的波蘭，社會主義政府因民主運動聲浪而下臺，從此走上民主轉型的道路；一九九一年蘇聯垮臺，烏克蘭也踏上獨立與民主之路。如今，二戰後七十年的和平時期，被過去掌控兩國人民命運的俄羅斯打破。對經歷過戰爭與國家爭取獨立的羅馬娜的世代，憤怒是必然的；對波烏兩國的年輕世代來說，在歐盟時代出生的他們，出生便呼吸自由空氣，大多支持民主多元的價值。只是生在東歐，他們的共同經歷還包括來自俄羅斯的極權恐嚇或召喚。

「我們可能面臨跟烏克蘭一模一樣的情況。發生在基輔的事很可能換成這裡（華沙），差別在我們比較幸運而已。這次不是我們。」還不到三十歲，非營利組織「波蘭人道行動」（Polish Humanitarian Action）的媒體負責人克拉耶夫斯卡（Helena Krajewska）告訴我們，她和同伴們為什麼自願在邊界輪班等候需要協助的難民。

一份波蘭民調機構公共意見研究中心（Centre for Public Opinion Research；CBOS）的調查指出，八成五受訪民眾擔心烏克蘭戰事將為波蘭帶來危險，八成八緊盯著戰事的發展，九成以上民眾認為，烏克蘭應該得到財務、軍事設備跟武器上的支持。

另一份在開戰後第二天，由波蘭研調機構市場與社會研究學院（Market and Social Research Institute, IBRiS）對一千一百位波蘭民眾做的民調則指出，超過九成受訪者認為，波蘭應該接收烏克蘭難民。這對於二〇一五年右翼政黨執政後，國內分裂衝突愈趨嚴重的波蘭來說，是多年未見的一致與團結。因為不過就在二〇二〇年總統大選，執政黨法律與正義黨（Prawo i Sprawiedliwość, PiS）才以五一％得票，險勝在野陣營的四九％。

2022 年 3 月 15 日中午，一輛接送難民的巴士正要從波烏邊境的梅迪卡（Medyka）啟程。車窗上倒映著波蘭與烏克蘭的國旗。（攝影：楊子磊／報導者）

放下糾葛歷史，為共同的民主價值付出

「我已經四十年沒看過波蘭表現這麼良善、感人的一面了，」歐洲外交關係委員會前華沙辦公室主任蓋貝特（Konstanty Gebert）說道，從波蘭仍為社會主義國家，採高壓統治時，他便已開始組織公民團體，後來併入團結工聯運動（Solidarność）。團結工聯是蘇聯集團當時第一個非共產黨的勞工組織，以罷工形式對抗由蘇聯在背後支持的社會主義政府，喚起全波蘭人的對抗意志，共有超過千萬人加入團結工聯。團結工聯開展公民運動的模式，成為其他各地仿效的對象，之後也推動了蘇聯解體。

蓋貝特在運動期間，即使波蘭已進入戒嚴時期，他仍以筆名華沙斯基（Dawid Warszawski）長期書寫、出版地下刊物。曾於波蘭、以色列、美國任教的他，至今出版超過十本著作，其中包括波蘭的民主轉型、法國對波外交關係等議題。

見到現在的波蘭，蓋貝特說：「我想到一九八一年的第一次團結行動，當時，人們第一次『敢替他人著想』。」他解釋，共產統治之下，人們之間彼此缺少信任，「會團結起身，一起爭取權益時，代表人們覺得可以決定自己的生活，而且他們想幫助彼此一起建立理想的生活。我現在就有一樣的感受。」

過去，人們犧牲生命安全，參與罷工、私下傳遞刊物、支援物資等，是為工廠裡勞工的權益、為共產統治之下人的自由跟安全。如今，波蘭人把家門打開，在火車站當志工，在邊界與華沙間開車，在收容所裡搬物資，也是為了共同價值而做。

蓋貝特認為，這幾乎是全國性的志工行動，具有歷史性的意義。「波蘭跟烏克蘭之間有許多不愉快的歷史恩怨，曾經烏克蘭就像波蘭境內的殖民地，波蘭人覺得自己幫烏克蘭帶來了現代化、（提高）識字率，但實質上我們就是不請自來的侵略者。後來，也引起了烏克蘭人的極端主義，攻擊波蘭的統治者跟公民。」

蓋貝特解釋，目前烏克蘭西部的許多城市，過去都是波蘭的領土範圍。「事實上，你不需要是一個（波蘭的）極右派，才會對烏克蘭過去曾經對波蘭的殺戮不滿，或懷念波蘭過去帝國的光輝。但現在，沒有人在意這些了，大家都動起來幫助烏克蘭人，這讓我很驚喜，我不曾對我的國家有這樣高的期待。」「這是歷史性的變化，我們好像學會了放下過去的歷史，兩國之間的情感，現在是透過波蘭對烏克蘭的各種協助來定義的。」蓋貝特稱，背後的最大原因，當然是因為有共同的敵人，俄羅斯總統普丁。

難民潮點醒波蘭的公民意識

過去，波蘭也曾對另一個前蘇維埃地區、獨立後被俄羅斯攻擊的國家人民伸出援手。一九九四年，當俄羅斯向剛獨立的車臣發動戰爭時，波蘭也無條件接收約八萬個難民，「沒有任何的抱怨，就打開門讓他們進來了，為什麼？因為我們有共同的敵人，」蓋貝特回憶。

在波蘭國內，人們也都有成為難民的記憶。一九八一年當團結工聯運動開始，當時由蘇維埃支持的社會主義政權在波蘭實施戒嚴，上百萬人向西逃出國，那些為了生存、為了逃離政府極權統治、尋求安全與富足的的故事，在波蘭家庭裡一代一代流傳。「所以當我們看到了車臣的難民，我們看見的是自己。」

如今，烏克蘭的處境，讓波蘭更有理由同理。蓋貝特說：「我們真的覺得烏克蘭人在打『我們的戰爭』，所以我們必須做點什麼。因為如果烏克蘭沒有擋下俄羅斯的侵略，敵人就到門口，或更慘，到家裡來了。」

近年歐陸最大一波湧進單一國家的難民潮，可能是二〇一五年起一年內，超過百萬難民入境人口八千多萬的德國。而在二〇二二年的此時，二百三十萬難民在三十五天內湧進人口四千七百多萬的波蘭，亦是極大的挑戰。蓋貝特認為，這波難民潮，將為波蘭帶來好的蛻變：「這可能是一次根本性的教育，讓公民意識成形。」

他解釋，過去，人們以為所謂的民主，就是投完票、請代議士替你操煩即可。如今波蘭人為了自己的信念行動，是認知到那是自己的責任。「年輕世代正在邊界上、收容所裡、在那些接待難民的客廳中，學習人們是要對彼此負責的。公民是有責任的。」蓋貝特以自己為例，朋友的朋友，替一組烏克蘭難民家庭找上了他，一個媽媽帶著兩個小男孩，需要一個地方過夜，「當一個母親帶著兩個小孩出現在你家的時候，你還能怎麼辦，他們能去哪裡呢？你沒有別人可以求助了，你必須要接起電話、回應這位烏克蘭來的媽媽，她，就是你的責任。」

一九八九年以來，波蘭的人均國內生產毛額（GDP per capita）成長一五〇%，是歐陸經濟成長最強勁的國家；二〇一八年時，波蘭的人均收入超過歐元區三分之二的國家，創下波蘭史上的紀錄，正式走向富有的消費主義社會。「走向富有之後，人們覺得反正我有繳稅嘛，有人需要協助？叫政府去做啊。我不想多做些什麼。這一次（侵烏戰爭）讓我們集體重新學了一堂課，理解人跟人彼此間是需要互相幫助、一起承擔的，這堂關於團結的課，會長存波蘭，」蓋貝特樂觀地說。

「它提供了我們一個機會，讓我們看見自己確實能做些什麼。」蓋貝特稱，過去幾年，波蘭政治讓許多人感到無力，此時，人們卻看見自己的力量。「在此之前，我們最多就是抗爭罷了。抗爭很重要，教會你組織工作、給你勇氣等等的，但抗爭不是行動，為一個帶著兩個小孩的媽媽找到一個可過夜的地方，那才是行動，如果，你的行動成功了，那會給你一個被『賦權』的感受。另一方面，如果你的行動沒成功，例如你沒能真的幫上那個家庭，你也看到自己的失敗會造成什麼結果。結果也是集體承擔的。」

波蘭人民支持烏克蘭的行動，確實由下而上地產生了改變。戰事爆發初期，波蘭中央政府極度被動，世人看見的志工行動多與中央無關，難民的交通、食宿等費用，也大多由在野黨執政的地方政府負責，例如華沙。三月中旬，波蘭中央政府終推出新政策[1]給予烏克蘭難民醫療、教育等權利，提供照顧難民的波蘭家庭補貼等，「因為政府別無選擇，因為波蘭社會強烈要求想做點什麼，」蓋貝特說。

新世代公民意識的成形，公民感受到被賦權而有所行動，對此刻的波蘭至關重要，而俄烏戰爭開打後，期待在前線擁有一堅定可信的夥伴，一個積極成熟的波蘭公民社會自然不可或缺。

俄烏戰前的波蘭：獨裁化嚴重的歐盟頭號反叛者

將時間倒轉回戰爭開打之前，波蘭的右翼政府敵視德國、與歐盟幾乎成為死對頭，甚至在拜登當選幾週後才發出賀電。與其說是西方的重要夥伴，波蘭政府的往來好友多是歐洲親俄極右派民粹人物之流，英國《金融時報》稱之為「歐盟頭號反叛者」。[2]

根據瑞典哥德堡大學多元民主計畫（Varieties of Democracy, V-Dem）三月發布的二〇二二年民主報告（Democracy Report 2022），[3] 波蘭是全球民主國家中，獨裁化最嚴重的五個民主國家之一。[4] 從二〇一五年上臺執政至今的法律與正義黨（PiS），是讓波蘭獨裁化的推手，過去七年，在言論自由、教育、性別議題上，PiS 一步步走向保守極端。還用以色列間諜軟體監控反對派人士，並在軍隊跟情報單位中加強意識形態清洗，希望趕出反對派意見者。

波蘭政府對媒體的控制，也讓無國界記者組織（RSF）批評波蘭的公共媒體已成政府喉舌，民間最大的電視臺《TVN24》主要股權雖由美國企業探索傳播（Discovery Inc.）擁有，波蘭執政黨議員們卻想透過新的廣播法，要求其降低美國公司的股份，因此惹惱美國。

性別議題上，除了聲稱要建立無多元性別認同者的地區（LGBT Free Zone），另一爭議是禁止墮胎法案，這項法案在二〇二一年十一月初有了第一位受害者：一名年輕孕婦，因此法案被拖延墮胎，無法終止危及其性命的懷孕而死亡，再次在華沙等地引發大規模抗議，執政黨 PiS 的支持率在抗議之後下跌到三一．五%。

波蘭市中心的科學文化宮是蘇聯時期留下的代表性地標。2022 年 3 月 18 日夜裡，建築的外牆打上了烏克蘭國旗的藍黃配色燈光。（攝影：楊子磊／報導者）

擅長操作認同與文化對抗的現任波蘭政府，將「反歐盟、反德國」視作票房靈丹，以此操作民族主義，同時也走向獨裁。

讓波蘭與歐盟衝突白熱化的，是 PiS 推動的「司法改革」。歐洲法院認為，波蘭政府的「司法改革」將法官任命、審查、去職等權力都由執政黨掌握，已違反法治原則，要求波蘭暫停於二〇二〇年設立的專門針對法官的紀律審查機構，但波蘭政府拒絕執行有關裁定。波蘭法院反而認為歐洲法院「干涉波蘭司法」並「違背波蘭憲法」，強調波蘭法律應比歐盟法律具有優先權。

歐盟最高法院在二〇二一年十月裁定，只要波蘭不中止這一具爭議性的法官審查機制，自十一月三日起，每天必須支付一百萬歐元罰款，這是總部設在盧森堡的歐盟最高法院開出的最高額罰單。對此波蘭憲法法庭也反擊，認為歐盟法律的部分內容與波蘭憲法抵觸，雙方陷入嚴重分歧。執政黨主席、波蘭副總理卡臣斯基（Jaroslaw Kaczynski），不但不願停下「司法改革」，反稱歐盟已成為德國的「第四共和」，非法勒索成員國。

這是俄烏戰前，波蘭面對的局面——因為 COVID-19 疫情影響經濟，波蘭一度陷入獨立以來第一次的經濟衰退，面臨歐盟成員國中最高的通貨膨脹；同時，歐盟三百六十億歐元的疫情復甦基金，因為波蘭政府對法治的破壞而被凍結。歐盟執委會主席馮德萊恩（Ursula von der Leyen）表示，啟動凍結預算的機制是為了捍衛歐盟成員國的利益，如果 PiS 的司法改革不變，每天還得繼續罰一百萬歐元。

站上國際政治關鍵位置，波蘭右翼政府對西方態度搖擺

過去十八個月來，波蘭執政黨的支持度連續下滑。但二月二十四日，戰爭爆發，波蘭政府卻突然滿手籌碼，展開華麗轉身。波蘭總理莫拉維茨基（Mateusz Morawiecki）飛到過往自家政黨不斷批評的德國，要求德國軍援波蘭、烏克蘭。一方面，長年批評歐盟、親俄的副總理卡臣斯基，竟以歐洲代表之姿，搭火車前往基輔與烏克蘭總統會面；另一方面，在俄羅斯進犯下，因不肯改革而與歐盟陷入冷戰的波蘭政府，卻成為北約和歐盟證明對盟友承諾，展現作戰意志與實力的前線。俄烏開戰後，美軍在波蘭的駐軍增加超過一倍，愛國者地對空飛彈等軍備也快速到位。

「波蘭從沒有在世界上享有這麼高的聲譽，我們在國際政治中站在一個很對的位置，終於不再被不公平地隔絕在外了，」莫拉維茨基說。

波蘭智庫「政治洞察」（Polityka Insight）[5]成員分析，此刻的波蘭，宛如回到一九九〇年代初，關於未來的一切都處於未知，但外交跟軍事上的政策走向卻是明確的，需與俄羅斯對抗。執政黨此時必須回答，作為一個反德國、不信任西方盟友，破壞民主多元價值的政黨，此時是否能快速改變，成為一承擔大任、可信任的政黨，領導波蘭成為西方的堅實夥伴？

不過，波蘭執政團隊至今不僅未給出明確回答，反而先強調是西方長期忽略了波蘭的聲音，才犯下戰略錯誤，大聲疾呼波蘭對西方的重要性。「很多執政黨的政治人物，檯面上、檯面下都重申，應該是歐盟要修正自己，而不是波蘭。」政治洞察的兩位政治記者寫道。

也有評論認為，收容了超過二百萬難民的波蘭，極有可能跟二〇一五年難民潮時的土耳其一樣，以難民收容為由，向歐盟索取更多的補助，並視之為政治籌碼，以替歐盟其他國家照顧難民為名，交換自身政治利益。

波蘭的黃金時刻和隱憂

開戰之後，就一直忙碌於戰事報導的東歐非營利媒體《Outrider》總裁戈爾尼基（Jakub Górnicki）從烏克蘭境內接受我們訪問時表示，在政治算計之外，他看到波蘭社會的正面改變。「必須要緊抓這個黃金時刻，」開戰以來，以 Podcast、社交網站貼文、深度長文三方面進行報導的戈爾尼基雖然嚴重睡眠不足，但卻看到難得的景象：付費會員多了一倍，民眾對真實資訊的渴求，以及對政府宣傳的排斥跟敏感大增。他認為，戰爭不只是帶來志工潮，也讓波蘭民眾反思民主的真實內涵，對新聞資訊的要求更高、討論更深，且會主動學習辨別政府干預的資訊來源。現在，可能是波蘭公民社會茁壯的黃金時刻。

六十八歲的蓋貝特也觀察，許多人過去不正視現任政府反民主的行為，如今也動了起來，「（七年前）他們開始對波蘭民主帶來破壞性的作為的時候，還是我們這個世代的人上街抗爭，只有我們知道那些作為象徵著民主的危機。」七年之間，甚至有波蘭年長者以自焚的方式向社會血諫，希望同胞看見民主面臨的威脅。如今，烏克蘭戰事太近，普丁打到門前，終於逼得波蘭民眾重新思考民主自由的價值，以及失去自由的可能。

最近一份由波蘭媒體《Oko.press》所做的民調，有六六％的波蘭民眾，期待政府接受歐盟對恢復法治的要求，希望政府儘早結束與歐盟的紛爭；同時有五六％的民眾認為，歐盟疫情復甦基金應該儘早不帶前提地解凍，因為波蘭已大量接收難民。

戰事的未來發展尚未明朗，黃金時刻可能一瞬即逝，「在最好的狀況下，未來雙方只是持續對峙，但那對民主絕對不是一件好事。波蘭的民主在此之前就已經面臨極大的威脅，過去都是靠著歐盟在拉著我們的政府，但如果西方跟俄國真的進入對峙，歐盟絕不想在自己的陣營裡創造對立（亦即不會與波蘭政府爭執）；在戰時，人們又會傾向於支持極權統治者，希望政府『保護』他們，甚至接受不太民主的方式。我覺得包括波蘭在內的其他歐盟成員國，民主的發展都有危險，」蓋貝特提出警告。

其實在戰爭開打的幾個小時後，就有人跟蓋貝特提出一樣的警告，他是波蘭前總理、歐盟理事會前主席，主要反對黨公民綱領（Civic Platform）的領袖塔斯克（Donald Tusk）。他在開戰後幾個小時，以公開貼文呼籲波蘭社會大眾，國家必須團結，同時必須要求政府回到法治國家的正軌。「修正波蘭司法改革犯下的錯誤，是補強波蘭與歐美盟邦關係的必要前提，在司法改革上若彼此繼續衝突，我們的關係只會更加脆弱。」

但同時他卻遭到執政黨支持者的圍攻，因為在歐盟議會中，塔斯克所屬的黨團對一項動議投下贊成票，此動議要求歐盟執委會，嚴格並立即執行對會員國遵守法治精神的要求。「當波蘭在努力對抗俄羅斯時，你還允許讓更多人攻擊波蘭嗎？」現任波蘭眾議院議員、執政黨副主席席多（Beata Szydlo）如此批評。

隨著未來邊界上的持續對峙，難民在波蘭境內衍伸出的就業、住房、甚至治安等問題，波蘭社會的民粹民族主義極有可能再起，已連續十八個月支持率下滑的民粹右派政黨，很可能獲得選民青睞。「從這個角度來看，我們可能是這場戰爭的另一個受害者，」在二〇一五年前擔任政府顧問的華沙大學教授庫斯尼（Roman Kuzniar）受訪時稱，如果因為戰爭，歐盟、美國就既往不咎，忘記現任波蘭政府近年來反民主的作為，他認為，波蘭將成戰爭底下的另一個輸家。

---

1 波蘭政府於二〇二二年三月十六日開始對烏克蘭難民核發在波蘭稱為PESEL的身分證，在未來的十八個月內可和波蘭公民一樣享有居住、生活、就學、就醫等社會福利。

2 https://www.ft.com/content/d59e9054-95ba-4093-b1cf-3ead1bae0982

3 https://v-dem.net/media/publications/dr_2022.pdf

4 其他四個為貝南、薩爾瓦多、馬利、模里西斯。

5 https://www.politykainsight.pl/new

【圖輯】

侵烏戰爭下，橫跨歐洲的動物救援鏈

文字——陳映妤；共同採訪——劉致昕

轟炸聲和警報聲掩蓋了動物們發出的嗚咽與悲鳴。戰爭不只對人，也對動物造成衝擊。有一群不願放棄動物的志工與獸醫團隊，跨越國界照顧受傷的、無主的動物。

像是一對波蘭兄弟冒著風險、反覆進入烏克蘭搶救「難民動物」，把貓、狗、兔子、小羊……遷至安全地方或撤離到他國，為牠們尋找合適的新主人；利維夫的野生熊收容所把剛從冬眠中甦醒的熊轉往德國長期安置。在難民湧入的火車站，有女孩為她逃難沿途帶出來的十幾隻動物蓋上毛毯。

殘酷的戰爭沒有讓他們失去信念，他們搶救、陪伴，搭起跨境的救援線。

二〇二二年三月十五日早上九點，四十一歲的賽澤利（Cezary Kotowicz）和三十二歲的弟弟雅各布（Jakub Kotowicz），與他們的動物搜救團隊一起，將貓狗的食物、罐頭、藥品、空籠

以動物救援為職志的波蘭兄弟賽澤利（Cezary Kotowicz，左）與雅各布（Jakub Kotowicz）
（攝影：楊子磊／報導者）

動物治療中心 ADA 基金會裡，一隻剛剛從利維夫援救出來的幼貓。（攝影：楊子磊／報導者）

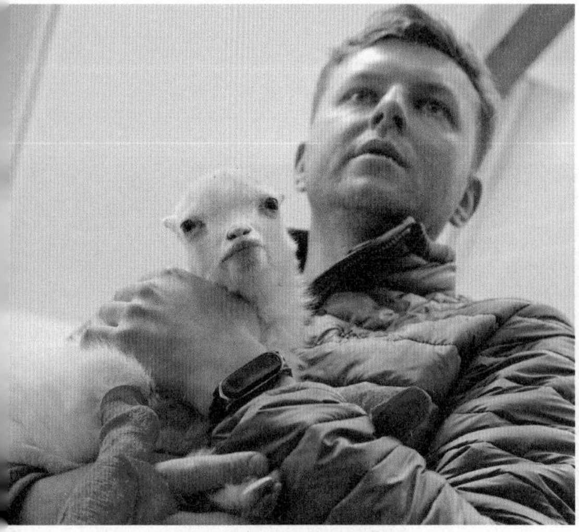

前肢嚴重萎縮而無法施力的侏儒山羊 Sasha（攝影：楊子磊／報導者）

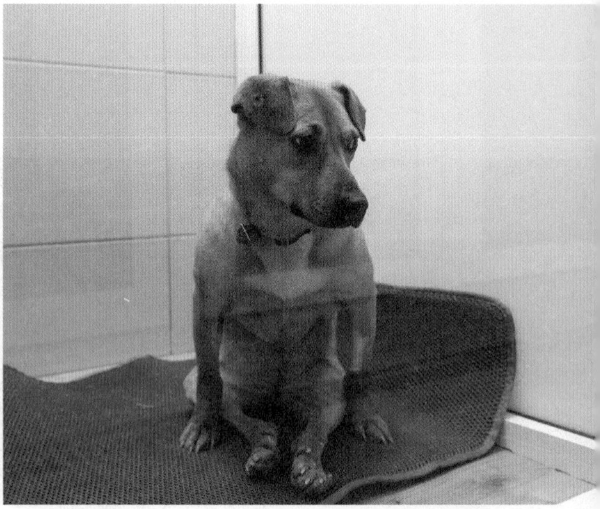

Vira 在頓巴斯戰爭中彈後，已無法自由行走。（攝影：楊子磊／報導者）

塞滿三臺動物救護車，從波蘭邊境的普熱梅希爾鎮開車前往位於烏克蘭西部城市利維夫的收容所，搶救困在那裡的動物們。

利維夫是烏克蘭的文化與藝術重鎮和觀光勝地，因為位處西部，相對安全，成為戰爭時期的軍事後勤基地，也是向各地配送物資、醫療資源和提供新聞記者資源的中心。許多從各地被救出的動物，也會優先在這裡暫時安置。

從事動物救援十多年，為戰爭睡在獸醫院

賽澤利和雅各布的三個車隊進到不同的收容所，其中兩個安置了烏克蘭人從嚴重戰區救出來的動物，另一個車隊則進到利維夫郊區一所幾乎廢棄的農場裡，那兒有二百多隻無主的狗兒。照顧這些動物的烏克蘭婦

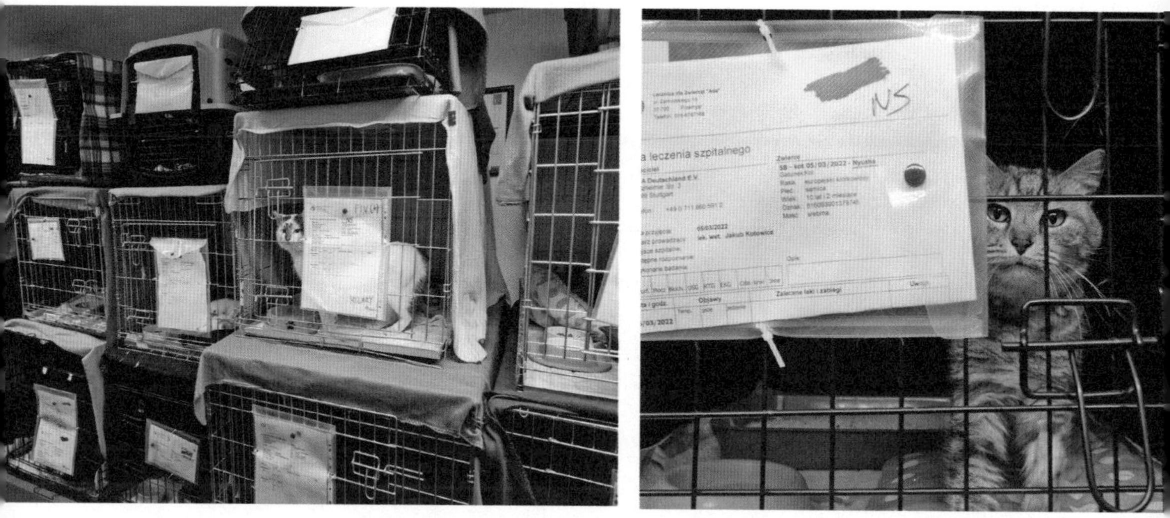

自烏克蘭境內援救出來的貓（攝影：楊子磊／報導者）

女，見到動物救護車抵達，激動地哭了出來。她們說，狗兒們好幾天沒有充足食物和飲水了。

團隊迅速卸下整車的飼料，協助受傷的動物做檢查、植入晶片並申請動物護照。婦女挑選情況較嚴重的狗，交由兄弟帶出境。這些動物上了救護車，和載著難民的巴士一樣，在邊境等待數小時後離境。等待時間長的時候，兄弟倆會打開後車門，讓牠們呼吸空氣，有時讓牠們出籠活動筋骨。

「抵達波蘭時，牠們很困惑、很害怕，整車動物幾乎都不敢發出任何聲音。有的貓狗需要好幾天才會感到自在，」賽澤利說。抵達後，他們提供一條龍的服務，包括身心狀態的檢查治療、施打疫苗，等待復原情況穩定後，也開始幫牠們尋找新主人。

過去一個月內，這對兄弟所在的動物治療中心ADA基金會（ADA Foundation），已經從烏克蘭救出了上百隻動物，其中包括一隻脊椎裡有一枚子彈的七歲多棕犬 Vira，和一隻前肢嚴重萎縮而無法施力的侏儒山羊 Sasha。

Vira 二〇二一年在東烏克蘭的頓巴斯戰爭裡中彈，被救出後安置在收容所中，此次戰爭爆發後又被撤到利維夫。雅各布是一位獸醫師，他抱著 Vira 說，「牠已經沒有辦法走路，必須要坐輪椅才行。」雅各布在照顧戰爭下的動物時觀察到，「有些受到戰爭的影響仍有創傷，首先是很害怕聲音，會很難相信人，縮在角落，有些也會特別容易暴衝。」

中心的人員除了提供治療，也會定期帶牠們在園區散步。當動物情況好轉後，會被放置到園區所設立的五顏六色屋頂的動物房舍，在更大的空間裡生活，直到找到合適飼主。

雅各布在他十七歲時，在波蘭成立了動物救援組織，十多年來兄弟倆搜救、陪伴小型動物和大型野生動物，包括在各地受傷的狐狸、駝鹿和山豬等。戰爭爆發後，他們與其他動物組織合作，在搜救動物的前線，一趟又一趟把動物從烏克蘭救出來。

然而邊境對攜帶動物有數量的管制，一個人進到烏克蘭救援，只能帶上七隻，所以團隊一趟進去，最多只能帶回三十五隻。每星期來回一到二趟。他們合作的南非組織，也提供他們兩臺救護車，增加救援的效率。

「戰爭爆發前幾天，幾乎沒有睡覺，可能忙了一整天，救了幾十隻貓狗，然後躺了一下，手機又響了，又有動物需要幫忙。」雅各布有一天治療了五十隻貓、二十隻狗，從晚上八點到早上十點，那天他直接睡在醫院裡，在鋪著史努比毛毯的沙發上，跟著剛被救出的貓咪同寢休息。

位於普熱梅希爾的動物治療中心 ADA 基金會，工作人員定期帶著動物們在園區內散步。
（攝影：楊子磊／報導者）

從個人到組織，跨歐洲的動物救援鏈

ADA基金會只是往返邊境搜救動物的其中一個單位。在Facebook的烏克蘭動物救援社群裡，戰爭爆發一個月來，每幾個小時都有人為境內的動物們求援；來自世界各地的組織也赴烏克蘭各地戰區，持續救出受困動物。位在利維夫的野生熊收容所，接收了三十六隻熊，有幾隻還在冬眠，大部分甦醒後開始進食，目前已有三隻順利轉往德國長期安置。

來自各地的志願組織，形成一條動物救援鏈，在境內的人，收到動物確切的位置後，會開廂型車或卡車，將牠們轉往目前相對安全的西烏克蘭。在波蘭邊境上的組織，則來回邊境，將更多動物遷往其他國家。戰爭爆發後的前兩週，難民抵達波蘭的第一個火車站普熱梅希爾，每天大約有二百多隻貓狗抵達月臺，這些動物與家人們一起經歷數天的逃難，時常有脫水、體溫過低的跡象，獸醫團隊在現場提供狗食、寵物籠和揹帶，並幫牠們做檢查、打疫苗、植入晶片。

另一群志願組織則將被救出的動物，在波蘭或其他地區找到長期的家，有組織更建立一個動物地圖，讓有意願的認養者，輸入自己的資訊，讓收容中心聯繫適合的主人。

賽澤利說，當動物身心狀態恢復到可以離開治療中心的時候，就會開放領養，「有些動物已和逃出的家人團圓，也有二十多隻動物找到了新主人，到義大利和德國。」他說團隊收到來自各地想領養動物的人們，訊息如雪片般飛來。但即使是戰爭時期，他們也會嚴謹地審核新主人是否有能力好好照顧他們，包括家庭收入、五到十年的規畫以及住家的環境，光是評估的題目就超過十頁。

逃離國家的烏克蘭人，許多也選擇帶上自己的毛小孩。一位烏克蘭女生，獨自背著她的狗，徒步走了十七公里到邊境；另一位女孩，帶上一群殘疾的狗，從已遭俄軍空襲多次的伊爾平，踏上逃難的路。這些照片被一位《華爾街日報》（*The Wall Street Journal*）的攝影師拍下，照片在網路上廣傳，烏克蘭外交部甚至分享在 Twitter 上。

三十一歲，來自烏克蘭北部城市車尼希夫（Chernihiv）的安（Ann），在逃離家園時，選擇開著卡車，冒風險前往北部收容所救出三隻狗、三隻貓以及一群兔子，再逃往波蘭。車尼希夫是靠近白羅斯的軍事要地，戰事以來也成為俄軍主要攻擊的城市，折返的選擇，極有可能也奪走她的性命。

來自烏克蘭北部城市車尼希夫的安（Ann），與她救出的小貓。（攝影：陳映妤）

當她抵達華沙車站後，在大廳的二樓中央，搭起了一個安全休息區，幫處在驚嚇狀態的動物蓋上毛毯，阻擋車站的光線和人來人往嘈雜的聲音。

「我們還在聯繫車尼希夫的司機，可以再救多幾隻動物，但司機才傳訊息來說，很多地方都被轟炸，現在一切都還是未知。」安後來跟我們報了平安，說他們和動物們已平安抵達丹麥，但仍持續與境內的人聯繫，試圖救出更多收容所的動物。

也有人留下來，陪伴走不了的牠們

不是所有的動物，都有辦法撤離。基輔動物園裡的大型動物，雖然撤出了難度高的老虎與獅子，但像是大象、駱駝、犀牛、長頸鹿和大猩猩等只能留在原地，因此大約五十人的獸醫、營養師和動物園管理員，選擇留在園區繼續工作，每天二十四小時輪班照顧牠們。

「戰爭已經對這些動物造成極大的壓力」、「動物對於巨大的爆炸聲響相當害怕」，基輔動物園在網站上如此寫道。一些動物已經被移到室內或是地下的空間。獸醫們也隨時追蹤牠們的情緒，並提供相應的支持。

許多國外的組織與個人，也透過捐款和物資，支持在烏克蘭境內還在運行的收容所和動物園。在戰亂中體現的是人們對於不同物種生命價值的同等看重，當人類逃難自顧不暇之際，心中仍掛念著同樣受戰火摧殘的動物們。

受傷的候鳥聚集在動物治療中心的園區內休息（攝影：楊子磊／報導者）

賽澤利帶我們在黃昏時分走進一塊候鳥園，靜謐安定的氛圍襯著靛藍色的魔幻天空。他們在戰爭前建一塊地，收養了一群飛不動的候鳥，讓受傷的候鳥在每年遷徙時，可以在這裡休息後，重回棲地。

拜訪賽澤利與雅各布兄弟倆的前一天凌晨，原本用於訓練外國志願軍的國際維和行動和安全中心（International Peacekeeping and Security Centre；IPSC）才遭到俄軍空襲，那是啟動動物搜救以來距離他們最近的一次空襲，距離波蘭邊境只有約三十公里。他們說當時在醫院，仍能感受到空襲造成的震動。根據烏克蘭官方數據，該場空襲造成三十五人死亡、一百三十四人受傷。

賽澤利與雅各布當年成立動物組織的目標，是讓受傷動物都能在復原後，回到屬於他們的棲地；沒想到遇到了戰爭，如今打造的是一個可以移動的救援中心，讓動物們可以安心留下的地方。這些在烏克蘭境內與境外的人們，在戰爭中選擇拯救與陪伴生命。殘酷的戰爭沒有讓他們失去信念，反而更凸顯了他們對各種生命的珍視與尊重。「有些事發生就是發生了，明天如果還可以繼續救，我們就不會停。」賽澤利說。

Agnieszka Żądło 對此文亦有貢獻

【評論】從波蘭援助烏克蘭難民的溫暖與脆弱，看臺灣真正該準備好的事

◎林蔚昀

俄羅斯剛入侵烏克蘭那幾天，我丈夫谷柏威（Paweł Górecki）在某個半夜對我說：「妳知道嗎？發生了不可思議的事。我和在波蘭的親友們通了電話，這些人平常不會表達自己的情緒，但是他們都突然對我說，他們很害怕，對這場戰爭感到震驚，很擔心波蘭接下來的變化。」

侵烏戰爭喚醒波蘭人的夢魘和團結

一個親戚是做物流的，管理波蘭到波羅的海國家的貨運。因為戰爭爆發，物流生意受到影響。另一個退休的親戚說，大家都很絕望、緊張，你可以感受到身邊窒悶的氣氛，人們很

憤怒，會為一點小事對彼此大吼大叫。平時很冷靜的大學教授朋友，和丈夫講了一小時電話，訴說她的恐懼不安。像許多好心的波蘭人一樣，她準備把她家裡多餘的房間讓出來，讓烏克蘭難民入住。但是她也擔心，幫助別人會不會讓他們自己被拖垮？若是戰事擴大，會不會接下來就輪到他們需要尋求別人幫助了？一個音樂人朋友也用了「沉重、窒悶、緊張」來形容最近的氛圍，還說城市裡雖然熙熙攘攘，但每天都很安靜，雖然沒有像封城時那麼安靜。另一個媒體界的朋友也提到了「安靜」，不過他說這比較像是沉默，人們會對某些議題避而不談。

過了一星期，丈夫再次打電話去關心他們，也希望從他們口中探得更多消息。親友們依舊害怕。退休的親戚說，已聽說有人收拾好行李，汽車也加滿了油，準備隨時逃亡。管理物流的親戚說，城市裡人們自願提供給烏克蘭人住的公寓正在慢慢減少（畢竟人很多，房子總有一天會住滿），[1]之後烏克蘭難民就只能住在集體的收容所。給他們的工作機會也減少了（畢竟，市場能提供的工作機會有限）。她說，最糟的是戰爭對孩子的影響。她十二歲的孩子，對入侵的俄羅斯人很憤怒，曾說要拿刀殺死他們。雖然她不想讓戰爭影響到孩子，但他在學校也會看到別人在看戰爭的新聞。「這一切，比 COVID-19 還糟」，她下了結論。

二〇一四年獨立廣場革命和頓巴斯戰爭後，許多烏克蘭人因為渴望一份較為穩定的生活而移民到波蘭。近幾年，波蘭變得愈來愈仰賴來自烏克蘭的經濟移民（客服中心很多都是烏克蘭人，建築工人、清潔人員也是，烏克蘭人也在波蘭開餐廳），兩者已成命運共同體。然而，波蘭人對俄羅斯侵略烏克蘭的恐懼不安，似乎不只是因為戰爭本身以及戰爭對經濟的影響，也不只是因為難民可能給波蘭帶來負擔。我想最主要的因素，是它喚起了波蘭人最深的夢魘，也就是俄羅斯的威脅。

歷史上，沙皇俄國曾和奧匈帝國、普魯士帝國一起瓜分波蘭，造成波蘭亡國（一七九五—一九一八），二戰期間蘇聯又和納粹德國聯手占領波蘭（一九三九—一九四五），戰後則讓波蘭赤化（一九四五—一九八九），成為蘇聯附庸。長期活在俄羅斯的掌控宰治下，波蘭人對俄羅斯特別戒慎恐懼，或許這也是為何他們比起西歐國家的人民更能和烏克蘭同仇敵愾，以意想不到的速度，全民齊心投入協助烏克蘭人。

波蘭如何全體動員，援助烏克蘭難民、小孩和寵物？

我們看到，波蘭政府開放了國界，讓所有在烏克蘭的戰爭難民（不只是烏克蘭人，也包括在烏克蘭工作或求學的亞非族群）進入波蘭。住在波蘭的烏克蘭作家斯沃紐絲卡（Żanna Słoniowska）回憶，在戰爭剛開始時，有朋友打來問說她養了好幾隻貓，要怎麼離開？「我查了後發現，波蘭邊境的移民官會讓烏克蘭的動物進入，即使牠們沒有文件。最重要的是，他們也讓沒有護照和沒有疫苗注射證明的人進來。對烏克蘭人來說，這扇通往西方的門原本不是很友善，現在它大大敞開了。」[2]

不過，波蘭人並沒有忘記疫情，根據波蘭衛生部及國家健康基金資訊網（Serwis Ministerstwa Zdrowia i Narodowego Funduszu Zdrowia），從烏克蘭來到波蘭的難民可以在波蘭注射 COVID-19 疫苗，也可以享有基本的健保。[3]

在國界上，也有許多溫情。我們在網路新聞上看到，許多波蘭人自願提供烏克蘭難民住宿，或捐金錢、物品和保暖的衣物到邊境。駕駛人開車到烏波邊境載人，火車也不斷從烏克蘭把難民載到波蘭。在普熱梅希爾火車站，一名車掌把免費的車票交給那些要去下一站的烏克蘭難民，還對想掏出護照證明身分的人說：「把護照收起來吧，我看眼睛就好。」「護照收好，不要掉了。」[4]

在波蘭各個車站，政府單位設有資訊中心，也有非政府組織和志工幫助初來乍到的人，協助難民安排住宿、生活。電信公司也會在那裡發免費的波蘭 SIM 卡給難民。[5]

波蘭當地的 LGBT+ 組織，為了讓烏克蘭的 LGBT+ 能在波蘭賓至如歸，不會受到歧視（對同志和跨性別的歧視，在波蘭頗為常見），貼文公告說提供同志和跨性別友善的住宿。有許多免費語言課程，以及免費的法律諮詢服務，好讓烏克蘭難民在波蘭找工作、適應環境、申請合法居留。人們也想到了小孩，許多地方都有給小孩的免費足球課程。[6]

搭起語言的橋梁，以翻譯詩歌給予希望

除了出錢出力，波蘭企業也提供了一些看起來不那麼具象，但同樣重要的支持。比如，T-Mobile 波蘭分公司宣布從二〇二二年三月二日開始，提供在波蘭的客戶無限制的、打到烏克蘭的國際電話及簡訊，而客戶如果在烏克蘭使用該公司的 SIM 卡，也不會有國際漫遊費。[7]對於那些住在波蘭、但有家人留在故鄉的烏克蘭人來說，這無疑是很有幫助的。柏瑞澤夫絲卡（Ksenia Berezowska）告訴我，她定期打電話給在基輔的父母，這樣他們心情可以好一點，

雖然講電話的過程很困難。「有時候他們會和我說抱歉，他們必須躲到走廊上，因為俄軍又開始攻擊了。他們會在走廊上遇見鄰居，他們會一起躺在地板上，直到外面的炮彈聲過去……」

文化界也沒有忘了要讓烏克蘭作家／詩人的聲音被聽到。多年來翻譯烏克蘭詩歌的波蘭詩人卡明絲卡（Aneta Kamińska）說她在獨立廣場革命和頓巴斯戰爭時，曾經懷疑：「當人們在戰場上死去，翻譯詩歌是否有意義？」但很快她發現，在這樣困難的時刻，人們會在抗爭現場上使用她翻譯的詩，表達對烏克蘭的支持。就像以前一樣，她在這次戰爭爆發後，也不眠不休地翻譯烏克蘭的詩歌，向波蘭讀者傳達戰場上烏克蘭人的聲音。

卡明絲卡對我說：「我認為讀到這些詩的波蘭人，會感到和烏克蘭人更緊密，可以更瞭解我們的鄰居正在經歷什麼。他們可以找到字句去描述現在發生的事和他們的感覺，而這些字句現在通常是很難找到的。他們可以藉此表達對烏克蘭的支持。而這對烏克蘭作者們來說也是很重要的，他們可以覺得自己被聽到，可以向世界說一些什麼。他們可以感到自己並不孤單，世界上有人支持他們。我想要相信——即使只有一瞬間——這樣的支持會在這夢魘般的時刻給他們希望。關於戰爭的詩作被寫下，我馬上翻譯，某個人可以立刻發表或在電臺上朗讀。國界彷彿消失了，距離縮短了，語言不再是陌生的。當實際的橋梁不斷被毀滅，建立這樣的橋梁對我來說是很痛苦的事，我流著淚，但很高興，透過翻譯詩，我可以有用處。」

種族歧視和假訊息危機

這次波蘭人全民動員，團結又有效率地對烏克蘭鄰居伸出援手，令人驚訝、感動、佩服。畢竟，波蘭和烏克蘭的歷史充滿了各種愛恨糾葛，在歷史上也曾有彼此屠殺的慘劇。然而，在這團結背後，並不是沒有隱憂和挑戰的。

根據波蘭記者吉特尼茨基（Piotr Żytnicki）在波蘭東南部一座城市的報導〈武裝警察在普熱梅希爾。警察破除網路關於暴力事件的謠言〉，[8] 二〇二二年三月一日晚間，在普熱梅希爾市中心，發生了攻擊難民的事件。三名從烏克蘭逃到波蘭的印度難民，被當地的足球流氓騷擾、打傷。事件的證人、一名來自克拉科夫（Kraków）的志工菲利普（Filip）說，他在開車送捐獻物品到一間學校時，遇上印度難民和他問路。交談期間，有幾輛車子開到他們身邊，有人搖下車窗叫囂：「滾出波蘭！」印度人逃走了，之後，菲利普又遇見了這群難民，他們站在一間連鎖商店前，說他們被一群拿著球棒和玻璃瓶的人攻擊。菲利普報了警，警察來之前，他和難民躲進商店，商店裡的客人開始控訴難民攻擊波蘭人、強暴女人，氣氛變得緊張。後來警察來了，處理了難民被攻擊的事件，也在車站外部署了大量武裝警力，保護難民。

在普熱梅希爾，流傳著各式各樣關於亞非難民的傳言。人們控訴這些黑皮膚的難民，說他們會闖空門、攻擊志工、拿刀威脅商店主人，還強暴了兩個女人。然而，根據警方的說法，在這些傳言中，只有拿刀威脅商店主人是真的，發生在邊境梅迪卡。熱舒夫省警察局（Komenda Wojewódzka Policja w Rzeszowie）發言人塔巴什－里戈（Marta Tabasz-Rygiel）說：「人們說在邊境的暴力事件增加，這完全子虛烏有。我們並沒有接到強暴、性騷擾、闖空門和破壞事件的報案。我們也沒有注意到偷竊事件增加。」

雖然普熱梅希爾市政府在三月一日下午就在官網上公告，聲明這些關於亞非難民攻擊他人的訊息是假新聞，目的是用來阻止人們幫助難民。[9]不過，不實訊息引起的攻擊事件還是在當天晚間發生了。除了這起事件，在普熱梅希爾市還有其他攻擊事件，在足球流氓的論壇上，有一段一群白人追趕黑皮膚難民的影片。而在另一段影片中，一群足球流氓大叫：「普熱梅希爾是波蘭的！」「普丁王八蛋！」

煽動排外心態的假訊息，目的在於分化

事件過後，吉特尼茨基去訪談當地的居民，居民依然重複著謠言的內容，說亞非難民很野蠻，會騷擾女性，說足球粉絲俱樂部的成員沒有打難民，只是把他們趕到車站……還有人說：「普丁這招真高，把軍隊送到烏克蘭，然後和（白羅斯總統）盧卡申科一起順便把難民送到我們這裡。」[10]

吉特尼茨基在文中提到，這些攻擊者會在一個叫作「普熱梅希爾的工程師」（Inżynierowie Przemyśl）[11]的 Facebook 社團互相交換訊息。社團的介紹寫著：「如果你看到一群不是來自烏克蘭的難民，留下訊息和照片，警告他人。讓我們一起保護他人的安全。」事件剛發生時，我去「普熱梅希爾市的工程師」的網頁看過，上面充滿針對亞非難民的敵意留言，也有人對

攻擊事件叫好。過了幾天，我再次在 Facebook 上搜尋這個社團，但已經找不到了，不知道是被關閉了還是隱藏了。

亞非難民應該會往歐洲其他地方去，或是回家，這次攻擊亞非難民的事件在波蘭或許不會重複（希望如此）。但波蘭社會浮動不安的氣氛，以及部分波蘭人輕信假訊息，容易被假訊息挑起排外心態，進而產生攻擊行為，這點倒是需要高度警覺和小心，因為可能會被俄羅斯利用來分化波蘭，而波蘭現在沒有分裂、自亂陣腳的本錢。

在 TOK FM 電臺的訪談中，[12] 網路及社群媒體研究中心（Instytut Badań Internetu i Mediów Społecznościowych）的專家費德羅維奇（Michał Federowicz）指出，在戰爭開打初期，網路上就出現波蘭可能缺汽油的假訊息，造成大批民眾去加油站前排隊，而現在則出現亞洲難民威脅普熱梅希爾人民安全的假訊息。費德羅維奇分析，一則關於邊境非烏克蘭難民的貼文獲得了七萬二千次分享，也就是說，千萬人會讀到它。網路及社群媒體研究中心懷疑有五個獨立的團體在 YouTube、Twitter、Facebook 等空間散播假新聞，它們會互相煽動，並且會安排明顯是親俄宣傳的行動。

費德羅維奇警告：「據點式的行動已經開始了，這行動的目的是為了干擾波蘭人對來自烏克蘭的難民的態度。更廣泛地說，它要改變波蘭人對整場戰爭的觀感。它想要暗示我們，這是一場不屬於我們的戰爭，我們不應該關心它。」

世界已不可逆地改變：沒有人是局外人

這是一場不屬於波蘭人的戰爭嗎？它和波蘭人沒有關係嗎？記者、Podcast 節目「世界之聲」（Brzmienie Świata）[13] 製作人德羅茲德（Paweł Drozd）不這麼認為：「這場戰爭改變了我們熟悉的歐洲，而波蘭也在其中。」戰爭爆發後，德羅茲德到了波蘭和烏克蘭的邊境，從那邊帶回第一手的現場報導。

關注烏克蘭多年的記者、Podcast 節目「就是東方」（Po prostu Wschód）[14] 製作人波古哲斯基（Piotr Pogorzelski）認為，這場戰爭和所有波蘭人都有關，對所有人的生活都產生了影響，也引起了所有人的關注，因為「波蘭人很清楚，如果烏克蘭和國際社會擋不下普丁，波蘭就是下一個。到時候，俄國的炸彈毀壞的就不會是布查或伊爾平，而是馬佐夫舍地區格羅濟斯克（Grodzisk Mazowiecki）或普魯斯科夫（Pruszków）」。

關於這場戰爭和波蘭人的關聯，作家、旅遊節目主持人馬伊卡（Jędrzej Majka）的說法最直白：「今天我們在波蘭（以及全世界）談論這場俄羅斯入侵烏克蘭的方式，是說它在二〇二二年二月二十四日發生。這是謊言，或者說，這種說法是一種幫世界開脫的意圖。俄羅斯在二〇一四年就入侵烏克蘭，奪走了克里米亞和一大片烏克蘭東部的土地。世界對此沉默。不，世界感到不安。世界寧可不安，也不願制裁俄羅斯。今天這場戰爭應該和每個波蘭人有關，每個歐洲人有關。我很強烈地感受到，烏克蘭人（也就是歐洲人）是為了整個歐洲對抗俄羅斯。」

2022 年 3 月 6 日，在臺烏克蘭人及支持烏克蘭的臺灣人，聚集在自由廣場，表達對烏克蘭國家主權、領土完整和勇敢人民的支持。現場有許多民眾自製標語、旗幟，也有俄羅斯公民舉牌，表達反對戰爭，聲援烏克蘭。（攝影：陳曉威／報導者）

我們要活在「拳頭夠大，謊言也變真相」的新世界嗎？

事實上，這不只是一場歐洲人的戰爭。正如許多政治分析家指出，俄羅斯入侵烏克蘭，終結了後冷戰時代。世界已經不可逆地改變了，我們（自以為）熟悉的世界一去不返了，不只是歐洲而已。在普丁想要建立的新世界，任何國家都可以出於任何理由攻打任何其他國家，不管那些理由聽起來多荒謬、多不可信、多麼無法自圓其說。這樣的世界秩序代表獨裁威權勝利，自由民主掃地，拳頭大的人贏，只要拳頭夠大，謊言也可以變成真相，而其他人為求自保，只能唯唯諾諾。這是一個沒有公理正義的世界，我們準備好要活在這樣的世界了嗎？

如果答案是「不」，那我們就應該支持烏克蘭。這也是為什麼，這場戰爭正如住在波蘭的烏克蘭作家曼科（Mykola Manko）所說，有著「世界性的意義」。他並且說：「烏克蘭是為了現代的價值、歐洲的價值，而和獨裁統治及不自由而戰，我們準備好為了價值和自由而死，但是我們不會投降。」

在這新世界，沒有人是局外人，而臺灣更不可能是局外人。不管是作為國際社會的一員、一個民主國家，還是一個有潛在被侵略可能的國家（我們旁邊也有一個對我們虎視眈眈的大國——中國，它也認為我們是它不可分割的一部分，說我們的國家和文化不存在，一如俄羅斯對烏克蘭的否定），都無法置身事外。我們必須睜大眼看仔細現在發生的事，並且從中吸取經驗和教訓。

我們準備好成為運作良好和堅強的國家了嗎？

從烏克蘭身上，我們可以看到一個國家被侵略時，會發生什麼事，我們看到敵人如何摧殘一個國家，也看到人民的勇氣和智慧，以及公民的組織能力和行動力。而在波蘭身上，我們可以看到一個國家的人民團結幫助另一個國家（我們不要只看他們「很團結」，而是要看他們「如何」團結、用什麼方式），但也看到團結背後的分裂、不安及脆弱。

我們必須開始思考，如果是我們遇上同樣的問題……

在民眾自發性的行動過後，政府是否能夠將這些行動系統化？（現在已經看到波蘭民眾的熱情和力量逐漸捉襟見肘，如果沒有政府系統性的支持，好心民眾和志工很難撐下去）提供專業協助的律師、翻譯、志工、醫護人員可以動起來嗎？

我們有準備好面對假新聞的分化嗎？

我們的凝聚力是否大過內部的矛盾分歧？

我們可以確保我們的經濟可以維持人民的基本生存，並且支撐軍民的抵抗嗎？

我們有足夠的國際盟友可以給予支持嗎？

我們能夠在災難來臨時，照顧到弱勢族群（動物、老人、女人小孩、ＬＧＢＴ+、東南亞移工）的需要嗎？

我們有文學外譯，可以讓想支持我們的人在抗爭現場使用嗎？

我們有哪些科技可以支援我們？有哪些物資？

這些問題必須現在就思考，不要等有事發生時才來想，那樣太遲了。

烏克蘭戰爭爆發後，許多人常喊「今日烏克蘭，明日臺灣」，也有人說，現在要開始鍛鍊身體、準備急難包、知道防空洞在哪裡。但是面對可能來臨的戰爭，應該準備的不只是這些。我們也需要學會判斷事實、對話、團結、知道如何組織公民、使用外交手段。所有這一切，會讓我們成為一個運作更良好、更堅強的國家。

運作良好和堅強，在災厄降臨的時刻，比其他任何時刻都來得重要。

（本文作者為作家、波蘭文譯者）

---

1 這個親戚說的事，我後來在波蘭媒體報導上也有看到。波蘭第二大城克拉科夫副市長庫利格（Andrzej Kulig）說，克拉科夫接收了七至九萬難民，無法負擔更多了。他又說，難民喜歡待在大城市（如華沙、克拉科夫、弗羅茨瓦夫），因為他們覺得這邊生活比較便利，工作機會比較多。請見：Dominika Wantuch, "W Krakowie jest od 70 do 90 tys. uchodźców z Ukrainy. Andrzej Kulig: Więcej osób nie jesteśmy w stanie przyjąć", Gazeta Wyborcza, 9 March 2022. (accessed 10 March 2022) https://krakow.wyborcza.pl/krakow/7,44425,28202193,w-krakowie-jest-od-70-do-90-tys-uchodzcow-z-ukrainy-andrzej.html?utm_source=facebook.com&utm_medium=SM&utm_campaign=FB_Gazeta_Wyborcza&fbclid=IwAR2JLUHOCvY6xnuBF53FceGzP6dwJ5dD9JgwW1yMZpGbIW4VFeW_SJp3RT

2 出自斯沃紐絲卡（Żanna Słoniowska）的〈烏克蘭戰爭——分娩的折磨〉（Ukraine-Krieg – Die Qualen der Geburt），這篇文章也有法文版本和波蘭文版本（我讀的是作者給我看的波蘭文版本）。請見：Żanna Słoniowska, "Ukraine-Krieg – Die Qualen der Geburt", Frankfurter Rundschau, 4 March 2022. https://www.fr.de/kultur/gesellschaft/ukraine-krieg-die-qualen-der-geburt-91389446.html?fbclid=IwAR3QBPNHk9eFhvkJgc_tR4UvxszeTxjXTGPnCOegDelyxT35RahHtnQQAA (accessed 10 March 2022)

3 請見：Serwis Ministerstwa Zdrowia i Narodowego Funduszu Zdrowia, "Kwarantanna, szczepienie dla obywateli Ukrainy", https://pacjent.gov.pl/aktualnosc/kwarantanna-szczepienie-dla-obywateli-ukrainy (accessed 10 March 2022)

4 出自波蘭《選舉報》（*Gazeta Wyborcza*）記者吉特尼茨基（Piotr Żytnicki）的報導〈普熱梅希爾的希望車站。

車掌約瑟夫對烏克蘭人說：把護照收起來吧，我看眼睛就好。〉（Dworzec nadziei w Przemyślu. Konduktor Józef do Ukrainki: Schowaj paszport, ja w oczy patrzę），請見：Piotr Żytnicki, "Dworzec nadziei w Przemyślu. Konduktor Józef do Ukrainki: Schowaj paszport, ja w oczy patrzę", Gazeta Wyborcza, 28 February 2022. https://rzeszow.wyborcza.pl/rzeszow/7,34962,28168249,dworzec-nadziei-w-przemyslu-uciekinierzy-z-ukrainy-pociag.html (accessed 10 March 2022)

5 請見："Darmowe karty SIM dla uchodźców z Ukrainy na Dworcu Głównym PKP", wroclaw.pl, 1 March 2022. https://www.wroclaw.pl/dla-mieszkanca/darmowe-karty-sim-dla-uchodzcow-z-ukrainy-dworzec-glowny-pkp (accessed 10 March 2022)

6 請見：Kampania Przeciw Homofobii, "Baza mieszka dla osób uchod czych LGBT+ / База житла для ЛГБТ+ б женц в(-ок) / Accommodation for LGBT+ refugees/ Zg o si ! / зв тувати! / Join us!", 1 March 2022. https://www.facebook.com/photo/?fbid=324876206351120&set=a.145011754337567 (accessed 10 March 2022)；dzieńdobry, "Bezpłatne kursy języka polskiego dla Ukraińców. Lista miejsc", 3 March 2022. https://dziendobry.tvn.pl/razem-z-ukraina/pomoc-ukrainie/bezplatne-kursy-jezyka-polskiego-dla-ukraincow-lista-miejsc-5621606 (accessed 10 March 2022)；Magdalena Gałczyńska, "Adwokaci pomagają uchodźcom. "Pierwsze zetknięcie z polskim systemem prawnym może być dla nich szokiem"", 4 March 2022. https://wiadomosci.onet.pl/tylko-w-onecie/pomoc-prawna-dla-uchodzcow-z-ukrainy-adwokaci-bezplatnie/3w4erfv (accessed 10 March 2022)；Football Family Zakopane, "Kochani Każdy pomaga jak się da! My także dokładamy kolejną cegiełkę", 1 March 2022. https://www.facebook.com/104772267892591/photos/a.125864449116706/485423373160810/ (accessed 10 March 2022)

7 請見：Marian Szutiak, "T-Mobile znosi opłaty za połączenia do Ukrainy i roaming", Telepolis, 1 March 2022. https://www.telepolis.pl/wiadomosci/taryfy-promocje-uslugi/t-mobile-polaczenia-miedzynarodowe-roaming-ukraina (accessed 10 March 2022)

8 請見：Piotr Żytnicki, "Uzbrojona policja na dworcu w Przemyślu. Dementuje internetowe kłamstwa o napadach i gwałtach", Gazeta Wyborcza, 2 March 2022. https://rzeszow.wyborcza.pl/rzeszow/7,34962,28175690,uzbrojona-

policja-na-dworcu-w-przemyslu-chroni-uchodzcow-oskarzanych.html (accessed 10 March 2022)

9 請見：Miasto Przemyśl, “Dementujemy szkodliwe fake newsy”, 1 March 2022. https://przemysl.pl/64153/dementujemy-szkodliwe-fake-newsy.html (accessed 10 March 2022)

10 二〇二一年下半年，白羅斯將一群來自中東的難民送到波蘭邊境，波蘭政府拒絕讓他們入境，而白羅斯也把他們趕回波蘭那一側，最後他們只能卡在無人地帶受凍，許多人死於低溫。當時，波蘭政府受到很多批評。

11 「普熱梅希爾市的工程師」指的是普熱梅希爾市的亞非難民，歧視這些難民的人不相信這些難民是在烏克蘭就學、工作的人，不相信他們有受高等教育，因此用這個稱呼來嘲笑他們。

12 請見：tokfm.pl, “ "Punktowa operacja" trolli Putina w polskiej sieci. "To dopiero początek" ”, 2 March 2022. https://www.tokfm.pl/Tokfm/7,103085,28175146,punktowa-operacja-trolli-putina-w-polskiej-sieci-to-dopiero.html?fbclid=IwAR3zdR5O68weu_hxSS2cvvoiIsNBJ2WO4Lf1GG_VJi1BZ2jXwzzVgG-snco#s=BoxMMtCzol2 (accessed 10 March 2022)

13 請見：Brzmienie Świata, https://www.facebook.com/brzmienieswiata (accessed 10 March 2022

14 請見：Po prostu Wschód, https://www.facebook.com/poprostuwschod (accessed 10 March 2022)

4

走出極權者的腳本？

如果不是這場入侵，我們不會從時間的裂隙裡發現，原來極權者的野心早被無戒心的民主沃土給滋養。

根據二〇二二年《明鏡週刊》出版的解密外交檔案顯示，德國九〇年代曾私下向俄羅斯承諾阻止北約東擴，用來交換莫斯科支持東西德的統一。當時的默許，如今被普丁視為西方的背信，更作為入侵烏克蘭的藉口。

普丁肆無忌憚的背後，除了重俄利己的外交政策，還有歐洲各國對俄羅斯能源的依賴。那些來自蘇聯時代進口的石油，以及後來直通俄德兩國的北溪天然氣管線，都讓德國與西歐對俄羅斯能源產生高度需求。

於是，半世紀來，經濟的互依代替軍事外交對抗，東進政策的緬懷、保持戰略等距、表象的和平主義，立意良善地要整合對方進入歐洲安全秩序，卻絲毫未能壓制極權者的野心。耶魯大學東歐史專家史奈德（Timothy Snyder）批判，這是二十一世紀地緣政治的離譜錯誤，是德國討好普丁的姑息主義，是一場舒適、犬儒又廉價的自我感……

覺良好。

曾在俄羅斯生活過的人，最清楚極權者的手法和棋局。普丁執政以來，約五百萬人離開俄羅斯；俄烏戰爭後，三十萬人選擇逃離，科技人才、知識分子大量外流，他們說得先好好地良心地活下去，才有機會在海外，重新定義俄羅斯。

極權與民主，自由與獨裁，我們選擇什麼樣的文明和價值？時代的轉向會如我們渴望的順利來臨？我們能順利走出極權者的腳本？戰爭提高了世界對極權者手法的警覺，但這究竟是再次豢養他們的野心，亦或有機會使他們收斂侵略的意圖？

（文字：李雪莉）

1 為何掉入「為普丁買單」的兩難？

──專訪三黨國會議員，俄烏戰爭給德國的慘痛一課

文字──劉致昕

二〇一一年十一月，時任德國總理梅克爾與俄羅斯總統梅德維傑夫（Dmitry Medvedev）開心剪綵，宣布天然氣輸氣管「北溪一號」（Nord Stream 1）啟用，打開兩國新的未來。在穩定低價的能源供給下，德國工業將更有競爭力。輸氣管的另一端，俄國境內，剪綵由當時擔任俄羅斯總理的普丁和前德國總理施羅德（Gerhad Schröder）出席。「北溪一號」工程在施羅德任內簽訂，他卸任後，接受俄羅斯天然氣公司 Gazprom 的提名，擔任北溪管道董事會主席。

二〇二二年二月底，俄國入侵烏克蘭的第三天，甫上任三個月的德國總理蕭茲（Olaf Scholz），宣示一個全新時代的開始，宣稱德國將逆轉二戰後的和平主義路線，不僅史無前例對烏克蘭輸出武器支援，提高每年軍事預算至GDP的二％，成為歐洲國家國防預算最高的

2022 年 3 月 25 日下午，參與反戰遊行的群眾舉著布條向布蘭登堡門移動。（攝影：楊子磊／報導者）

一個，另編列一千億歐元的特別軍事預算，欲建立強大的軍備力量，回應俄羅斯的威脅。但於此同時，德國政府仍拒絕對俄羅斯實施能源禁運，被外界批評繼續替普丁的戰爭買單。

德國如何一步步走進兩難？歐洲最強國還有機會擺脫俄羅斯桎梏，帶領北約、歐盟等民主陣線與極權對抗嗎？我們前往柏林專訪包括執政聯盟與在野黨的三位國會議員。在猶豫、窘境、遲來的轉向背後，他們稱，德國誤入了普丁劇本，俄烏戰爭對德國來說，是「殘酷的一堂課」（a brutal lesson）。

「我們仍在為這場戰爭付錢」

在俄羅斯全面進攻烏克蘭後，柏林地標布蘭登堡門前，從未平靜過。

先是開戰後第一個週末，十萬德國人在這裡怒吼，接著烏克蘭人、敘利亞人、俄羅斯人，不同年紀、不分國籍，在開戰後的每個星期天遊行至此，要一旁的俄羅斯使館、俄國天然氣公司以及德國國會聽見他們的哀悼、吶喊、抗議。

開戰後的廣場，藍黃色烏克蘭國旗四處飄揚，早上廣場前先有來自不同國家的現代舞者以舞蹈反戰，鼓勵人們以肢體表達心底的躁動跟不安。中午，有人帶著藍黃海報紙，讓人們寫下想法，貼在如今已被名為「自由廣場」的俄羅斯使館前人行道。

下午兩點，更多人群聚集，父母帶著孩子、年輕人相約騎著腳踏車抗議、年長者舉著反戰海報指普丁是希特勒……另有在德國的俄羅斯人、白羅斯人，自組社群，從開戰後每週日集會，他們選定不同主題，以馬拉松式的街頭開講，從俄羅斯的能源牽制到政府的資訊戰，希望德國人聽見他們的經驗，早日覺醒。

在各式各樣的遊行標語中，最刺眼的，首先是一幅前德國總理施羅德與普丁的合照。與現任總理蕭茲同屬社會民主黨（SPD）的施羅德，任內延續社民黨東進政策（Ost-politik）傳統，大力推動與俄羅斯的交往，在其任內簽訂第一條直通德俄兩國的天然氣輸送管「北溪一號」。施羅德卸任後，從二〇〇五年底開始，接受俄羅斯天然氣工業股份公司的提名，擔任北溪管道公司監管會和股東委員會主席，年薪二十五萬歐元，也被暱稱為俄羅斯的地下頭號說客。俄國入侵烏克蘭後，他一度試圖主持俄烏和談，但遭冷落。

抗爭現場另一幅刺眼的標語，上頭寫著「血腥天然氣　普丁的戰爭」，意指每個俄羅斯天然氣的買家，都是俄羅斯侵略烏克蘭的資助者。

根據二〇二一年的數據，歐盟國家每日向俄羅斯支付高達八億歐元購買包括天然氣、石油、煤礦等能源。四月六日，歐盟執委會副主席、歐盟外交與國防事務高級代表波瑞爾（Josep Borrell）坦言，開戰至今，歐盟給予烏克蘭等值十億歐元的軍援，但同時也支付俄羅斯三百五十億歐元購買能源。

其中，德國是最大買家之一，來自俄羅斯的天然氣、煤礦、原油，各占德國總需求的五五%、五〇%、三四%。

兩張抗議標語，凸顯著由綠黨（Die Grünen）、社民黨、自由民主黨（FDP）組成的德國聯合執政政府最頭痛的事情。綠黨德國聯邦議院議員，也是綠黨產業政策發言人詹尼西克（Dieter Janecek）接受我們專訪時表示，戰爭開始之後，軍事上，德國已打破前例，輸出武器，現又有持續的軍援、增加軍備預算。但另一方面，德國的能源政策面臨即刻的兩難，「人們最大的辯論，就是德國的能源政策。」詹尼西克說：「我們處在一個兩難，人道上的兩難，因為我們替俄羅斯的戰爭買單。我們仍在為這場戰爭付錢，這真的是個難以回答的問題。」綠黨的核心政策之一便是反戰，如今自己主責的政策卻成為發動戰爭者的金援。根據統計，普丁統治俄國的二十年間，透過能源輸出獲得四兆美元，支撐其擴軍野心和對他國的侵略。

詹尼西克口中的兩難，其一是人道責任，天秤的另一端，是德國的經濟。

德國願意犧牲什麼？

聯邦統計署二〇二二年三月三十日發布的最新數據，德國本年度的預期經濟成長從四・六%調降至一・八%，由於疫情對供應鏈的影響，加上俄烏戰爭開打，此刻德國已處於四十年來最高的通脹率。和二〇二一年同期相比，二〇二二年三月的德國能源價格暴漲了三九・五%，食品價格上漲六・二%，企業與人民的財產等同縮水。全球最大化學公司、德國企業巴斯夫（BASF）告訴德國媒體，如果此時俄羅斯天然氣供應「斷氣」，擁有四萬人的大型工廠必須停工，短時間內將有至少數百人失業，更多人被實施短工（Kurzarbeit），[1] 德國將陷入二戰後最大經濟危機。

2022 年 3 月 25 日下午，抗議群眾舉著標語，普丁的頭像被畫成了希特勒。（攝影：楊子磊／報導者）

同時，德國政府已發布能源供應可能的風險預警，開始成立天然氣緊急應變小組等預防性措施，準備在四月一日普丁放話威脅之後，面對俄羅斯突然「斷氣」的最壞的情況。

「要做出對俄羅斯的天然氣禁運制裁，對德國來說會造成經濟上嚴重的傷害，但問題的是它真的能夠對俄羅斯產生威脅嗎？能夠多快？我們目前的判斷是，這麼做無法在短期內停止戰爭，長期來說，會造成經濟上情勢的嚴重不穩跟經濟戰的升溫，」詹尼西克解釋。

作為北約、歐盟中的主要國家，德國卻在能源上依賴地緣政治上的最大對手。烏克蘭、波蘭、波羅的海國家多次點名德國，稱德國就是至今歐洲無法對俄羅斯集體祭出能源禁運制裁的最大原因。

德對俄的天然氣、煤炭能源依賴持續增加

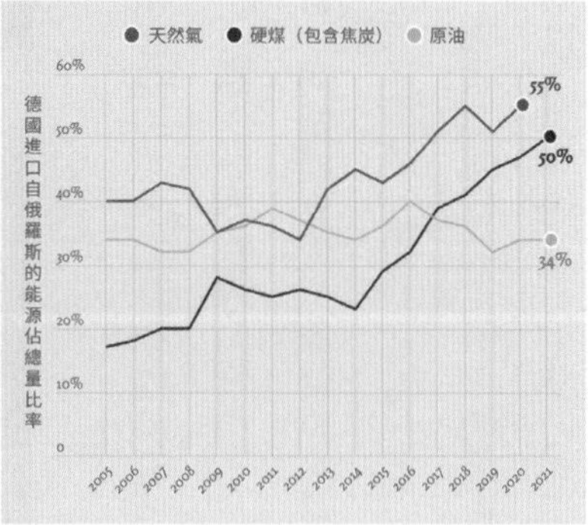

注：梅克爾從2005年11月22日到2021年12月8日擔任德國總理

資料來源：德國《明鏡周刊》（Der Spiegel）

製圖：江世民

最新揭露的俄軍在布查殺害三百餘名平民的行為，國際間視作準戰爭罪，促使歐盟經過多次磋商後，決定升高制裁力道，最快從八月開始停止從俄羅斯進口煤炭——從俄國進口的煤炭目前占歐盟國家總進口量的四五％，一年價值四十億歐元。但在天然氣、石油的制裁時程上，歐盟內遲遲未有共識，德國是其中主要的反對者。

「煤礦要替代容易，去別的地方買就行。我們可以找到替代的石油來源，但因為俄羅斯的原油長期是靠著管線直接輸入德國東部的，要替代還需要數週。最難的是天然氣，短期來說這是最難替代的一項，」詹尼西克解釋。同屬德國綠黨的歐盟議會議員弗倫德（Daniel Freund）則在四月六日接受BBC訪問時稱，德國暫定最慢必須等到二〇二二年底，才可能停止從俄羅斯進口原油，天然氣方面，可能必須等到二〇二三年底。

承認「過於天真」的錯誤

像是被套上了緊箍咒或是雙手被銬上一樣，歐洲最強的國家，在面臨安全威脅時，還得擔心對手是否切斷能源輸送，制裁時必須左顧右盼，德國為何走進如此的戰略弱勢？

綠黨產業政策發言人詹尼西克（Dieter Janecek）表示，德國過去犯下的錯誤，現在每一個人都要承擔代價。他認為應藉此時機調整能源消費結構。（攝影：楊子磊／報導者）

第一個原因，是天真。「我們過去對與俄羅斯的關係帶著天真的假設，」詹尼西克嘆了口氣說。

從兩德統一後至今，德國不是不知道俄羅斯在地緣政治上帶給國家的威脅，但從東西德冷戰時代開始，德國政壇相信，靠著溝通、貿易、往來，就能改變極權體制的對手。西德最終在蘇維埃垮臺後取得勝利，柏林圍牆倒下、冷戰終結，所謂透過往來而造成改變的策略，一路延續到對俄國、對中國的關係上。

詹尼西克指出，德國傳統兩大政黨——社民黨與梅克爾所屬的基督教民主聯盟——長期以來灌輸民間社會，「與俄羅斯的能源採購能夠帶來『進展』，讓俄羅斯的極權政權產生變化。但是，不管是俄羅斯的政府或是社會，所謂的轉變並沒有發生。」

詹尼西克強調，「這是過去犯下的錯誤，而我們現在正在付出代價。每一個人都要承擔。」天真造成了錯誤的風險評估。與梅克爾同屬基督教民主聯盟、擔任聯邦議院議員二十四年的威爾許（Klaus-Peter Willsch）接受我們專訪時坦承：「對我們的批評是正確的，絕對正確。」威爾許稱，梅克爾執政的十六年中，「我一直都在呼籲要提高軍事預算，警告跟俄羅斯不要有太緊密的連結導致過度依賴。過去，當然一直都有企業要求擴大在俄羅斯的生意，但我們（在計算商業利益時）沒有把可能的風險計算進去，這是我們犯下的錯。」

那些沒有估算到的最大風險

威爾許回到兩國歷史解釋，綁緊兩國的能源管線，從冷戰時期就開始鋪設。

一九六三年，第一滴來自蘇聯的石油，透過名為友誼（Druzhba oil pipeline）的輸送管，一路從蘇維埃穿越東歐，送到當時的東德。名為「兄弟之誼」（Brotherhood）的天然氣輸送管線，則在一九六七年完工。對當時的蘇聯來說，投資跨越歐陸的龐大能源輸送系統，是為將豐富的能源換取外匯，以投入對抗西方的軍備競賽。

兩大管線運作至今，如今的俄羅斯也不斷試著拓展輸送管路至各國，尋求與土耳其、中國等其他重要國家的夥伴關係。值得注意的是，二〇〇九年起，俄羅斯已成為國際原油生產第一的國家，如今也是全球天然氣最大出口國。

批評的聲音其實從當時就存在了。「從那時開始，一有批評的聲音出現，有個說法就會一直被端上檯面，說『他們（蘇聯）值得信賴，因為他們照合約做事，總是跟合約上寫的一樣，準時、精確』，」威爾許說。一九七〇年代適逢能源危機，蘇聯透過世上最長油管傳輸而來的能源，被視作可信賴、成本低的選項。

「對，他們真的就是這樣，從冷戰開始到現在都是按訂單做事。於是我們把這些都看得太簡單，以致失去戒心，直到俄羅斯的天然氣公司在德國占有如此高的重要性，已經來不及了。」

俄羅斯國營天然氣公司 Gazprom 是全世界擁有最大天然氣儲量的國有公司，其在德國成立的子公司 Gazprom Germania，仍由母公司持有過半股份，不只擁有管線，還擁有德國最大天然氣儲存槽的營運權。俄烏戰爭爆發後，德國經濟部長以 Gazprom Germania 股份交易違反《外貿法》為由，暫時將 Gazprom 德國子公司信託收為國有至九月底，宣示德國能源安全不應受俄羅斯威脅。

威爾許認為，德國對俄羅斯的能源依賴，先有歷史因素，後有政府對風險的忽略。而對來自綠黨的會尼西克而言，近年德國的能源轉型政策也推了一把。

日本三一一地震之後，德國政府快速宣示去核化的目標，而近年歐陸民眾對氣候變遷的重視，又讓德國政府加快淘汰煤的使用；在再生能源補足煤與石油兩大缺口之前，天然氣成為最重要的緩衝選項。德國經濟規模也正處高峰，在強大的需求之下，有既有管線、低成本的

2022年3月20日，柏林市區的反戰遊行隊伍手持反對使用俄羅斯天然氣的標語。（攝影：楊子磊／報導者）

俄羅斯天然氣，理所當然被市場視為優先來源。至今，德國沒有從海上接收液態天然氣的接收站——無法從海路接收以航運進口的液態天然氣來源，是故對從陸路而來的俄羅斯天然氣極度依賴。

宛如寓言的北溪二號爭議

即使因為價格、歷史的因素，德國政界對大量購買俄羅斯能源欠缺有實質影響力的辯論，但回望歷史，其他國家的警告聲不曾間斷。

一九八二年，一張美國中央情報局的備忘錄如此寫道：「從西伯利亞到德國的那道三千五百英里長的天然氣管線，將直接威脅西歐的未來；對俄羅斯能源產生依賴，將會帶來嚴重的後果。」當時，美國中情局成功說服總統雷根（Ronald Reagan），對歐洲國家與蘇聯的能源夥伴關係提出強烈反對，稱歐洲將就此依賴蘇聯的能源供應，不但威脅歐洲安全，也供應蘇聯壯大軍備的資金。歐洲國家當時回應美國政府，認為美國官方誇大了恐懼；於此同時，來自美國民間的跨國能源公司在各國遊說，讓俄羅斯能源的生意繼續擴大。雷根跟中情局的警告並未產生實質作用。

不只雷根，從歐巴馬、川普到拜登，三任美國總統都持續對德國提出警告，反對俄德之間另一條天然氣管線的設置——這條名為「北溪二號」、長達一千二百二十四公里的海底輸送管線，工程耗資一百一十億美元，啟用後不僅會讓德國的購買量翻倍、德國企業將取得大量便宜穩定的天然氣，也有機會讓德國成為西歐天然氣的供給調配站。

二〇一九年年初，美國駐德國大使格雷內爾（Richard Grenell），寫信給參與投資的西方企業，明示美國可能對此制裁：「從最終結果上看，支持修建這兩條（指北溪二號和土耳其溪〔TurkStream〕）天然氣管道的公司，都是在主動地參與毀滅烏克蘭和歐洲的安全。」

從那時開始，美國政府不斷升高對相關企業的制裁，想擋下由俄國與西方石化企業合資的北溪二號，德國政府則以「勿干預內政」回應，雙方言詞交惡。直到烏克蘭被入侵前，二月七日，蕭茲都還試圖推進管線的啟用，不肯正面宣布停下北溪二號，逼得烏克蘭總統澤倫斯基臨時取消二月八日與德國外長的會面，表達憤怒。

「我們曾告訴過你，北溪工程是為了戰爭做準備，我們之前得到的回覆是，『這純然是關於經濟、經濟、經濟、經濟！』」澤倫斯基在開戰後透過視訊向德國聯邦議會演說時憤言，稱德國忽略他的警告，導致俄羅斯牽制德國，在柏林建了一道新的圍牆。

二月二十二日，眼見十餘萬俄軍集結烏克蘭邊界，蕭茲才正式宣告停止北溪二號執照的發放。

四月四日，開戰超過一個月，從二〇〇五年起擔任德國外交部長、副總理，現為德國聯邦總統的史坦麥爾（Frank-Walter Steinmeier）受訪時公開道歉：「我過去對北溪二號的支持是個明顯的錯誤，西方夥伴早已警告我們，且俄羅斯與德國之間，已不再是過去俄方承諾般的關係。」

「我的評估跟其他人一樣錯了，我以為普丁不會因為自己對於帝國的狂熱，而將他的國家帶向一個政治、經濟、道德的深淵，」十餘年來，一直都在德國政治核心的史坦麥爾坦承，德國過往透過對話，試圖將俄羅斯加入一個共同安全架構之下的策略，宣告失敗。

統一後的過度樂觀，被和平與經濟遮蔽雙眼

「我們本來是有機會看到訊號，提高警覺的，（俄羅斯）先是對喬治亞侵略，然後二〇一四年攻擊克里米亞跟烏克蘭東部，」望著議會殿堂，在討論軍備預算細項空檔接受我們採訪的威爾許，以過去十五年執政黨團成員的身分說。

對明確軍事侵略的警示訊號視而不見，威爾許認為，德國心理上沒有開戰的準備。「我想不只是德國的政黨、政治人物，包括德國的社會大眾，我們都沒有做好準備去思考歐洲再

觀光客在柏林的東邊畫廊留影。這段保存至今的柏林圍牆上有許多藝術家的壁畫作品，其中一幅由弗魯貝爾（Dmitri Vrubel）創作的〈我的上帝，助我在這致命之愛中存活〉（My God, Help Me to Survive This Deadly Love），描繪了前蘇聯領導人布里茲涅夫（Leonid Brezhnev）與前東德領導人何內克（Erich Honecker）的社會主義兄弟之吻。（攝影：楊子磊／報導者）

次發生戰爭的可能……包括我自己的政黨都沒有做好準備，我們沒有為了最壞的情況打算。」「在柏林圍牆倒了、東西德統一之後，人們覺得大概就是這樣了吧，共產主義倒下，社會主義也垮了，眼前就是新的自由民主的未來，但那只是一廂情願的樂觀思考。」

普丁早在二〇〇七年德國慕尼黑國際安全會議上發表演說，[2]就揭示他挑戰冷戰後民主陣營領導國際秩序的決心。在此之前，北約嘗試與俄羅斯成為夥伴，試圖將其納入國際安全體系中。

「普丁在位愈久，他的行為方式也逐漸改變，他以為自己是帝制的、蘇維埃的繼任者，但他是葉爾欽的繼任者啊！總之，他接著就重新改制了自己的國家，」威爾許回頭分析，外在看來是同一個普丁、同一個俄羅斯，但骨子裡，開始走回蘇維埃時期的戰略思考，而德國卻仍緊抓著交流將帶來改變的信念。

德國聯邦議會外交委員會成員、自民黨聯邦議會議員穆勒—羅森特里特（Frank Müller-Rosentritt）說，看不見眼皮下發生的事，是因為德國看見的一直只有「經濟」。「我是一個自由派的政黨，我當然支持經濟發展，但，我們必須衡量並且降低對極權的經濟體如俄羅斯、中國的依賴。」羅森特里特告訴我們，二戰之後，「Never again」（再也不要戰爭）的社會共識澆灌了一整個世代，和平主義成為國防政策的主調，新建立的聯邦國防軍（Bundeswehr），建軍宗旨就是成為「穿軍裝的公民」。以反戰起家的綠黨，在此次加入執政後也不斷倡議以支持第三世界發展、降低世界衝突為走向和平的手段。

但當普丁已經準備脫離多邊主義，備好軍備並多次對周邊國家進犯，想望著和平的德國，反而因能源依賴，讓對手更有信心實踐野心、進犯他國。羅森特里特認為，德國必須重思「Never again」的定義，「不是『再也不要戰爭』，而應該是『不正義的行為不應再發生』。」

威爾許則嘆道，「拉丁文有一句話，和平，只屬於做好戰爭準備的人，（Sī vīs pācem, parā bellum，意指 If you want peace, prepare for war），就是這樣。」

俄烏戰爭開打前後，當德國提拱的軍援是落後、破舊不堪的五千頂頭盔、二千多顆蘇聯時代的過期導彈，人們驚覺歐洲最大經濟體德國，長年軍事預算低、未達北約對成員國軍事預算最低標準的結果。民心的不安促使現任總理匆促喊出千億特別預算，試圖安撫民心。但這筆錢該怎麼花、有沒有合法性，都尚未釐清。威爾許說：「這場戰爭，對烏克蘭境內（原本）親俄的人、德國、歐盟來說，我們集體上了一堂殘酷的課。」

「節省能源、對抗普丁」能否承受著長期民意考驗？

四月的第一週，俄軍調整軍隊部署，幾座烏克蘭小鎮留下的殺戮現場，雙手被反綁槍決的平民屍體、被姦殺的女性、在孩子面前槍斃他們的父母等畫面，讓世人看見烏克蘭人民為這堂殘酷的一課付出的代價。

同時，二〇二一年開始執政的德國聯合政府，馬不停蹄試著走出兩難。詹尼西克受訪前

2022 年 3 月 20 日下午，柏林反戰遊行的群眾行經前東西德交界處的查理檢查哨。（攝影：楊子磊／報導者）

剛與卡達駐德大使見面，談定未來合作意向，卡達是德國多元化能源來源的目標之一。「他們（卡達）國家的走向不一定是我們樂見的，也是複雜的國家，但這麼說吧，他們不是普丁，沒有侵略其他國家的領土，」他說，「此時此刻，我們交朋友的標準滿低的……這就是所謂『新的世界秩序』。」

詹尼西克謹慎地說，德國接下來將面臨挑戰，人們喊出「節省能源、對抗普丁」的口號，試圖從節電、節省暖氣開始，全民共同承擔擺脫能源依賴的艱難。接下來，德國將面臨能源成本上升、物價上升、食物成本上升等隨之而來的經濟衰退，政府除了需要高強度與民間溝通，促進公民社會討論、尋求支持外，可能需要推出財政手段，減低民生的負擔，但綠黨背景的他，反對在野黨提出的能源補貼，詹尼西克認為，補貼會持續地讓能源消費擴大，在替代的來源國還沒出現之前，只是付更多的錢給俄羅斯，繼續為普丁的戰爭買單，需要做的是調整能源消費結構，藉此機會讓德國站上新的戰略優勢。

「短期來說，我們將面對很多挑戰，但都是可控的，長期來說，我們可能因此變得更堅強。如果在那之後，我們真的變成了一個氣候友善的歐洲大陸，我們擺脫了化石燃料的依賴，我們將站在一個極佳的位置。那是我們的願景。」

不過，詹尼西克提出的願景，只有承受得住民意考驗才能實現。

開戰一個月，我們在德國街頭看見店家價目表上都標注了新的價格，超市裡牛奶的市價上漲至少三成，加油站的價格一個月內從每公升〇．九歐元漲至一．八九歐元，還持續攀向新高。來自綠黨的德國副總理暨經濟部長哈貝克（Robert Habeck）上電視向德國民眾喊話：「我們將變窮（become poorer），社會必須要忍受，問題是我們怎麼把這場危機裡德國必須付出的代價做公平的分配。我確信我們承受得住，我們付出的代價遠比烏克蘭的犧牲小太多了。」

二〇一六年出版的《克林姆林宮劇本》（*The Kremlin Playbook*）共同作者之一、現任德國馬歇爾基金會主席的康莉（Heather Conley）在接受《南德日報》（*Süddeutsche Zeitung*）的訪問時指出，二〇〇八年俄羅斯發生政治性的根本轉變後，開始把對內的統治手法向對外發揮影響，透過歷史的、文化的、經濟等層面，找出他國弱點並善加利用，目的是破壞中東歐國家走向西方的腳步。普丁長期投資地方與中央的政治人物，並以資訊戰、打壓或是扶持媒體，在各國買下政治影響力，各種混合式手法讓俄國的影響力難以根絕。

以匈牙利來說，兩國從政治上的緊密互動開始，透過賄絡、非法金融，攏絡決策官員，在荷蘭設立幕後實為俄資的企業以規避歐盟法規，加大對匈牙利的投資，創造經濟上兩國的依存關係，讓匈牙利成為俄羅斯的能源依存國。同樣的手法，也具體展現在俄國勢力的英國的地產開發、金融產業和德國的能源政策上。

要回應普丁的腳本，考驗各國的民主體質。康莉同樣認為，德國的戰略錯估，來自過度樂觀導致的盲目：「對俄羅斯的依賴會變得這麼深，因為過去我們不想付出經濟的代價，跟既有的收入跟商業機會說再見。但對現在的西方來說，除了在烏克蘭協助對抗，願不願意犧牲、能不能擺脫對俄羅斯的依賴，走向真正健康的民主，是現在該面對的問題。」

「人們就是不想面對，因為不幸的，德國的經濟建立在來自俄羅斯的便宜能源跟對中國市場的大量出口，要改變，就將承受極大痛苦，」康莉稱，如今回頭檢視德國的路徑，是為了讓世人記得，為什麼顯而易見的訊號會被集體忽視，政治人物、媒體跟整個社會，都必須深刻反思。

全球民主國家回應極權的重要一役

四月七日，烏克蘭總統在聯合國安理會發表演說的隔天，小鎮布查的殺戮證據最終沒有改變政治現實，俄羅斯仍是安理會永久成員，持有否決權。而在歐盟，成員國之間仍然對俄羅斯能源禁運沒有共識。

2022 年 3 月 20 日傍晚，布蘭登堡門前的反戰活動。
（攝影：楊子磊／報導者）

布蘭登堡門前的集會人數快速下降。我們採訪的三位議員，仍在聯邦議會裡對於能源補貼、軍事預算編列項目、是否修憲讓千億軍事特別預算合法化等爭論不休。議員們皆表示，烏克蘭戰爭為德國敲響警鐘，但鐘聲是否夠大、是否夠久，如水的民意和產業的聲音將決定最終的結果。

收留了烏克蘭難民家庭的詹尼西克說，大量難民湧入德國後，讓德國人理解什麼是戰爭、感受到威脅，或許能促使德國人思考。開戰後前兩週，網路上出現超過一萬三千人的德國公民協助烏克蘭難民的自發性群組，德國民眾透過網站，提供超過二十九萬張免費床位給烏克蘭難民。

威爾許則說，納粹時期宣傳部洗腦人民、灌輸戰爭的必要，讓二戰之後的德國政治人物無法輕易開口要人們為衝突做準備，但社交媒體上發生在烏克蘭的戰爭畫面，反而成為喚醒德國人開始看見威脅，做好對抗準備（readiness to fight）的契機。

俄烏戰爭仍在持續，血腥畫面之下，德國能真正擁抱多少改變？能否重寫普丁的腳本？這不只是一場牽動歐盟、北約與俄羅斯之間的戰局，更是全球民主國家回應極權影響力的重要一役。

1　是一種失業保險制度，在此制度下，私營部門的雇員同意或被迫接受減少工作時間和工資，而國家將彌補全部或部分損失的工資。

2　https://www.politico.com/news/magazine/2022/02/18/putin-speech-wake-up-call-post-cold-war-order-liberal-2007-00009918

【評論】
德國「俄夢」醒了沒？

⊙黃哲翰

二〇二二年的俄羅斯侵略烏克蘭的戰爭，擊碎了戰後歐洲的長期和平，也粉碎了自兩德統一以來，柏林對於國際戰略的天真想像。但相較於開戰之初，德國上下驟然覺醒的強硬氣勢，柏林當局在接下來的對俄戰略上，卻持續著擠牙膏式的反覆猶豫。

但戰爭已延續數月，德國的對俄戰略究竟還有什麼好猶豫的？在烏克蘭駐德大使梅尼克（Andrij Melnyk）理直氣壯的「正義」面前，德國政府以避免升高衝突為名的「拖延」，究竟是基於歷史共業？還是政治算計？

自從俄國入侵烏克蘭，德國形同被西方盟國列入「加強觀察名單」：由於其過去奉行所謂「東進政策」，[1] 能源進口高度仰賴俄羅斯，使得德國因應俄烏戰事的一舉一動始終被以放大鏡來檢視。在這種尷尬的處境下，社民黨籍的總理蕭茲低調寡言又溫吞謹慎的風格，更

2022年3月20日，柏林的布蘭登堡門前聚集了大量反戰的民眾。（攝影：楊子磊／報導者）

讓德國顯得曖昧猶疑、閃避承擔作為歐盟與北約大國的領導責任。

直到二〇二二年二月中，德國都仍誤判局勢認為「俄國不可能發動侵略」，堅決反對軍援烏克蘭、更不願承諾對俄實施能源制裁。戰爭爆發前夕，德國才鑑於時局嚴峻與盟國壓力，先後宣布凍結「北溪二號」並同意援助烏克蘭輕型防衛性武器。俄烏開戰後第四天，蕭茲突然宣告了「時代轉向」（Zeitwende），放棄聯邦德國長年以來的和平主義國策，一舉增加一千億歐元的國防特別預算，並表態要積極捍衛北約東線盟國的主權與安全。

此一出人意表的國策大轉彎，一時間雖贏來盟國輿論的驚喜喝采。但德國政府在接下來兩個多月的戰事中，卻不見有太多實質上的轉向。

隨著二〇二二年四月月中戰事轉入第二階段，[2] 烏東大會戰即將開打，烏克蘭亟需各國軍援重型武器，[3] 並且早早就點名德國，望其援助一百輛貂式戰車（Marder）。對此德國又重演了開戰前反覆推託的戲碼，蕭茲前後以不同說詞堅拒軍援烏克蘭重型武器：先是表示德軍軍備不足、必須以履行北約防衛義務為優先；但在本國軍火商隨即表示確有庫存能供予烏克蘭後，又轉而細數烏軍訓練不及、穿越戰區之運輸的風險過高等技術問題。

此論一出，不少軍方專家陸續指出上述技術問題皆有解決之道、關鍵只在執政者的意願，而聯合執政的綠黨與自民黨對總理蕭茲亦日益不耐，紛紛高調呼籲支持軍援，蕭茲於是搬出了最後壓箱的論述：德國必須避免因對烏輸送重型武器而讓普丁將北約視為參戰方、進而引發第三次世界大戰。

這個論述接著就在美、荷、義等北約盟國陸續宣布軍援烏克蘭重型武裝後，立時顯得左支右絀。

時代轉向 2.0：沒人知道「德國同意送戰車」？

四月二十六日，美國與四十個盟邦在美軍在德國的蘭斯坦空軍基地（Ramstein Air Base）召開軍事峰會，這對作為東道主的德國，表態軍援的壓力大增。於是，就在會議開幕前的最後一刻、德國防長蘭貝希特（Christine Lambrecht）在抵達基地時，才終於向現場記者宣布：

德國同意提供烏克蘭五十輛獵豹式防空裝甲車（Gepard）。

此一拖到最後一刻的立場髮夾彎，連社民黨高層都對自家總理的決策多半也不知情——就在當天稍早，社民黨國會黨團總召穆岑尼希（Rolf Mützenich）都還在電視專訪中重申要以外交解決俄烏衝突、反對軍援重型武器的立場；總理的突然決策，幾乎成了黨內反對軍援之高層政策布局的災難。

這個「時代轉向 2.0」的決定，馬上就受到美國防長奧斯汀（Lloyd Austin）不成比例的特別盛讚，這也正是俄烏衝突升高以來，西方盟國面對德國的態度：儘管外交官員與智庫學者私下對德國頗多惱怒，但官方始終不願明言批判。

例如在一月底、戰爭即將爆發的前夕，當時德國頑固地對美方的俄軍侵烏警告保持距離，除了消極備戰，也沒有對俄能源進口政策做出預置準備，堅持不追隨美國封鎖俄羅斯，導致德美之間的信任危機，逼使德駐美大使發了一通言簡意賅的急電回國：「柏林，我們麻煩大了。」

儘管如此，拜登政府公開對德仍未有一字怨懟——顯然在表面上，西方盟國做足了尊重德國之「特殊國情」的工夫，檯面上軟、檯面下硬，只是為了讓後者能有餘裕跟上盟友腳步、回頭是岸。

上述那種在「特殊國情」之下、拖沓抗拒後再突然來個「時代轉向」的模式，也重複發生在對俄能源禁運的議題上。眾所周知，德國數十年來受惠於俄羅斯的廉價能源，經濟甜頭讓德國先前寧願對俄羅斯日漸張揚的擴張野心睜一隻眼閉一隻眼，也不願正視能源依賴俄國的風險。二〇一四年普丁違反國際法併吞克里米亞後，德國反而加碼對俄天然氣的進口，成為歐盟對俄能源依賴最深的國家之一。如今經濟軟肋被掐在普丁手上，無法果斷回應盟國的禁運號召，可謂自陷窘境。

德國為何迷失在「道貌岸然的被動」裡？

德國的尷尬，讓與德國素有嫌隙的波蘭撿到了一把大槍——俄烏開戰之後，歐盟政治舞臺上的道德高低位幾乎顛倒互換，波蘭「非自由主義」（illiberalism）的右翼政府一夕之間成為歐盟抗俄援烏的領頭羊，而向來以司法獨立、新聞自由等原則來「教誨」波蘭政府的德國則頓成前者外交攻勢的沙包。

波蘭此前輕蔑地把德國稱作「素食者與自行車騎士之國」（用臺灣鄉民的話可叫「環保左膠之國」），並諷刺歐盟是「德國主宰下的第四帝國」，若這些論調都還不能取信於人，那麼如今波蘭已確實能名正言順地重炮抨擊德國：「歐盟對俄實施能源制裁的最大阻力，正是德國。」

德國在內外交迫的難堪處境下，終究再次做出了姍姍來遲的髮夾彎——直至烏東大戰開打後，德國都仍堅持反對歐盟立刻實施對俄能源禁運，然而就在二〇二二年五月二日綠黨籍經濟部長哈貝克又出人意表地宣布：德國已準備好因應措施，不再反對歐盟對俄的石油禁運

（天然氣與煤的禁運則還要再等等）。

我們不確定還要在哪些議題上經歷幾次從被動抗拒到「時代轉向」、再從「時代轉向」重新歸零到被動抗拒的永劫輪迴，當機的德國才能重新開機運轉。但是，這種在不願改變與激進轉折中來回拉扯的過程，卻揭露了當下德國政府——更精確地說是總理蕭茲——面對俄烏戰局的基調：德國缺乏清晰的策略主軸與政治號召，每每迫於時勢而宣告政策轉向，但同時又不敢過於要求黨內與民眾做出改變，最後只得躲入「德國不要自行其是」（Keinen deutschen Alleingang）的大傘下，避免在盟國之間當出頭鳥。如此不斷自我糾結的德國當局，就被英國評論者諷為「迷失在道貌岸然的被動裡」（lost in sanctimonious passivity）。

西方盟邦都清楚明白蕭茲這種瞻前顧後之姿態的癥結點在哪裡，但也只有受難的當事國烏克蘭直接在檯面上發難：過去「東進／緩和政策」的締造者、對俄政經交流的主要推手、以及「北溪天然氣管線」的強力護航政黨——癥結點正是總理身後那素有親俄歷史包袱的社民黨。

一人戰翻全德國：烏克蘭駐德的「外交藍波」

自從俄烏開戰以來，烏克蘭駐德大使梅尼克就化身成戰意高昂的「外交前線士兵」（Soldat an der diplomatischen Front），一面催促柏林軍援基輔，一面刻意採取挑釁策略，頻頻公開點名批判社民黨的高層要員、要求全面清算過去二十年對俄政策的錯誤。

二〇二二年三月中，梅尼克把社民黨人概括指為「普丁的同路人」（Kumpels von Putin），引發了社民黨國會議員的一陣口水。同時，在一次聯邦議會的現場，梅尼克聽完外事委員會主席羅特（Michael Roth）[4] 的報告後，立時起身甩門而去，口中飆出德語國罵：「Arschloch！」（asshole）讓德國輿論一陣譁然。

四月初，布查大屠殺被公諸於世。烏國總統澤倫斯基點名要基民盟籍的德國前總理梅克爾「到布查親眼見證其對俄政策所導致的悲劇」。而駐在柏林的梅尼克，同時也將矛頭指向了德國現任社民黨籍的總統史坦麥爾。[5] 史坦麥爾親身促成《明斯克協議》[6] 與烏俄德法「諾曼第四方會談」[7] 的模式，烏東分離主義地區之「史坦麥爾方案」（即歐盟承認親俄的分離地區盧甘斯克與頓內次克的特殊地位）正是他的手筆。同時，史坦麥爾還是「北溪二號」的強力辯護者之一。

2022 年 3 月 20 日下午，反戰遊行的群眾抵達天然氣公司 Gazprom Germania 的總部前。該公司是俄羅斯國營天然氣公司 Gazprom 的德國子公司。（攝影：楊子磊／報導者）

四月二日，梅尼克重批史坦麥爾外長任內串起了一張與俄國緊密往來的「蜘蛛網」，過去屢屢要求烏克蘭妥協吞忍，烏國在他眼中不過只是「俄烏一家親」、從屬於俄國的一部分；但幾乎同一時間，布查屠殺的慘案報導卻也曝光於世，這時的史坦麥爾立即公開認錯，坦承長期誤判普丁甘冒風險的意圖，而如今德國欲將俄羅斯整合入歐洲安全秩序的努力已經徹底失敗，「今後再也不可能與普丁的俄國談合作。」

儘管史坦麥爾在俄國入侵後即表態全力支持烏克蘭，如今又以聯邦德國元首的身分，承認過去國策的錯誤——就德方觀點看來，其意義不可謂不重大。但梅尼克對此並不完全滿意，認為德國總統此舉仍僅止於口惠而實不至的象徵政治，烏克蘭抗戰需要的是總理蕭茲提供的坦克重炮，而非虛位元首的口頭道歉。

隨後史坦麥爾在四月中旬繼續出訪波蘭，宣示歐盟團結援烏的決心，並且計劃緊接著要再與波蘭和波海三國總統攜手聯訪基輔。就在即將成行的前夕，烏國拒絕接待史坦麥爾，不願再隨著德國自我感覺良好的節奏去搬弄象徵政治的外交遊戲，而是直言要「換總理蕭茲來」。

國家元首遭此羞辱，讓德國上下大感錯愕，被針對的社民黨更是大爆不滿。社民黨大老、於梅克爾執政後期先後主掌經濟部與外交部並兼任副總理的加布利爾（Sigmar Gabriel），向《明鏡週刊》（*Der Spiegel*）投書替史坦麥爾辯護，並指梅尼克「蜘蛛網」之說是惡意的陰謀論。梅尼克隨即在 Twitter 火力全開反擊：「真正惡意的是加布利爾和社民黨長年以來的親普丁政策，就是它導致了針對烏克蘭的野蠻滅絕屠殺，Shame on you！」

接著在五月初，被烏方頻頻催促盡速來訪的總理蕭茲，才剛從軍援與能源制裁的表態上補充足了底氣，便立刻擺出強硬姿態，拒絕出訪基輔，除非烏方先接待總統史坦麥爾。此舉隨即又被梅尼克拿德文歇後語來諷刺：「演一條『見笑轉生氣的豬肝香腸』（eine beleidigte Leberwurst spielen），實在沒什麼政治家的風範。」

直到五月五日，德烏才各退一步，澤倫斯基表示竭誠邀請史坦麥爾與蕭茲訪問基輔，而蕭茲政府也先由綠黨籍外交部長貝爾柏克（Annalena Baerbock）出訪烏克蘭，這場圍繞在究責社民黨的外交衝突才見到平息的跡象。

理直氣壯的「正義」與以善意為名的「姑息」

梅尼克違反外交原則、激進挑釁的爭議性手段，確實成功助燃了德國社會清算檢討社民黨對俄政策之激辯的大火。儘管他也自承這種手段是「如履薄冰」、而德國輿情亦多表示能理解那是烏克蘭出於國難之非常方法。

然而，這位駐德大使極端戰鬥性的修辭論述，常流於片面簡化，反而不利於德國如實徹底地清算對俄政策的政治工程。正如《時代週報》（*Die Zeit*）副總編輯烏利希（Bernd Ulrich）所指：「梅尼克對事實脈絡的簡化曲解，剛好授人以柄，讓抗拒清算的聲音更加理直氣壯，也讓過去的主事者得以遁入口水混戰的煙霧，藉以避重就輕、自我開脫。」

典型的例子就是關於二〇〇八年德國力阻烏克蘭加入北約的爭論：梅尼克單方面從今天

的角度出發，譴責德國當年此一對俄軟弱的綏靖之舉，正是煽動普丁侵略野心的重大錯誤。對此，德國主事者完全可以回到當時決策的背景來自我辯護：彼時連烏克蘭自家民意都有六成反對加入北約（支持者只有二成），烏國憲法亦明文規定其國家中立；況且，若真讓其加入北約，俄烏戰事恐怕早已提前爆發——結論還是「德國確實出於善意與理性，努力維持後冷戰歐洲多邊主義的和平秩序」，錯只錯在普丁背叛了歐洲的安全共識與德國的善意（如史坦麥爾在公開認錯後，仍堅持這個結論）。

類似這樣訴諸道德正當性的交鋒，往往遮蓋了真正的問題癥結：究竟是出於什麼理由，讓社民黨的主事者——尤其是像史坦麥爾這樣素以理性負責的形象深得民意的政治人物——儘管明知普丁的野心、儘管專家智囊頻頻警告，仍錯得如此離譜，將德國經濟穩定與國家安全的控制權給普丁，還深信自己是在致力維護歐洲的安全？

對此，我們就得梳理德國社民黨與俄羅斯之間那一言難盡的來龍去脈。

「其實一開始我們是拒絕的。」關於其對俄關係的淵源，社民黨確實是能套用這句臺詞的。在威瑪共和時代，德國社民黨作為左派，反而因路線問題而與當時的蘇共勢同水火，並且也因其明確親西方民主的立場（相較於當時德國右派大力主張聯蘇以制西方、藉此恢復一戰後德國的地位），被蘇俄定調為「社會主義法西斯」、「西方帝國主義的走狗」，是其指示德國共黨所要打倒的敵人。

二戰後冷戰初期的社民黨延續了此一反蘇俄、親西方的傳統，直到該黨傳奇式的領袖人物布蘭特（Willy Brandt）活躍時才出現轉折。其於一九六一年「柏林危機」時任西柏林市長，在最前線經歷了冷戰衝突瀕臨爆發熱戰（甚至核戰）的危急事態，布蘭特與其政治助手巴爾（Egon Bahr）乃開始規劃對蘇聯陣營的緩和政策。

一九六九年布蘭特當選總理，巴爾所提出的「交流以促變」（Wandel durch Annäherung）正式成為社民黨執政之「東進政策」的指導原則——在此原則下，社民黨政府並未跨過冷戰分裂的紅線，但開始正視自己對蘇俄及東歐各國的二戰歷史罪責，放軟姿態與其交流，同時在一九七〇年代促成了一系列東西雙方的協議。

西德的國際地位自此大為提升，布蘭特成為社民黨史上備受崇拜的英雄人物，而東進政策更被社民黨奉為不可動搖的金字招牌。

一九七四至一九八二年，社民黨的施密特（Helmut Schmidt）繼任總理（巴爾仍繼續活躍於政壇），東進政策之「交流以促變」的原則逐漸發生質變，更加著重維持中東歐局勢的現狀，避免刺激蘇聯，藉以維繫與莫斯科當局的非官方溝通管道，這大約就是烏克蘭駐德大使梅尼克宣稱之對俄「蜘蛛網」的原型。

犧牲中東歐的自由，宛如「兩德統一」的必要代價

社民黨政府逐漸體認到，掌握這樣的對東溝通管道，非常有利於西德。首先是政治上的利益：追求「國家再統一」始終是西德政府的首要任務，而所有與東德的接觸，都必須獲得蘇聯的首肯，與蘇聯打好關係自然是有利的。再者就是經濟上的利益：從布蘭特時期就開始

浮上檯面的與鐵幕國家之經濟合作，躍升成為東進政策的實質重點。

也正因為上述轉變，處於國家分裂而有求於蘇聯的西德，面對東進之政治與經濟利益，就更加顯露其「自行其是」的特徵。例如：一九八一年波蘭團結工聯聲勢浩大，波共政府宣布戒嚴令以進行打壓——對此，施密特和巴爾都站在同情波共當局與蘇俄的一邊，表示針對異議公民組織的這種舉措「是維持秩序的不得不然」。

俄國入侵烏克蘭後，德國民間有多場抗議遊行。前德國總理施羅德與普丁的合照被張貼於柏林的俄羅斯大使館旁，標語呼籲將施羅德加入制裁名單。（攝影：楊子磊／報導者）

此外，不同於其他西方盟邦，西德甚至盡量不與鐵幕國家的異議分子接觸。西德社民黨政府這種特別「尊重」蘇聯利益的姿態，使其東進政策下與中東歐國家的關係逐漸轉變成：為了德國自身國家利益，傾向犧牲中東歐國家的主權與追求自由的權利，獨重俄國。

如此「維持現狀、重俄以

利己」之東進政策變體版，隨後又被保守派基民盟的柯爾（Helmut Kohl）政府所繼承，成為了聯邦德國跨黨派的共識。柯爾執政時期為一九八二到一九九八年，歷經德國統一、烏克蘭獨立、蘇聯解體、乃至於北約開始東擴，[8] 實際上這就是形塑當前德烏俄三方關係基本格局的關鍵時期——而這段期間社民黨是在野黨。

不能讓蘇俄崩潰？一九九一年的德國外交解密

二〇二二年五月三日，一九九一年（德國剛統一後到蘇聯解體前）的聯邦德國外交檔案正好解密出版，從中可以清楚還原柯爾政府當初是如何繼續貫徹「維持現狀、重俄以利己」的原則。一九九一年剛完成兩德統一大業的柯爾政府，亟需中東歐保持穩定，並不願見蘇俄崩潰引發變數。德國之所以能出人意料地迅速實現和平統一，最關鍵的因素是得到蘇俄改革派領導人戈巴契夫（Mikhail Gorbachev）的首肯，德國人因此普遍對戈巴契夫心懷感激，而願投桃報李以助俄國；同時德國也需要戈巴契夫的蘇俄來協助保障統一後局面的安穩。

況且，當時尚有數十萬蘇軍駐紮在原東德境內，戈巴契夫在蘇俄內部地位遭受軍方鷹派挑戰而搖搖欲墜，柯爾政府深恐若戈氏倒臺，[9] 德國將陷入難以收拾的動亂。

由於德國的國家利益與特殊感激之情同時匯聚到戈巴契夫身上，柯爾政府之東進政策此時的最高指導原則就是盡全力維護戈氏蘇俄的利益。也因此，面對蘇聯瀕臨解體、波海三國帶頭爭取各加盟國獨立的態勢，柏林當局抱持著一種「崩潰骨牌效應論」——若波海三國獨立則烏克蘭也將獨立，若烏克蘭獨立則戈氏地位不保，若戈氏不保則蘇聯將崩潰內戰，若蘇聯內戰則將連帶激起整個中東歐民族狂熱的全面衝突——柏林同時也相信蘇聯前外長謝瓦納茲（Eduard Shevardnadze）[10]在一九九一年十月傳達的警告：「如果蘇聯崩潰了，那麼有朝一日俄羅斯將出現一位法西斯領袖，他會向烏克蘭索討克里米亞。」

而這個預言，最終在二〇一四年確實應驗了。

據此，柯爾與其自民黨籍外長根舍（Hans-Dietrich Genscher）不但大力反對波海三國與烏克蘭獨立，[11]同時也為了避免過分刺激蘇聯，乃技術性地推阻波蘭、匈牙利、羅馬尼亞等國加入北約。

根據日前出版的解密外交檔案顯示：德國當年的確私下向俄承諾，拿「阻止北約東擴」作為條件，交換莫斯科「支持德國統一」，並同意讓統一後的德國繼續留在北約裡（隨後德國亦力促北約公開承諾不東擴，但遭美國拒絕）。[12]

也因此，從俄國的觀點來看，稱北約東擴是西方（更確切來說是德國）背信，嚴格來說也並非全然是普丁的被害妄想。德國當年帶頭造出的這項歷史業力，被普丁反過來利用，將之扭曲宣傳為入侵烏克蘭的藉口。

明知山有虎：以歐洲安全之名，堅持經濟通俄

一九九八至二〇〇五年，政權又回到了社民黨的手上，而聯邦德國的東進政策在總理施

羅德主政下，被推向全新的高度。此一時期是後冷戰秩序下承平的年代，人們對民主政治與自由經濟抱持樂觀的希望，以經濟互依代替軍事外交對抗是主流趨勢，而甫任總統的普丁在當時也表現得像是推進俄羅斯民主化的希望領袖。

普丁以此進步形象，於二〇〇一年到德國聯邦議會以流利德語發表的親歐演說，即擄獲不少德國政壇人士之心。二〇〇三年，美國小布希（George W. Bush）政府執意發動伊拉克戰爭而與反戰的德國起摩擦，隨即引發後者批美疑美的浪潮。普丁趁機拿擴大能源貿易的優渥條件拉攏德國，以德俄經濟互賴作為德美夥伴關係替代方案。

自此，「北溪天然氣管線」、「保持戰略等距」、「（從里斯本到海參威的）歐洲安全建構」等概念開始在德國政治的場域頻頻曝光，政壇同時也出現了被稱為「懂普丁之人」（Putin-Versteher）的光譜與輿論：在此，和平主義傳統、反小布希政府之情緒、對俄歷史情感與補償心態、對過去東進政策的緬懷、對「西方中心主義」之自我批判，以及國際戰略替代方案思考等要素，一起被俄國廉價能源（及原物料）的巨大經濟誘因巧妙地無縫串聯起來。

普丁更刻意加碼利用德國反省二戰罪責的記憶文化，宣傳俄國作為二戰受害國及德對俄的歷史責任，使得上述德國「懂普丁」的論述又被鍍上一層道德正確的金膜——受此風向的影響，史坦麥爾甚至曾稱：「興建北溪二號，是德國對俄的『應負道義』。」

此一論述所主宰的對俄政策，同時迎合了德國的利益與道義、理性計算與歷史情感，這種既能符合和解反省大義同時又能發大財的雙贏模式，網羅了從左到右、從社民黨到基民盟、從現實主義者到緩和政策之理想主義者的跨政治光譜支持（另外還有狂熱的普丁崇拜者，同時存在於極左與極右的陣營）。

這段時期親俄的代表人物當然就是總理施羅德。其與普丁私交甚篤，曾將後者捧為「純正無暇的民主派」（lupenreiner Demokrat），同時也是北溪管線的最大推手。施羅德卸任總理後隨即先後轉任北溪集團與俄羅斯石油公司（Rosneft）監事會主席，擔任普丁在德國的重量級說客。俄烏戰爭爆發後，施羅德頓時成為聯邦德國與社民黨在世人眼裡之汙點的象徵。黨內要求其退出俄國企業並退黨的呼聲高漲，但這位前總理始終不為所動，繼續為他的好友普丁辯護。

施羅德主導的德俄經濟互賴關係，在二〇〇五年後也被由基民盟與社民黨合組的梅克爾政府所繼承。梅克爾作為聯邦德國「局外人」式的非典型政治人物，沒有東進政策的政治包袱，其對普丁的認知也與施羅德大不相同——梅克爾相當清楚普丁的特質，稱其為「惡棍」，並稱北溪管線是為地緣政治野心服務、掐住德國的「惡魔計畫」。

但諷刺的是，面對普丁於二〇〇七年慕尼黑安全會議上開始顯露對西方的敵意與擴張的野心之後，梅克爾政府卻反讓德國對俄羅斯的能源依賴逐年大增。

二〇〇八年梅克爾阻止了烏克蘭與喬治亞加入北約，普丁隨即就在數個月之後進軍喬治亞。接著俄國在二〇一四年併吞克里米亞後，時任德國經濟部長加布利爾在隔年批准了俄羅斯天然氣（Gazprom）收購德國的儲氣槽，並促成北溪二號的興建，直接損及烏克蘭利益。緊接著，普丁又在二〇一六年繼續介入敘利亞內戰，可同年時任外長的史坦麥爾在訪俄演講時卻表示：「鑑於克里米亞與烏克蘭危機，德俄雙方更應加深交流，彼此尊重溝通。」

到了二〇二一年九月，北溪二號完工準備啟用，普丁即陳兵烏克蘭邊境，接著不到半年就爆發侵烏戰爭，而此刻德國對俄天然氣的依賴程度，已從二〇一五年的四五％攀升至史上最高的五五％。

總結梅克爾時期的德俄互動，可以得出一句話：普丁愈是肆無忌憚，基民盟與社民黨的大聯合政府就愈樂於受其「惡魔計畫」所制——但對此，德國當局卻反過頭來認為：自己正努力以經濟關係牽制普丁，以維持歐洲安全秩序。

如此離譜的錯誤，被耶魯大學東歐史家史奈德稱作是除了美國伊拉克戰爭之外，出於「舒適、犬儒又廉價之自我感覺良好」的二十一世紀至今最大的地緣政治錯誤。

普丁同情者們？德國的共犯性思考陷阱

導致此一重大錯誤的癥結點，如《時代週報》副總編輯烏利希之見，許多中規中矩標榜理性的政治人物、幕僚、智庫們在很大程度上也都落入了一種共犯性的思考陷阱，不但無法即時校正錯誤，還每每以看似冷靜負責的論述和決策助長了災難性的後果。而總結整個東進政策五十多年來的演變歷程，我們大體可以勾勒出來，源自該政策歷史遺產的思考陷阱是如何出現的。

首先不能忘記的是，東進政策最初是因應國家分裂的特殊處境而被端出的策略，早先布蘭特版本的東進政策之所以能成功，是同時建立在——一、北約軍事嚇阻的能力；二、衝突危機控管的國際機制以及三、政治與經濟的交流——三項要素缺一不可的平衡運作之上。

隨後聯邦德國體會到其國家統一有賴於蘇俄自身的穩定與對德善意，東進政策乃發生重心轉移，不再強調「促變」。並且聯邦德國也在西方隊伍中逐漸「自行其是」、重俄以利己，最後在實現統一的過程中，損害了中東歐鄰邦的利益。

此一東進政策的變體版在德國統一後，即成為王道理念：承認俄國作為歐洲地緣強權的現狀而不加改變，並視俄國利益的滿足為穩定東歐秩序及保障德國自身利益的前提，此一選項進而結合了德國社會的歷史反省文化、和平主義傳統、對戈巴契夫感激之情、後冷戰多邊主義敘事等要素，登上德國政治（特別是社民黨）的神壇被奉為神主牌，成為老一代德國人外交思考的基因與慣性。

2022 年 3 月 25 日，一位民眾站在柏林布蘭登堡門前，手提袋上貼著反戰標語：阻止普丁、停止戰爭。（**攝影：楊子磊／報導者**）

而這樣的基因與慣性隨後就為普丁所趁，加碼經濟誘因，讓德國的東進政策變質成如今備受爭議的最終版本：在視俄國利益的滿足為穩定東歐秩序的前提之上，更試圖以德俄經濟互賴來保障歐洲的安全秩序。然而此刻的國際局勢早已大異於後冷戰初期的承平緩和，當普丁扯下「親歐民主派」的面具後，東進政策的內涵便愈加顯得過時與空洞，甚至經常淪為替經濟利益洗白鍍金的萬用藉口。

自從普丁併吞克里米亞後，德國專家與輿論針對東進政策的警告檢討聲浪不斷，然而執政者的慣性依舊——特別是聯合執政的社民黨。儘管部分社民黨人已對東進政策開始產生懷疑，但該黨二〇一七年後的民調聲勢處於歷史低谷，以至於黨內無人敢站出來質疑自家的政策神主牌。

德國的「俄夢」還沒有完全清醒？

社民黨就這樣拖到了普丁入侵烏克蘭，讓自己更加成為內外炮轟的眾矢之的。自從二〇二一年底俄烏衝突升溫以來，社民黨即陷入內部激辯。儘管黨內普遍聲討普丁並對其不再抱持幻想，但至今部分檯面上的人物仍在不同程度上反映了「重視俄國」（他們對「親俄」這個標籤表示抗議）的慣性思考。

例如前黨魁普拉策克（Matthias Platzeck）表示：要尊重俄羅斯的安全需求（他在二〇一四年曾主張要承認俄國併吞克里米亞，「不能讓普丁成為輸家」）。又如國會議員史泰格納（Ralf Stegner）主張：德俄仍要追求「共同安全」，沒有俄國參與或反俄都是行不通的。

而國會黨團總召穆岑尼希也稱：能理解俄國對北約東擴的擔憂（儘管他自己並不認同），歐洲安全秩序仍應納入俄羅斯（但不能是普丁的俄羅斯）。

二〇二二年三月下旬，社民黨基礎價值委員會的兩位成員——梅克爾與施羅德（Wolfgang Merkel 與 Wolfgang Schroeder，這兩個姓真的只是巧合）——發表了對社民黨「新安全政策」之建議。但諷刺的是，兩位作者的論述幾乎就是施羅德和梅克爾時期對俄政策之邏輯更加露骨的翻版：「小國的主權都要顧及強權的利益才能實現。」

兩位作者並主張社民黨應採取一種新現實主義，在俄烏停戰後德國不能與俄國對立，而要繼續推動經濟互賴，將俄國利益納入歐洲安全秩序。此外，他們還認為，美國往後將不再作為歐洲安全的擔保者，因此德國與歐盟也應根據相同原則來面對作為另一強權的中國——因為「中國的地緣政治利益至今都還未被充分顧及」。

讓人驚訝的是，在兩位社民黨基礎價值委員會成員所主張（事實上從施密特和柯爾時期以降德國就一直都在實踐）的「新」政策裡，完全看不到任何有關「社會民主」的價值。此一令人咋舌的言論隨後也遭到來自社民黨成員的嚴厲抨擊。

目前，社民黨內關於對俄政策的清算、以及下一步應以何種姿態來面對普丁的俄國，仍處於思想內戰而莫衷一是。

籠統地說：老一輩的社民黨人相對傾向和北約保持一定距離，顧慮俄國的強權角色，反對軍援烏克蘭、並強調和平談判，停戰後繼續將俄國納入歐洲秩序；青壯輩則傾向明確與西方盟友同步行動，採取對俄強硬立場、支持軍援烏克蘭，「不能讓普丁贏」。

這些青壯世代的聲音來自如國會外事委員會主席羅特、國會社民黨團外交事務發言人施密德（Nils Schmid）等人。此外，羅特亦直言，柏林過去的對俄政策損及了中東歐國家的主權，並呼籲成立調查委員會來清算檢討。

俄烏之間的戰事恐怕會陷入長期泥淖，而德國社民黨的激辯目前看起來也可能還要持續一陣子。總理蕭茲日前接受《明鏡週刊》專訪時被激將式地問到：「社民黨是不是和平主義政黨？」蕭茲如此回答：「社民黨是追求和平的政黨，不是和平主義的政黨。」

然而關於接下來如何援烏制俄、如何追求和平、停戰之後如何面對俄國，恐怕直到社民黨內部建立共識之前，蕭茲政府都可能會再重複先前那些拖沓遲疑的過程——就像烏國大使梅尼克所形容的：每回和蕭茲的紅綠燈政府[13]交涉，都像被迫要重新拼圖一樣麻煩。

（本文作者為國際專欄作家）

1　一九六九年開始，西德執政的社民黨政府，為緩和冷戰緊張局勢，開始推動與東德、蘇聯與其他東歐鐵幕國家的經貿合作與關係正常化。

2　在圍攻基輔失利後，北路俄軍在三月底從基輔戰線撤離，隨即將大軍重整於烏克蘭東部戰線，試圖正面猛攻頓巴斯盆地。

3　烏克蘭索要的重武器，主要是火炮、戰車、中長程防空飛彈系統、戰鬥機。

4　社民黨籍，但並非親俄派，積極主張與俄脫鉤、軍援烏克蘭。

5 史坦麥爾曾先後擔任施羅德（社民黨親俄派首腦）時期的總理辦公室主任，以及梅克爾時期的外交部長，是過去十多年德國對俄政策的最高主事者之一。

6 二〇一四年頓巴斯戰爭開打後，同年九月由德法居中斡旋簽署的烏俄停火協議。

7 二〇一四年六月，法國以「諾曼第大登陸」七十週年紀念式為名目，邀請仍在烏東開戰的烏俄，與德法一同坐上衝突調停的外交談判桌，此一模式因此得名為「諾曼第模式」（Normandy Format）。

8 這些事件的時期分別為：德國統一：一九九一年三月至十月；烏克蘭獨立：一九九一年八月；蘇聯解體：一九九一年十二月一日；北約東擴：一九九六開始實質加速

9 一九九一年八月十九日戈氏遭軍變被軟禁三天，隨即由葉爾欽平息事變。

10 一九八五至一九九〇年間擔任蘇聯外長，後來成為喬治亞共和國總統。

11 這大概就是梅尼克稱德國政治人物多有「俄烏一家親」之成見的淵源，但必須指出，類似態度並非德國獨有，當時如法國亦曾擔憂蘇聯加盟國獨立將導致動亂。

12 參見以下報導：《明鏡週刊》，二〇二二年第十八期，頁二八。

13 由於聯合執政的社民黨、自民黨與綠黨，黨徽色分別是交通號誌的紅、黃、綠，因此被德國民眾暱稱為「紅綠燈聯盟」。

2 誰是「叛國者」

——訪那些開戰後出走的俄羅斯人

文字——劉致昕

俄羅斯侵烏戰爭不到二個月，因戰爭而流亡他國的烏克蘭難民已超過四百七十萬人，成為歐陸二戰後最大的難民潮。而在另一頭，發動戰爭、土地未受戰火威脅的那一方大國，竟有至少三十萬以上的俄羅斯人選擇逃離，逼得俄羅斯總統普丁在檯面上以「叛國者」、「垃圾」貼上罵名，檯面下，又想搬出免役、所得稅優惠，試圖減緩人才外流潮。

我們在柏林專訪一對來自俄羅斯的科學家母子，和一對俄國、烏克蘭女同志結成的伴侶。他們回憶戰爭開始後俄人的心境，為何、又如何逃離母國？離開後，又想為這個國家做些什麼？

二〇二二年二月二十四日，普丁往烏克蘭境內十四座城市丟下炸彈，俄軍分三路往烏克

2022 年 3 月 20 日，柏林的反戰遊行隊伍中有不少前來聲援的俄羅斯民眾。（攝影：楊子磊／報導者）

蘭境內進攻，二戰後歐陸最大戰事就此爆發。

當自己的總統揮起「正義」之旗發動戰爭，許多俄羅斯人卻開始逃亡。開戰後，在俄羅斯境內與「離開」相關的搜尋關鍵字，包括：「如何離開俄羅斯（как уехать из россии）」、「移民（Эмиграция）」、「政治庇護（политическое убежище）」，搜尋熱度都攀上十年來的最高峰。

在 Telegram 上，有人發起移民相關群組，參與人數快速飆升，最多的超過十萬，人們在裡頭討論簽證、海關檢查、交通、就業等問題。持俄羅斯護照可免簽證入境的亞美尼亞、喬治亞、烏茲別克、吉爾吉斯、哈薩克、土耳其等國家，在戰爭開打後，瞬間湧入了大量的俄羅斯人。

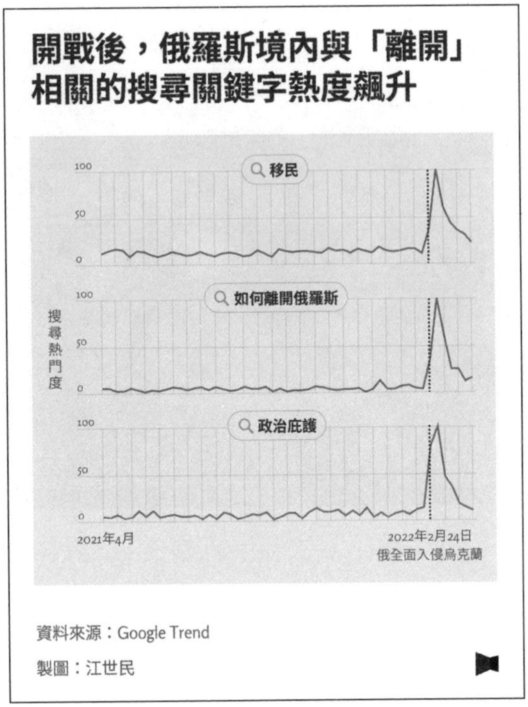

根據喬治亞內政部統計，[1] 開戰的前三週，喬治亞湧入超過三萬名俄羅斯人，是在疫情前觀光人潮仍多時的十四倍。前往亞美尼亞的俄羅斯人也增加了三分之一；而飛往以色列、哈薩克、土耳其、阿拉伯聯合大公國的班機，也在戰火下屢加班次。陸路方面，往芬蘭的火車票在開戰後的兩週全數完售。[2]

根據協助反戰俄羅斯人法律服務的公益組織「OK Russians」的統計，開戰後的第一個月，超過三十萬俄羅斯人選擇離開國家。

三月十六日，俄羅斯總統普丁公開演說，點名這群離開的人，直稱他們是敵人、是西方培養的「第五縱隊」（fifth column），[3] 要從內部攻擊俄羅斯。「任何人，特別是俄國人，一定懂得分辨真正的愛國者、垃圾、叛國者之間的差別！」普丁強調不支持國家「軍事行動」，不積極工作、支持政府，或在此時離開俄國的人，都是叛國者。他也強調，叛國者離開俄羅斯，是「社會淨化的必要過程」，將使國家更為強大。「把他們像是飛進嘴巴的蚊蟲一樣吐掉就好，往路邊吐！」普丁笑稱。

這番包括社會清洗、獵殺境內「叛徒」的發言，與一九三〇年代史達林發動、被稱之為大清洗（Great Purge）的政治鎮壓跟迫害行動前的鋪陳相似。那段期間，包括監控、公審、指名為間諜等「紅色恐怖」不斷發生，有超過六十八萬人被槍殺、超過一百三十七萬人因政治原因被捕。

在普丁演說之後，獵殺「叛國者」的氛圍浮現。有參與人權運動、公民運動的俄羅斯公民，門前被支持戰爭的人噴上代表支持戰爭的Z記號，門板被寫上「賤人！別把偉大的祖國賣了！」四月十一日，俄羅斯下議院議員則提議，應把反戰者視作國家叛徒，剝奪公民權。

科技人才、知識分子大量外流

對政治反對者無情打壓，但實際上俄羅斯政府卻意識到正在發生的一場嚴重的科技人才外流。

就在三月底，俄羅斯電工企業協會（Russian Association of Electrotechnical

俄羅斯歷年移民數量變化

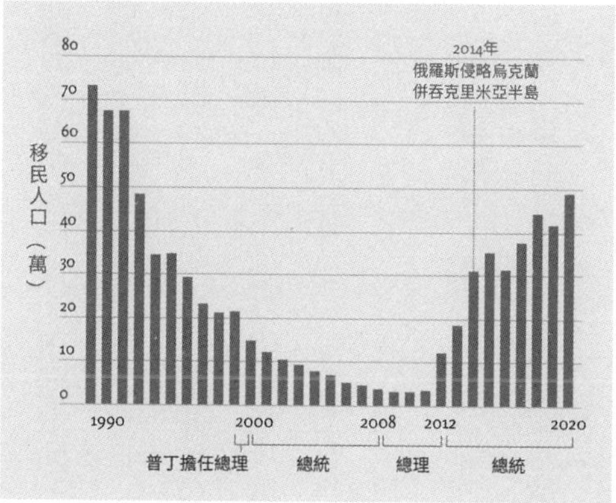

資料來源：俄羅斯移民署

整理：《經濟學人》

製圖：江世民

Companies）向下議院報告，開戰以來已有七萬名年輕人出走，預估四月還有十萬人出走，主要是資訊科技產業人員。不只跨國科技公司因國際對俄的制裁政策而搬離俄國，許多新創公司、科技企業，也以包機方式快速為俄籍員工移地辦公。

感受到人才流失的危機，俄羅斯政府隨即宣布科技公司享有三%以下甚至免企業所得稅的優惠，也宣布擁有一年以上資訊產業經歷者，或數學、應用電腦科學和無線電工程等大學學位者，可申請緩徵或暫時免除兵役義務。按照俄羅斯法律，所有十八至二十七歲男性皆須服兵役。

一方面稱人民為叛徒，一方面給胡蘿蔔留住人才。事實上，從普丁二〇一二年第三次出任總統時，國內人口即明顯外流；二〇一四年併吞克里米亞之後，更刺激新一波出走潮。目前推出的免役與稅賦優惠，真的能改變民眾的決定嗎？

她們，和數十萬人回不去莫斯科的原因

二〇二二年四月初飄雪的低溫裡，還住在柏林志工接待家庭裡的寶琳娜（Polina）跟尤莉亞（Yulia），雙手捧著熱茶，說出她們不回莫斯科的原因。

「我們在俄羅斯是不安全的。」二十七歲的寶琳娜看著她的未婚妻、三十六歲的尤莉亞，對我們說出她們最深的恐懼。

「尤莉亞是烏克蘭人，而我沒辦法保護她。」寶琳娜說開戰之後，在俄羅斯境內的烏克蘭人會被隨意地叫去警局問話、檢查證件，問人在俄羅斯的目的：「俄羅斯政府還查那些跟烏克蘭境內聯繫的人。如果你想試著離開俄羅斯，他們也要你回答對普丁、對政治的想法，問你在烏克蘭是不是有親戚，是不是要去幫烏克蘭人的忙……」

尤莉亞跟寶琳娜是在二月二十五日，從莫斯科飛往匈牙利，那本該是她們慶祝相識的一趟旅行——分別來自俄羅斯與烏克蘭的她們，在莫斯科長居，一起租公寓、養寵物，還有一大群朋友，每一、兩個月一起飛到基輔，陪尤莉亞的媽媽一段時間。但旅程開始的前一天，普丁對烏克蘭全面發動攻擊。

「是我的國家在轟炸她的國家嗎？我的總統下令丟那些炸彈？」回憶事情發生的那刻，寶琳娜記憶依然清晰。在基輔的媽媽要她們繼續旅行計畫，說戰事應該不會擴大，要她們別擔心，但她們落地布達佩斯沒多久，一場歐陸二戰後最大戰事全面爆發。三十七間航空公司陸續停飛往俄羅斯的航班，烏克蘭關閉領空。隔空看著兩人國家

來自俄羅斯的寶琳娜，和來自烏克蘭的尤莉亞，是彼此的未婚妻。戰爭開打之後，她們為了未來共同養育孩子的計畫，選擇離開莫斯科。（**圖片提供：受訪者**）

之間的交戰，她們在布達佩斯的旅館裡一起以淚度日。

寶琳娜說，她們不考慮回去的另一個原因，是因為看見朋友們都被捕、被關進監獄，「到現在至少有二、三十個我的朋友，因為上街抗議而被警察抓起來……社會裡面人們想方設法各種對抗，但得到各種可怕的下場，情況真的很糟。」

寶琳娜讓我們聽一段在年輕人間瘋傳的音檔。那是一段被警察逮捕的女生在警局裡的對話，警方要她給出地址、姓名、學校、透過什麼管道參與反戰抗爭等，被捕的女生說根據俄羅斯憲法她有權保持沉默，隨後是一陣被打的聲音，「再不說，我會更大力。」十分鐘多的音檔，是一陣陣的語言跟肢體暴力。音檔在不同的群組、平臺上流傳，還有俄國學生配上英文字幕的版本，不同版本可見的總觀看次數至四月十五日已超過二百萬次，非營利組織、人權團體，和獲得諾貝爾和平獎的俄羅斯媒體《新報》（*Novaya Gazeta*），也對此報導。

「這是為什麼我們不敢有任何想回去的念頭。」一個個朋友的故事讓寶琳娜害怕，也讓她更加擔心，自己的政府，會如何對待來自烏克蘭的另一半。

「如果俄羅斯政府可以在烏克蘭的土地上那樣子對烏克蘭人，那他們在自己的國家，（對烏克蘭人）還有什麼事情做不出來？」寶琳娜悲傷地說，兩人的關係在俄羅斯社會裡仍無法曝光，沒有法律上的保證，她無法在自己的國家裡保護另一半。二〇二〇年普丁推動修憲公投，將婚姻限制為一夫一妻，剝奪同性婚姻的可能。

兩人說，隨著戰事持續的推進發生，愈加殘酷的戰爭行為被揭露，有更多的俄羅斯年輕人準備離開。

「我們的朋友現在不上街抗爭了，不是怕被關，而是因為他們不想再付（被捕後的）罰款，他們知道那些錢最後也被國家拿去打仗。」

尤莉亞說，雖然離家、生活重頭來過很難，但至少確定自己的繳稅不會變相支持戰爭。

「這是大規模的、心理上的死亡」

邊界上，俄國政府沒打算讓這些「叛國者」好過，警察除了盤問各種問題、要其宣誓效忠、對戰爭表態，還要求解鎖手機，觀看訊息內容、聯絡清單、影音照片和瀏覽紀錄，「如果看到親密照，警察還會拿出來公開嘲笑，」談到朋友的經驗，寶琳娜說話時緊握尤莉亞的手。

「對我來說困難的是，很難接受是我的國家在攻打她的國家，她的家人。（哽噎）我無法接受……我認識尤莉亞的媽媽，我愛她媽媽，所以我很擔心。這一切對我來說很難，但一定比不上烏克蘭人所經歷的那些。」寶琳娜看向她的另一半。另一方面，寶琳娜的家人卻相信俄羅斯政府的宣傳，不認為有所謂的戰爭，家人只看見電視上說的，為了國家、民族而進行的「軍事行動」。

「戰爭仍是一件我無法理解的事……真正重要的不是民族啊、國家啊、未來的命運啊，重要的是在烏克蘭各個城市每一次的轟炸啊。為什麼看不見戰場上的流血？有這麼多人就這樣死去……戰爭就是死亡。」寶琳娜的回答，彷彿是在對俄羅斯電視臺上的宣傳說話，對自己國家內民調上宣稱的近六成支持普丁的民眾說話。這也是她們決定離開俄羅斯的原因之一。

尤莉亞則提起了孩子，「對我來說戰爭也是死亡，不只是生理上的，也是心理上的死亡。我看見那些發生在孩子身上的事情，我覺得非常地害怕，」尤莉亞的眼淚掉了下來，「在烏克蘭，死亡離孩子們很近，每天都看得見孩子死掉的畫面。」採訪前，布查三百名平民喪生的畫面傳來，孩童成為被俄軍強暴的對象，俄羅斯軍人甚至在孩童面前姦殺其父母。尤莉亞激動地說：「但同時在俄羅斯，他們（政府）告訴小孩正在發生的都是『正常的』、『應該的』！我難以理解。」

戰爭開打之後，俄羅斯政府以Z符號作為支持其戰爭的代號，播出小學生們排列成Z的空拍影像，尤莉亞說，「這是大規模的、心理上的死亡。」

在開始進攻烏克蘭之後，俄國政府展開愛國主義、俄羅斯傳統價值等教育計畫，首波預算為一千零七十萬美元。教育部要求老師必須對十歲以上的學生，解釋世界上正在發生的「反俄國制裁」，說明俄羅斯有能力克服制裁帶來的挑戰，並確保學生們知道，俄羅斯是因為要保護烏東頓巴斯人民安全才展開軍事行動。學生們必須接受愛國考試，回答包括「俄羅斯所遭受的制裁，公不公平」等問題。

寶琳娜和尤莉亞未來希望共同養育孩子，為孩子避開生理或心理上可能的死亡風險，是母親的天職，她說，「這就是為什麼我們不能留在俄羅斯。」

2022 年 3 月 20 日，俄羅斯大使館前的反戰活動中，伊利亞（前排右三）站在隊伍的前排，手上舉著的標語寫著「我是俄羅斯人，我恨普丁」。（攝影：楊子磊／報導者）

五十歲的科學家，感到「生命理想完全垮掉」

已經是媽媽，現年五十歲的安菲婭（Анфия，化名），在二〇一二年普丁第三次就任總統之後，就要三個孩子準備離開。

「二〇一〇年那時都還保有一絲希望，一直到普丁又讓自己成為總統後，我才明白希望已死。」在國家級研究單位工作的安菲婭，是資深的國際級研究學者，經歷過蘇聯時代，看著普丁從二〇〇〇年、二〇〇四年連任兩次總統，後因憲法限制同一人不能連任兩屆以上，而轉任總理，二〇一二年普丁卻又重回總統府，她嗅到俄羅斯重回過去極權的可能，要三個孩子努力念書，往其他歐洲國家發展。

安菲婭的預感沒錯。二〇二〇年的修憲公投中，即使反對派指出選舉舞弊，但普丁仍成功獲得勝利，有可能將任期延到二〇三六年。

在戰爭後第一週從俄羅斯飛向柏林的安菲婭，目前與兒子同住。我們與她的兒子伊利亞（Илья，化名）在反戰的抗爭中相遇，三十歲的伊利亞相當顯眼，不只是因為他高，而是因為大大的白色牌子上用德文寫著：「我是俄羅斯人，我恨普丁。」

「那其實是我寫的，」安菲婭拍拍兒子，滿意地笑。一起受訪的他們，看得出來是一個家風開明的家庭，不同世代、不同的觀點，各自回答對這場戰爭、對離開、對抗爭的想法。當安菲婭回答：「離開是因為這已經不是我的國家了，是普丁的。」伊利亞迅速補充：「暫時的，這只是暫時的。」

離開俄羅斯的兩人，都強調他們的認同是俄羅斯人、俄羅斯公民。特別是經歷過蘇聯時期的安菲婭，曾經對蘇聯解體後的俄羅斯充滿期待，作為知識分子，她相信、也參與了俄羅斯的發展、進步、強盛，直到普丁把國家帶上回頭路，她不只是心碎，是信念突然被轟炸成了碎片。

「我不知道該怎麼形容，但現在是一場崩潰。生活的動力沒了、自我認同也迷惘了，我們對生命的理想完全垮掉。我們這個世代，大概五十歲左右，我們相信自己為了自由、知識、教育、科學而活，我們相信未來。」

「現在，我們的（輕咳兩聲）總統，他跟他的『朋友』（指寡頭商人、親信），告訴我們別再想那些（理想跟信念），一點都別想了。導致我們對接下來五年、十年，對未來如此迷惘，不知道要為了什麼而活？」

「我們必須為人生找到一個新的使命，也或者就是得先試著活下去吧，畢竟我們的工作、我們的錢、我們的財產、我們的未來，都沒了，」安菲婭握著兒子的手，語帶激動地說，「這是我的感受，也是我許多同事跟朋友的感受。」

集體創傷：一覺回到蘇聯時代

戰爭開打時，安菲婭正與同事們一起午餐，一位同事走進餐廳，告訴大家「普丁開始轟炸烏克蘭了」。而後，她們集體開始哭泣。「你想想那個畫面，近十個女人，就這麼坐在餐廳裡哭了半小時，所有人的眼淚都止不住。」

同事之間有什麼樣的討論？「沒有，我們沒有討論，太痛苦了，太痛苦了。」她們因為無法繼續工作而返家，卻收到研究機構來信「通知」，她們如果要參與反戰抗爭或簽署反戰聲明，必須先辭職，否則組織也會即刻將其開除。

如今來到柏林的安菲婭，說許多同事仍處在創傷之中，無法正常生活和工作，因為不知道工作是為了什麼。

安菲婭和她的丈夫也仍無法生活。「我在來柏林的前一天去跟身心科醫師拿藥，因為我沒辦法睡覺、沒辦法好好走路、也吃不下東西……結果我排了兩個半小時才看到醫生……醫生說他從沒遇過這樣的景象，」安菲婭說，俄羅斯境內的許多人心理狀況不穩，還得面對愈來愈困難的生活條件，她離開之前，到處都在排隊，人們陷入恐慌，搶物資，怕未來買不到、買不起，「像回到以前蘇聯時代一樣。」

俄羅斯數據局統計，開戰後的第一個月，義大利麵上漲二五%、奶油二二%、糖價七〇%，蔬菜水果則上漲三五%，建材跟家用電器也分別上漲三二%與四〇%。

俄羅斯財政暨經濟發展部則宣布，二〇二二年俄羅斯全年GDP成長率，將是一九九四年以來最大的衰退，達八%至一〇%，世界銀行甚至預測，衰退程度會是一一．四%，且衰退將持續至少兩年，是蘇聯解體後的最大跌幅。今年俄羅斯的通膨率將高達二六%至二九%，且萬一市場上貨物短缺的問題加重，實際的數據還將更高。

「我們的俄羅斯正在坐牢」

限縮的自由、更加極權的政治、極度考驗的經濟環境，伊利亞說，有能力的、有獨立思考的俄羅斯人，都在想著走，或者抗爭追求改變。但後者在俄羅斯，難度極高。

「在俄羅斯的年輕人之間，流傳這麼一句話，『我的俄羅斯正在坐牢』。」如今已在德國念完博士，同樣在科學領域擔任研究員的伊利亞說，他認識的每個年輕人，至少都有一個親人、朋友被關過，即使開戰至今超過一萬四千人因反戰被捕，四月十日的週末，在俄國還是有二百多人孤身上街抗議，而後被捕。

「在現在的俄羅斯，你要上街頭，就必須做好直接進到牢裡當『英雄』的準備，這不是每個人都承擔得起的。即使如此，人們還是上街頭了，這讓人非常敬佩。我不太確定自己做不做得到這件事。我希望我能做到。」

2022 年 3 月 20 日，柏林的反戰遊行隊伍中有不少聲援烏克蘭、反戰的俄羅斯民眾。（攝影：楊子磊／報導者）

「每次當莫斯科有抗爭的時候，我內心都有一場辯論，要不要去呢？要回到莫斯科嗎？我不排斥我有一天真的會回去，因為未來我的女兒長大之後，她會問『爸爸，你做過什麼讓世界變得更好？』，我總得要有個答案可以說。」

經歷過蘇聯時代的安菲婭，苦笑著看兒子，她說過去的記憶太鮮明了，她沒辦法再來一次，她只能逃。

「我人生的前二十五年，活在蘇聯政權之下，我都還記得那時候的生活，對有獨立思考的人來說，那是極度不舒適的生活，那是一個恐懼的時代，接下來的五年、十年、二十年，我不想再活在恐懼之中了。一點都不想。」對她來說，離開俄羅斯，是想離開那份不管是蘇聯時代還是普丁時代的害怕跟無力感，以及因為什麼都做不了而產生的憤怒。作為一個母親，她也必須讓三個孩子離開，因為，「世界上最重要的，就是讓你的孩子自由、快樂。」

兒子伊利亞聽了，拍拍媽媽的肩說，「妳一直都做得很好」。伊利亞笑稱自己被培養成一位樂觀、獨立思考的人，他認為俄羅斯年輕世代的使命，是帶著希望做功課，找行動的可能。他說俄羅斯人應該研究烏克蘭的廣場革命、研究白羅斯抗爭，以及世上各地的運動。

「即使一切看起來沒有希望，但歷史告訴我們，不是如此。總是有一些事情我們可做，總有希望的。只要不絕望，我們就沒有失敗。」

開戰之後，伊利亞每週都到俄羅斯駐德使館前面參與反戰遊行，廣場上插著一面面白、藍、白的「新俄羅斯」國旗，他跟我們解釋，這是民間自發製作的國旗，是支持民主自由的俄羅斯人所舉的旗子，與白、藍、紅的正式俄羅斯國旗不同，「我覺得新的國旗很美，很乾淨，沒有血，我覺得在普丁下臺之後，總得有人要來清理這些（血），而那就是我們（青年世代）。」

普丁執政以來，約五百萬人離開俄羅斯；普丁向烏克蘭開戰之後，離開的人將更多。戰爭的發展還未定局，離開的他們被普丁稱之為叛國者，他們能不能再回去？答案不在他們手上。但他們試著為下一代找一個自由、快樂、培養獨立思考之地，讓下一代長大之後，在被偷走的國家走出監牢之前，至少先揚起那一面不帶血的俄羅斯旗。

「俄羅斯比普丁強大（Russia is stronger than Putin），在普丁之前，俄羅斯就已經度過許多考驗了，而在普丁之後，它也會繼續堅強。」伊利亞如此形容他的國家。

1　https://civil.ge/ru/archives/480001
2　目前芬蘭往俄羅斯的火車已經停開。
3　指在國家內部進行破壞，與敵人裡應外合的團體。

3 基輔的最後一碗羅宋湯
——專訪俄裔烏克蘭作家安德烈．克考夫

文字——張子午

現在這時候，做個孩子是很怪的一件事。這是個奇怪的國家、奇怪的生命，他完全不想費心去搞懂，忍受下去，如此而已，他只想忍受下去。

——《企鵝的憂鬱》

在膠著的烏克蘭戰事、被圍困的居民與難民潮中，全世界彷彿一同惡補關於這個歐陸國家的一切。而在二〇一八年，臺灣和烏克蘭曾在文化上有短暫的交會。

當代國際文壇最知名的烏克蘭作家安德烈．克考夫（Andrey Kurkov）在該年受邀參與香港國際文學節並於香港筆會發表演講，在臺灣出版他作品《企鵝的憂鬱》（*Smert Postoronnego*）

的出版社也順道邀請他來臺，此書至今仍是臺灣唯一一本烏克蘭當代小說。我們獨家專訪這位以文字與全民一同抵禦俄羅斯入侵的作家，談他在戰爭中的經歷、俄國人與烏克蘭人的心理差異以及與臺灣的緣分。

二〇二二年二月二十三日，俄烏開戰前一天，安德烈．克考夫（以下稱安德烈）在家親自下廚，招待外交官與一些記者到家裡晚餐，雖然當時俄羅斯軍隊已大舉集結邊境，全世界都在緊張地觀望戰爭是否一觸即發，但對於過去十幾年來經歷國家不停內外動盪的大部分烏克蘭人而言，都不認為俄國真的會進攻。

「這可能是我們在基輔的最後一碗羅宋湯，」這位以黑色幽默風格聞名國際的作家，開玩笑地說，但席間沒有人笑得出來。翌晨五點時分，安德烈被窗外的三聲爆炸聲響吵醒，玩笑成為現實。當天他在 Twitter 上寫道：「戰爭已經開始。希特勒在清晨四點，普丁在五點。沒有太大差別。被爆炸聲叫醒，我明白了蘇聯人在一九四一年六月二十二日的感受。」

安德烈．克考夫（攝影：Pako Mera /Opale /Bridgeman Images）

二月二十四日俄羅斯發起的侵烏戰爭，讓安德烈想起了小時候母親跟他講述的回憶。一九四一年六月二十二日清晨，德國納粹以代號巴巴羅薩行動（Unternehmen Barbarossa）入侵蘇聯，揭開第二次世界大戰東線戰場的序幕，母親與其雙親乘坐一艘破舊木船逃難，渡過橫跨俄羅斯西北部的沃爾霍夫河（Volkhov）。後來上前線作戰的外祖父，從此一去不返。

他想像著母親當時是否也有著現在烏克蘭人跌宕起伏的感受，望向西方——如今安德烈與他的烏克蘭同胞們則望向相反的東方——想著它是否會打過來？

從基輔後撤到烏西，與同胞一起留下

「我和我的家人都很好，雖然壓力很大，但人們並不慌亂逃竄，即使在這裡人們很緊張、猜疑，因為我們所在的地方，前幾天才有疑似俄國間諜被捕，其中一個對著軍事設備拍照，警方在他的口袋發現俄國銀行的金融卡，所以身分很明顯。這裡人們說多種語言，也有很多難民說俄語，但在這裡你如果說烏克蘭語，人們會比較放心。」三月初的某個週末，已經和家人撤到烏克蘭西部大城利維夫附近的安德烈，透過網路視訊向我們表示，「但我不能透露所在的確切地點。」三月十八日，利維夫附近的飛機維修場被空襲，離市中心僅六公里。

在經歷了開戰初期不停的猶豫、變動與遷徙——一路從基輔在冷戰時期遺留半世紀的破舊防空洞、跨國連鎖旅館到位在鄉下的小屋，這位已出版十六本著作、作品於二〇一四年在俄羅斯被禁的作家，被朋友告知由於他長期挑戰俄國官方的言論，「可能在俄國政府想要抓捕的清單上」，最終決定「連續開車二十二小時，中途只在晚上睡了二小時」，移動到當時尚未被戰火波及的利維夫，與兒女會合。

「住倫敦的女兒之前就計劃了很久，要用週末假期造訪利維夫這座美麗的中世紀古城，那是一個如同巴黎般美麗的城市，有幾百間咖啡館、餐廳、博物館……我們一到那裡，首先是要協助女兒返回倫敦，幸運地靠著朋友幫忙，她順利回去，現在在那邊組織活動與募款幫助烏克蘭；兩個兒子則留下來，大兒子今天到城裡裝設偽裝網等其他防禦工事，並協助準備跨越邊境的難民，他還想要為逃難的孩子們上英語課。」

採訪過程中，他仍忙著接電話，安排協助親友從基輔後撤到西部事宜。安德烈的妻子是英國人，他的孩子也是英國國籍，全家僅有他具有烏克蘭公民身分，二〇二二今年剛滿六十一歲的他，已超過後備軍人被徵召的年齡上限，但除了女兒，他們全部決定留下來。

「我們也希望能幫上忙，沒有想要逃出去，除非戰火蔓延到這個區域……烏克蘭在抵抗，也許會喪失領土給俄羅斯，也許是東部、南部、黑海沿岸，最終俄國希望把控制範圍從烏克蘭南部一直延伸，連到聶斯特河沿岸(Transnistria），那是他們二〇一四年要奪取卻失敗的嘗試。」

「所有人對總統澤倫斯基表現出來的正面典範都非常驚訝，他沒有逃走、展現領袖的風範，把國家團結在一起，政府官員都在位置上、軍隊在工作、人民在抵抗。對於烏克蘭人的團結與合作，我同時既驚訝又不驚訝，我很驚訝於人們準備好要為國家而死，因為十年前這不可能發生，無人讚賞烏克蘭的獨立，貪汙問題嚴重，每次選舉完人們都很厭惡政客，但現在貪汙已經不重要了，最重要的是救國，使它依然保持獨立、保持自由，然後再去處理烏克蘭自己的問題。」

從一人獨立出版躍上國際文壇的傳奇過程

手邊正在進行的寫作計畫，早已完全停下，安德烈也像許許多多烏克蘭人一樣走上前線，只不過是在另一個戰場：西方的文化前線。

從《紐約時報》（*The New York Times*）、《經濟學人》（*The Economist*）、《衛報》（*The Guardian*）到《英國廣播公司》（BBC）、美國《有線電視新聞網》（CNN）……開戰以來短短數週內，他馬不停蹄地把所有時間用來接受採訪、撰寫戰火下的日記、評論烏克蘭的情勢，目前身為烏克蘭筆會（PEN Ukraine）會長的他，為的是要把烏克蘭的處境盡可能讓世人知曉。

「文學反映當前的狀態。在烏克蘭，民眾厭倦腐敗的政治與民粹主義，信任作家更勝於政治人物，不屬於任何政黨的作家就像獨立思考者與評論員，評論政治與社會議題比一般公眾人物更有說服力。然而令人難過的事實是，烏克蘭人很少看書，作家即使名聲顯赫但書賣得很差，因為之前經濟困窘，民眾買不起書，而現在他們有其他更優先的事項，我的有些書或許對學生或知識分子有影響，但不是整體社會，」安德烈坦言。

安德烈更大的影響力是在國際文壇，直到現在仍是英美世界最知名的烏克蘭作家。他崛起的過程頗為傳奇，一九六一年生於彼時仍叫列寧格勒（Leningrad）的蘇聯第二大城聖彼得堡，三歲因為父親的工作而舉家搬到基輔，在哥哥與朋友帶回來的「禁書」與心理學及哲學書籍中，打開了不同於童年時期、包圍在神話化「列寧爺爺」偉人故事的視野。從基輔外語學院畢業後，他在軍中服役期間，在黑海西北港灣都市奧德薩一座監獄擔任獄卒，為排解工作的沉悶，開始創作童書。在蘇聯解體之後，烏克蘭經濟每況愈下，通貨膨脹極為嚴重，大部分出版社都停業，亟欲發表作品的他只能「自費出版」。

首先他向友人借錢，從哈薩克買了六公噸的紙——並非正常用來印書的紙，而是用來包食物的包裝紙，找到一個印樂譜的地方，借用油漆行的訂貨單「自創」一間出版社的名字，各印了二萬五千本的哲學小說與五萬本童書，然後一家家跟書報攤談寄賣，甚至穿著掛在肩頭、垂於胸前和後背的「三明治式廣告牌」，在人來人往的大街上叫賣自己的書，最終自力賣完七萬五千本書。

秉持這種「沒有不可能」的精神，在被國外出版社退稿上百次後，一九九七年他的《企鵝的憂鬱》（英文版原名為《死亡與企鵝》〔*Death and the Penguin*〕）終於被一位瑞士的出版者看上，超現實的故事觸碰甫自蘇聯獨立的烏克蘭社會情景，瞬間吸引了國外讀者的興趣，至今已翻譯成三十多國語言。

故事描繪一位沒有才華的作家，僅能接下替報紙寫訃聞的工作，寂寞的他去動物園領養了一隻患有憂鬱症的國王企鵝，一人一企鵝遊走在蘇聯解體後壓抑、疏離、怪事層出不窮的基輔，在荒誕的故事結構與某種無可奈何的黑色幽默中，讀者慢慢進入「後蘇聯」時代，凋敝的經濟與混亂的社會情況——黑道火拚、政治暗殺、俄羅斯發動第一次車臣戰爭。

安德烈曾經在《紐約時報》的訪談中提到，他的大部分作品中，動物都扮演很吃重的角色，主要是因為他想展現出，一旦（如豢養的動物）被限制許久之後，突然降臨的自由會如何地讓人不知所措。

這樣的衝擊，最初發生在童年時代，他在鋪滿綿絨的玻璃罐裡養了三隻倉鼠，為了讓牠們享受自由的空氣，有時將其放出來，結果一隻被父親在門縫夾死、另一隻被街貓咬死，他人生的第一首詩，是關於那僅存的倉鼠的孤寂，不久牠就墜樓身亡——直到現在仍不確定是自殺、謀殺或意外。

對他而言，群居性的企鵝最能象徵活在前蘇聯時代的人們，做什麼事情都要集體行動，一旦脫離了群體，就會迷失、惱怒、無所適從，就像他成長於蘇聯時代的父母世代的心靈圖象，在蘇聯解體之後感到巨大的失落與被遺棄——而這似乎正是今天發動戰爭的普丁的內心寫照。

參與社會變革，作品回應現實社會的變化

「自從一九九一年烏克蘭獨立，經濟與政治情況就有許多次轉變，時好時壞。一九九〇年代初期是悲劇性時代，各方面問題都很大，但二〇〇〇年後生活逐步改善，進步的方向很明確，變得愈來愈歐洲化。人們也變了，新生代的烏克蘭人成長在已不知道前蘇聯的時代，在自由市場的發展中，他們成為經濟的驅動力。在文化層面，烏克蘭也發展得愈來愈強大並

進入國際市場，如同波蘭或立陶宛，有著自由人的自由社會，這是克里姆林宮不樂見的，烏克蘭替俄羅斯的極權體制樹立了一個『壞榜樣』，」安德烈強調。

安德烈認為，這場戰爭凸顯的是俄國人與烏克蘭人心理狀態的本質差異。

「烏克蘭人不是集體性格，他們不喜歡領袖、不尊重政府，他們尊敬個人觀點，崇尚自由甚於穩定，從烏克蘭過往的歷史上來看，一直都奠基在『民主的無政府』（democratic anarchy matrix）。普丁在俄國執政時期，烏克蘭換了五任總統；俄羅斯則總是一直回到君主制的模式，即使經過選舉，二十年來仍是選出一樣的領袖，就像在前蘇聯重複選出同樣的總書記，直到他們死去，除了赫魯雪夫（Nikita Khrushchev）以外。（多數）俄國人不需要自由，穩定對他們更重要，因此他們支持普丁，普丁多次說他人生最大的悲劇，就是蘇聯解體，現在他一天天老去、身體變得更加脆弱，他想要征服烏克蘭，為了重寫歷史課本中的記憶，重新建構一個偉大的俄羅斯帝國或新的蘇聯，這也是為什麼此時此刻這麼危險。」

二十年之後，安德烈仍在他的作品中緊扣現實。二〇二一年出版的《灰色的蜂》（*Grey Bees*），場景是遭受俄國唆使親俄武裝勢力爆發戰爭的烏克蘭東部頓巴斯地區，描述在交戰雙方的荒涼「灰色地帶」下，為照顧蜂巢而不願離開的養蜂人，從小人物的視角，具體而微地交織出二〇一四年烏克蘭廣場革命後，這片土地遽然升高的矛盾衝突，以及平凡人對於秩序與平等的渴望。

安德烈的這本新作（目前暫無中譯），如同已持續八年、帶走超過一萬人性命的頓巴斯戰爭，很大程度預示了二〇二二年俄國侵烏戰爭背後複雜的脈絡，因此從戰爭爆發起就屢屢被名列英美各大媒體「帶你瞭解烏克蘭的重要書籍」之一。

二十多年來始終如一的「接地氣」，關鍵在於他從來沒有缺席，親身投入、參與每一個社會變革的現場。

「我參加過橘色革命，二〇一三到二〇一四年的廣場革命也在現場，如同許多基輔的民眾，我和太太為抗議者煮飯，因為我們就住在獨立廣場（Maidan）附近，當時抗議者在那裡組織一所『開放大學』，學者前來發表關於烏克蘭歷史的講座、教授免費的英文課程等，我也做了幾場關於當代烏克蘭文學的演講；頓巴斯戰爭開始以及俄國兼併克里米亞後，烏克蘭民間社會變得更加活躍，許多人前往烏克蘭管轄的頓巴斯區域幫助當地人，在那邊開咖啡館、圖書館與教育中心，其他志願者冒著生命危險運送醫療補給到『灰色地帶』（gray zone）的村落，那裡既沒有地方行政機構也無基礎建設，我也去了前線五次。現在這場戰爭是過往衝突的最高點，人們能看得出來，烏克蘭社會的士氣為何如此高昂，」安德烈表示。

文化與政治認同面臨的抉擇

然而這位熱愛烏克蘭混亂活力甚於俄羅斯帝國主義的作家，令人訝異的卻是使用俄語寫作的俄羅斯裔，顯示出俄裔烏克蘭人不能等同親俄的事實。在烏克蘭四千四百萬人口中，約有七百多萬為俄羅斯裔，約占全國總人口一七．五％。

「所有持有烏克蘭護照者都是烏克蘭公民，對於俄羅斯裔公民，到目前並沒有不同的身分。現在愈來愈多年輕人說烏克蘭語，甚至變成一種流行，俄語常常被認為是『敵人的語言』。有些人甚至認為，用俄語寫作的內容不是烏克蘭文學的一部分，」安德烈說。

隨著烏克蘭與俄羅斯兩國衝突白熱化，烏克蘭人在語言、文化與政治認同上，面臨「選邊站」的抉擇。

在世界文學地圖中，幾位重要的經典俄國文學家皆出生與成長於烏克蘭，如俄國現實主義奠基者果戈里（Nikolai Gogol）生於烏克蘭中部村落大索羅欽齊（Velyki Sorochyntsi）、以《大師與瑪格麗特》（*The Master and Margarita*）開啟二十世紀魔幻寫實主義的布爾加科夫（Mikhail Bulgakov）生於基輔、俄國最偉大的詩人之一阿赫瑪托娃（Anna Akhmatova）則生於黑海旁的城市奧德薩。至今基輔仍矗立著布爾加科夫紀念館，紀念誕生於這座城市的魔幻寫實主義宗師，然而他在其他作品描繪烏克蘭農民粗鄙無文的形象，還有對於烏克蘭獨立介於笑話與悲劇的鄙視心態，無疑使當代烏克蘭人極為不適，二〇一四年烏克蘭官方因此禁播由其作品《白衛軍》（*The White Guard*）改編的俄國電視劇。

「布爾加科夫是我最喜歡的作家之一，他影響了烏克蘭的俄語作家，俄語知識分子常在他的紀念館聚會並舉辦文學之夜的活動，但不包括烏克蘭語的寫作者。現在烏克蘭知識分子中，有一股抵制布爾加科夫的鮮明趨勢，認為他是帝國主義者，在烏克蘭獨立戰爭中支持莫斯科。是的，他在那個時代不認同烏克蘭獨立，並以嘲諷的方式敘述之後被布爾什維克擊敗的烏克蘭軍隊。」

「獨立三十年至今，我一直要回答一個問題：『為什麼你用俄語寫作？』我的回答是，我是俄羅斯血統出身，所以自然用俄語寫烏克蘭，在公民身分與政治認同上，我是烏克蘭人。有些人能接受，有些則否，烏克蘭是一個個人主義的社會，我不會感到被冒犯，也不會生氣，我也是個人主義者，對於我所喜歡與不喜歡的烏克蘭，我總是盡可能地說出來和寫出來，」安德烈強調，寫作所使用的語言，必須忠於自我的抉擇。

安德烈二〇一八年受邀來臺時，曾因簽證問題遇到重重困難，後來出版社努力尋求文化部和外交部協助，才順利成行。在臺期間他曾於輔仁大學與政治大學發表演講與一場簽書座談，因此對於臺灣有特別的情感。在專訪的最後，他透露在發生戰爭前，特別想到臺灣的處境：「我最大的恐懼是當普丁攻擊烏克蘭時，中國會試圖占領臺灣，在此恐怖的情況下，世界領袖很難回應同時發生的兩場戰爭，連記者都不知道該聚焦在哪一場！中國的領導人顯然較聰明，在普丁的影響下沒有做出任何敵對行動。」「我希望臺灣的公民珍視並保護他們的自由、熱愛他們的土地，讓全世界更加認識！我數年前曾造訪臺灣，非常樂意在多年後重返，更加認識臺灣的文化與傳統。」

5

臺海的「烏克蘭」時刻

烏克蘭與臺灣相距八千公里之遙，直到這場戰役，兩國人們的情感與命運突然有了交會。同是面對強國領導人的集權力於一身，同樣遭遇以民族主義旗幟要擴張領土的大國，自由與民主的信念被惡鄰視為是挑釁與顛覆。

戰爭開打後，世人從歐洲的戰場望向東亞的臺灣與中國，即便兩邊有著不同的族群和歷史，俄烏戰爭卻像一面鏡子，照映出臺灣海峽兩邊的張力，也逼著臺灣回望自己。

對臺灣來說，這的確是一個值得參考的鏡像。當歐美幾乎一面倒地制裁俄羅斯，中國卻像是俄羅斯的代言人，說這場入侵其實是俄方的自我防衛。

中俄官媒聯手改寫敘事，早在二〇一六年。當時兩國官媒已聯手合作，它們把汙染的訊息國際化、簡體中文化，有效地複製與傳播，形塑另一種扭曲的世界觀，並與歐美媒體分庭抗禮。

這場入侵讓許多國家醒來，開始對自己也對臺灣提問：如果有一天，臺灣的「烏克蘭時刻」來臨，民主國家該怎麼抉擇？

烏克蘭的現實，一旦成為臺灣的現實，臺灣能抵禦嗎？要如何抵禦？面對與日俱增的戰爭危機感，除了傳統軍力對峙，從基本的防空避難、城市占領後的因應、從平時狀態到戰爭狀態，從全民國防到外交新盟友，臺灣做好準備了嗎？

（文字：李雪莉）

1 製造平行宇宙的「中國真相」[1]

文字——方凌珊、夏曉語

當全球網路輿論多數同情與相挺烏克蘭，中國網路上的主流則是挺俄抑烏，看似難以理喻的言論背後，是近十年來中國政府日益成熟的政治宣傳能力。中國官媒的擴張，熟悉民眾情緒的民族主義大V[2]湧現，此次再配合早已進駐簡體中文市場的俄國官媒，如何合力營造出平行宇宙的「中國真相」？還在發出異議之聲的網路使用者，以及還在記錄的記者，如何在夾縫中努力？

許汀發現，要在中國網路上做一名反戰者，如臨四面埋伏。

為了表達對俄羅斯入侵烏克蘭的不滿，她必須與審查制度周旋，應對中國官媒和俄羅斯官媒發布的不實訊息，反擊鋪天蓋地的反反戰宣傳——網路上大量貼文質問或嘲諷反戰者：「美國打阿富汗你怎麼不吭聲？」「北約東擴，導彈都架到俄羅斯家門口了，俄羅斯不能反抗？」

「他們製造了一條緊密的邏輯閉環，不同意的聲音都很難發出，假消息的滲透已經方方面面，從大氛圍到細節都完全覆蓋，很多人甚至覺得（普丁）是很悲情的，」許汀說。她生活在中國一線城市，是一名專業人士。她發現，在俄羅斯宣布開戰後短短數日內，網路主流輿論對俄烏問題迅速形成近乎統一的「認知」：這是面對北約和美國威脅，俄羅斯「不得不發起」的反擊，激進者甚至稱，這是一場「俄羅斯自衛戰」。

廣州中山大學政治學研究所副教授陳至潔鑽研中國社交媒體上的輿論戰。常有臺灣朋友問他，「為什麼好像有這麼多中國年輕人支持政府？」「為什麼中共輿論戰近年這麼厲害？」陳至潔認為，這一方面是靠不斷演化的審查制度，但更值得警覺的，是中共愈發強大的政治宣傳能力：官媒以活潑、貼近年輕人話語的方式主動出擊，各類民族主義的網路大V深諳傳播規律和市場模式，兩者互相配合，在網路防火牆內衍生出一套有別於西方話語的「中國真相」。

當全球網路輿論絕大多數同情烏克蘭，追蹤支持烏克蘭總統澤倫斯基，組織反戰遊行，發起網絡倡議、捐款、志工行動等協助烏克蘭難民時，中國網路上的主流則是挺俄抑烏，一些網友到淘寶上購買俄羅斯特產，「支持毛子[3]打美國」。

「中國真相」不僅活在防火牆內。在俄羅斯的中國留學生 Janice 發現，她身邊幾乎所有中國同學都支持俄羅斯開戰。想著打破平行宇宙，她每日都把俄羅斯獨立媒體對戰爭的報導轉發到微信朋友圈，有同樣在海外讀書的朋友看到了，馬上私信她：「妳別看這麼多負面的東西。」

侵烏戰爭裡，中俄官媒如何聯手改寫敘事？

戰爭爆發後最初幾天，許汀一直沉浸在微博、微信，她發現俄羅斯的「信息汙染」（Information Pollution）[4] 徹底蔓延到中國網路，「俄羅斯的外宣部署很厲害，中國官方系統也很配合。」

中國各媒體側重西方個別協會的制裁行為，統一嘲諷口徑。（圖片來源：網路截圖）

據記者觀察，中國各級媒體、自媒體和時政新聞大V均大量引用俄羅斯官媒消息和普丁說法。二〇二二年二月二十四日中午，剛剛開戰，《中國新聞網》官方微博以「#普京強調尊重獨聯體[5]國家主權# #普京[6]稱俄受到北約欺騙#」為標題播報普丁講話，稱遭烏克蘭威脅，「俄羅斯無法感到安全」。這一貼文獲二萬九千點讚，超過一千八百條留言，獲大量中國網友支持。

數小時後，「普京重申只是自衛」的新聞就衝上微博熱搜，中國《中央電視台》（央視）播報普丁講話，稱特別軍事行動只是「自衛」，普丁敦促「烏克蘭士兵放下武器回家」，不少媒體跟隨轉發。微博熱搜近年經過多次整頓，目前反映的熱點[7]可以理解為官方允許的熱點。

接下來數天，關於北約東擴、俄國被威脅、烏克蘭納粹分子迫害人民的訊息在簡體中文網路大量流傳。中國媒體又引述俄羅斯消息，展現俄方公布的軍事成果：強調俄方擊中烏方多少軍事基地，奪得多少城市；而來自烏克蘭的消息，例如烏克蘭官方說法、城市慘況、人民抵抗等新聞則鮮有報導。

微博上一片亢奮，不少網友感覺，俄羅斯十多小時至幾天就可以奪勝。

「這次中共呈現俄羅斯烏克蘭問題時，跟它呈現中美問題是一樣的，都是先引述俄羅斯的說法，後面有一段烏克蘭的（說法）就不錯了，」陳至潔說。在議題設置上，中國凸顯有利俄方的消息，強調俄方威力和正義性，普丁也獲得類似中國國家領導人待遇，一律採取正面報導。

隨著戰局演化，俄羅斯在SWIFT系統、[8]外匯儲備上受到嚴厲制裁，但中國媒體對此報導較少，轉而選取個別協會的制裁行為，以戲謔口吻陳述，例如「俄羅斯的貓狗也被制裁」，網友紛紛感嘆西方國家「走火入魔」。相反，俄羅斯推出反制裁，媒體則鄭重報導，力陳俄羅斯反制裁的「大牌」。

中俄關係近年愈發密切，中方強調中俄不結盟，是「緊密友鄰、戰略夥伴」。開戰之後，中國外交部沒有明確支持俄羅斯，但多次強調俄羅斯在國家安全方面的「正當訴求」應被重視，又屢次譴責美國在背後挑釁和北約東擴。轉到網路層面，中俄訊息聯盟就更加明顯。

從官媒到外宣工具

最近備受歐美制裁的俄羅斯兩大官媒——《今日俄羅斯》（*Russia Today*，RT）電視臺及《今日俄羅斯國際通訊社》旗下的《衛星通訊社》（*Sputnik*），在中國社交平臺上都非常活躍。前者二〇一七年開設微博帳號，而《衛星通訊社》早於二〇一四年十二月推出中文版，翌月隨即開始在微博發文。

兩國官媒還聯手推出新媒體。二〇一六年，《中國國際廣播電台》和《今日俄羅斯國際通訊社》共同推出新聞App「中俄頭條」。

在微博上，《衛星通訊社》擁有超過千萬粉絲，現在每天發布近一百條貼文，消息常常被《央視》、《人民日報》等轉發。它也開設了微信公眾號，[9]每天發布四至五篇文章。《今日俄羅斯RT》的微博帳號則有約一百四十四萬粉絲，也登陸影片平臺Bilibili。開戰以來，這兩家媒體每天緊密報導俄方戰事成果，以及烏克蘭納粹分子、美方「煽風點火」等敘事。

與中國一樣，俄羅斯近年不斷強化官媒功能。二〇一三年，普丁簽署《關於提高國有媒體效率的一些措施》，將《俄新社》、電臺《俄羅斯之聲》合併成《今日俄羅斯國際通訊社》，其總裁由普丁直接任命，旗下又設立團隊年輕化、以三十二國語言發布的《衛

中國官媒緊跟著俄國走，市場化媒體亦不落人後，都同時大量轉發「普京重申只是自衛」的談話。（**圖片來源：網路截圖**）

星通訊社》，而原有的國營電視臺《今日俄羅斯ＲＴ》則繼續營運。

中國福建圖書館製作的《福建決策信息》刊物二〇二〇年曾撰文，[10]詳細分析《今日俄羅斯國際通訊社》的經驗，還有中國怎樣借鑑。文中稱，《今日俄羅斯國際通訊社》為俄羅斯的「外宣航母」，在俄美衝突和二〇一四至二〇一五年的烏克蘭危機中成功搶奪話語權，「與能源出口和武器貿易一同構成了俄羅斯最有效的外交工具」。

文章也指出，《衛星通訊社》在北京等全球多個城市設有媒體中心，每週七天、每天二十四小時不間斷播報新聞，「極大地減少了各國採用歐美媒體發布有關俄羅斯新聞的數量」。

《中國新聞社》早於二〇一六年就和《今日俄羅斯國際通訊社》簽署合作協議，同意進行稿件互換、聯合採訪等。二〇二一年，《今日俄羅斯國際通訊社》在中俄媒體論壇上表示，他們「主要合作對象過去、未來都是中國」。

近年來，上述俄羅斯兩大官媒所發起的宣傳戰在歐洲已受到抵制，俄羅斯入侵烏克蘭之後，YouTube 暫停了《今日俄羅斯ＲＴ》電視臺在該平臺的多國頻道，Meta 禁止俄羅斯國營媒體發布廣告，而《今日俄羅斯國際通訊社》和《今日俄羅斯ＲＴ》的共同主編西蒙尼揚（Margarita Simonyan）也受到歐盟制裁。三月二十一日，《中國日報》推出《今日俄羅斯ＲＴ》副總編的專訪，面對當前制裁，他們表示會「在俄羅斯及中國等各國平臺上繼續發聲」。

小粉紅新用語：「反戰不反美，心裡必有鬼」

生活在俄羅斯的Janice平日看簡體中文、英文、俄文等不同語言的資訊。對比中俄的政治宣傳，她感覺訊息從俄羅斯傳到中國之後，成功結合了當地的民族主義、反美情緒和性別角色刻板印象，「變本加厲，還加上了許多對普丁的個人崇拜。」

打開抖音或微信的影音號平臺，演算法很快就會推薦普丁的個人短影片——在歡樂音樂的襯托下，普丁要不在走紅毯、踢足球，要不抱抱小狗、老人家或失明人士，字卡寫上「超暖心！普京見十七歲失明少女盡現溫柔」。一些網友則把普丁想像成「守護蘇聯的最後一人」，或者一個勇敢向西方開戰的獨行者。

不過，相比普丁崇拜，反美是更多中國網友的統一戰線。長期關注網路輿論的媒體人李方正觀察，早於開戰之前，網友和媒體就開始批評美國「拱火」，[11]指美國稱俄羅斯在烏克蘭附近增兵是假消息，意圖煽動加劇局勢；等真的開戰，同樣怪美國「拱火」，意思是美國和北約鼓勵烏克蘭去挑釁俄羅斯，導致俄方不得不出擊。

台灣資訊環境研究中心（IORG）長期觀察Facebook粉專、微博等平臺。根據他們的數據，對於這次烏克蘭事件，中國官媒《環球網》早於二〇二一年十一月三日發布第一篇報導，引用《衛星通訊社》的消息，指美國稱俄羅斯增兵是假消息，故意挑釁。隨後數月，關於美國「拱火」的報導在簡體中文網路、Facebook粉專和不少內容農場[12]上不停出現。

IORG共同主持人游知澔表示，他們日常觀察八十萬華語粉專，發現針對俄烏問題，有大量協同發文行為，指向譴責美國和北約威脅，意味著背後可能有統一操作。IORG定義，「協同發文」是相隔一分鐘之內，超過兩個粉專同時轉發同一內容文章。

例如，二〇二二年二月十八日二十二時二十一分，「全球華人鐵血聯盟」、「全球華人鋼鐵聯盟」等五個Facebook粉專，協同轉發文章〈烏克蘭終于「造反」了：美國太自私，根本不把4000萬烏民眾當人〉。三月五日二十時三十八分，「全球華人風雲聯盟」等五個粉專，協同轉發文章〈烏克蘭會成為下一個伊拉克嗎？俄軍一輪炮轟，炸出美軍生化基地〉。

這些內容農場式的粉專名稱，多以「全球華人」開頭，或帶有「中華復興」、「一帶一路」等關鍵詞，目前不算活躍，追蹤者均為數千，帖子冷清。不過到了中國防火牆內，同樣內容則呈現燎原之勢。

將俄烏關係比喻成「前夫前妻」是俄羅斯數年前開始流傳的一個段子。此次開戰之初，這一比喻迅速在中國社交媒體上流傳，將蘇聯解體、烏克蘭獨立比擬成「烏克蘭與前夫（俄羅斯）離婚了，幾個孩子也歸了她」，隨後指烏克蘭「與村霸（老美）及一幫公子（西方）眉來眼去」，一起「圍攻前夫」。

開戰後第二天，二月二十五日，中國官媒發表「普京萬字長文」，自媒體馬上梳理這篇長文，推出〈一個反戰者居然不反美，是我聽過最好笑的笑話〉一文，稱俄羅斯與中國遭遇相似，都被西方欺壓，網絡上很快出現小粉紅用語：「反戰不反美，心裡必有鬼。」

網路截圖：中國部分網友欣賞和崇拜普丁，製作他在走紅毯、踢足球或抱小狗的影片。
（圖片來源：網路截圖）

疲憊不堪的查核和異議者

夾縫之中，仍有許多人努力發出不同聲音。二〇二二年二月二十四日，南京大學孫江、香港大學徐國琦、復旦大學陳雁、北京大學王立新等多位中國歷史系教授，實名發表聲明，反對「不義戰爭」。在微信公眾號上，〈今天，我們努力捍衛一種常識〉、〈為戰爭叫好的都是傻逼〉、〈和平是打出來的，和老婆是鐵鍊拴來的一樣混帳〉等文章一度在社交媒體上廣為流傳，但很快被刪，連署的學者、發聲的作者都在微博上被抨擊「反戰不反美」。

在反美外衣之下，中國官媒、俄國官媒也不斷發布不實資訊和陰謀論，營造烏克蘭贏弱或欺騙外界，美國則用權術「下一盤大棋」、最終美國成為戰爭贏家等種種論述。

開戰之初，《今日俄羅斯RT》、《央視》、《環球時報》等多次引用俄方官方消息，指澤倫斯基已經逃跑，後被證實是假消息。當西方媒體聚焦報導烏克蘭婦幼醫院遭空襲、孕婦受傷的新聞時，中方則散播受傷孕婦是演員、假裝受傷，後亦被證實為假消息。

自三月八日開始，中俄訊息聯盟一起緊密報導「俄軍在烏克蘭發現美方資助的生物實驗室、研究蝙蝠冠狀病毒、製造生化武器」等訊息。儘管已經有文章不斷查核訊息真偽，指出獲得美方資助進行病毒研究是國際常態，就連中國研究機構也有獲得美國資助等，但似是而非的消息仍然不斷滾雪球，實驗室相關報導連續三日登上微博熱搜前十位。

研究微博輿論的學者張天哲（化名）對我們表示，近年中國社交平臺上常出現反美聲音，而「美國利用烏克蘭搞病毒實驗、生化實驗」等資訊正好和民眾情緒相互應和，有效地轉移民眾焦點。

「俄羅斯提出的觀點，它們（中國）巨細無遺，美國回應就好短。俄羅斯打資訊戰就是這樣，它不是要你一定信，你開始懷疑，它已經成功了，已經轉移了焦點，」張天哲說。

生活在中國，李方正感覺，要認真應對上述種種假消息、陰謀論、簡化歷史的論述，人會疲憊不堪。「例如美國每一次出兵，其實語境都是完全不一樣的，普通人很難去這樣查證這麼多，同時去反駁這麼多事情，」李方正說，有時候他也會選擇走捷徑，「ＯＫ，我也反美，所以現在我可以罵俄羅斯了嗎？」

民族主義大Ｖ：愛國是門好生意

程詩雲是中國記者，多年來跑國際新聞，面對這一波洶湧的網路輿論，感覺很魔幻。

「其實早在二〇〇〇至二〇一〇年ＢＢＳ紅火的時候，所有這些已經討論過一次了，例如北約東擴，從一九九〇年代就已經開始，每一代人都曾經關注和討論過這個問題，只不過在中國很怪異的事情是，這種討論和共識永遠都沒有辦法延續下去，」程詩雲說，「而是隨著媒介的變化，每一次都清空了。」

過去十年，中國傳統媒體和網路遭遇多輪打壓，[13]不少平臺關停、被刪帖，網路內容一夜消失。到了今天，陳至潔觀察，「以官方的立場來說，是滿成功的，民間的輿論場、獨立的聲音現在已經病入膏肓，變得非常薄弱，也很脆弱。」

「二〇一二年之前，最多被刪帖、七天不准發言，習（近平）上臺之後，不只刪你的帖，還封你的號……還可以逮捕你，行政拘留兩星期，」陳至潔表示，這加強了線上言論和現實的連結，給網友更大壓力。自二〇一三年起中國手機號採用實名制，而網上帳戶基本都要綁定個人手機號。

與此同時，中國政府主動出擊，搶占輿論陣地。二〇一一年，《人民網》首次發表評論，稱中國存在兩個輿論場，一個是黨報、國家電視臺、國家通訊社的主流媒體輿論場，另一是民間輿論場。這篇評論稱，官媒在社會熱點上「經常失語」，不被民間信任，並提醒共產黨「成為執政黨後，宣傳鼓動的本領不能丟」。

此後，官媒以年輕活潑的形象湧現網路。「它們用年輕人習慣的方式去圈粉，呈現的方式變得活潑，沒那麼僵化，」陳至潔說，這些媒體也獲得特權，例如一般微信公眾號規定一個號一天只能發布一次，但官媒沒有這個限制，「最大的官媒例如《人民日報》、《新華社》，它們一天都可以發到三十則，它用人海戰術，整個官媒好像大洪水的閘門都打開了。」

洪水般湧現的，還有大量親政府的、民族主義大V，目前比較著名的有占豪、孤煙暮蟬、金燦榮、司馬南、烏合麒麟、盧克文等帳號，他們以微博為基地，粉絲數均為上百萬，也有的同時開微信公眾號，每天以親政府或政府默許的立場，評論中國熱點和國際事務。他們在近年香港反送中運動、COVID-19病毒起源、中美衝突等熱點中表現活躍，成功將輿論引向政府立場。

中國媒體人、《南方都市報》與《新京報》前主編程益中早年活躍在微博，其帳號在二〇一二年年底被炸號。「這些年已經形成了一種習慣，（宣傳）已經形成了一種自動隊形，只要涉及中共利益的，都自動靠隊，而我們這些人已經被完全消音了，」程益中說，「我們現在看到的大V，都是經過這麼久的打壓和修理後，還被允許留下來的。」

陳至潔表示，據他瞭解，這些大V目前都有較為成熟的商業模式，部分帳號以流量帶來廣告、代言等龐大收入，不需要政府直接支持。「如果愛國是一門這麼好的生意，那他當然會繼續愛國呀，」陳至潔說，政府所要做的，只是給這些大V報時政新聞的特權，「你就站在政府那邊說話，政府不出半毛錢，就能夠有這麼大的聲量，那政府當然樂意。」

平行宇宙裡充斥「三國演義式的陰謀論」

程詩雲觀察，不少微信公眾號、微博大V很懂得捕捉中國網友的口味，擅長以充滿戲劇性的故事、未經核實的細節、比喻和段子來呈現複雜的國際事務。

例如占豪在二〇二二年三月十二日發文〈中俄聯手，這次終於摁倒美國！〉，以諸多細節和口語化方式來講述俄軍在烏克蘭發現生物實驗室和諸多病毒研究，「把美國逼急了」，並暗示新冠病毒並非自然產生，而是和美國有關。這篇文章獲得超過十萬次閱讀和大量支持言論，並傳至臺灣網路，也有臺灣知名學者在社群內轉傳。

「中國一般市民對於世界事務的理解，本質是三國演義式的，跟清朝的人在街上聽評書，講三國演義，是沒有區別的，」程詩雲認為，「三國就是充滿了權術和陰謀的，對於整個世界的理解、人與人之間的關係、政治活動的理解，整體上是陰謀論、權力鬥爭。」

在急速冒起的「當代三國演義」版自媒體背後，程詩雲認為，是公眾對專業媒體的不信任，最終導致不少人依賴自媒體來獲取訊息。「這三、四年我觀察到一個現象，許多人是靠抖音、小紅書來看新聞的，獲得的是高度碎片化的，演算法推給他們的消息。」

程詩雲坦承，自己近年已經對影響公眾失去了興趣。他透露，此次自己還有一定空間寫俄烏問題，只是被上級要求不能簡單歸納戰爭原因，「要說戰爭的原因是非常複雜多樣，是一系列外部因素綜合而成的結果。」這說法亦與中國外交部口吻一致。

與有恥焉：404 Not Found 背後的努力

中國仍存在一定數量關注社會問題的網絡媒體和自媒體，此次也努力呈現和主流輿論不一樣的現實。例如新媒體《正面連結》三月十四日推出報導〈殘奧會閉幕，烏克蘭代表團無家可歸〉，採訪了三位參加北京殘奧會的烏克蘭運動員，報導一度在網絡廣泛傳播，但很快被刪，其他自媒體接力轉發，又被刪。

另外，時尚雜誌《Esquire》開設的欄目「先生製造」三月一日也發出報導〈騎摩托逃離烏克蘭：一個中國留學生在路上的五天（歐洲來信）〉，同樣被刪。另外還有大量自媒體發出不同聲音，其中直接的反戰、反普丁呼籲通常很快被刪，但仍有部分深入爬梳俄烏歷史、分析俄羅斯戰爭成本的文章可以流傳。

「中國數字時代」網站以及 Telegram 頻道「簡中賽博墳場」不斷收錄被刪除的微博貼文、帳號和微信文章。近期刪帖集中在質疑中國疫情管控的，以及質疑烏克蘭生物實驗室的官方論述的，其中三月十日美國駐華大使館對於生化指控的回應，在微信上被禁止推送，微博貼文也被刪。

許汀認為，身處這樣的制度環境，要不斷提醒自己網路上呈現的言論比例並不完全代表真實民意的比例，現實世界中仍有許多不同聲音，她身邊也有大量朋友持反戰立場。她也希望可以持續去理解世界的複雜性，在反戰的同時，「也不要完全美化烏克蘭，醜化俄羅斯的人。」

她留意到網上有一群中國國際主義者發出一份反戰聲明，題為「與有恥焉」，聲明表示：「這不是俄羅斯人和烏克蘭人之間的戰爭，而是普京和拜登及各自所代言的超級權力之間的戰爭，這是沒有勝利者但有無盡受害者的戰爭。」「我們捍衛烏克蘭民眾決定自己命運的權利，也捍衛俄羅斯民眾（以及其他生活在威權主義地區民眾）表達對自己政府異見、與受侵略者建立團結的權利。」

「我很認同這份聲明，我希望反對的是一切強權，但不要用極權和自由的二元對立，來抹煞一個地方的人的複雜性，」許汀說。

她承認，在中國內部，要對抗這樣的「信息汙染」是愈來愈難了。二〇一九年，她曾和一個從來不翻牆的朋友講述香港民主運動的前因後果，講了六個小時，也不時在網上詳細反駁一些觀點。「現在感覺很疲憊，（信息汙染）已經無孔不入，哪怕我有耐心解釋，對方也不一定有耐心聽。」

來自武漢、目前生活在美國的 Lewis 這幾年也一直嘗試把平行宇宙中的另一些新聞、論述甚至學術論文搬到防火牆內。「香港的事情、武漢爆發疫情的時候，我都在微信跟很多人吵起來，我的中學群裡有三、四百人，很多人生活在外國，但立場都親中國政府，我就一個人跟三、四百人辯論。」

Lewis 說，因為被刪帖太多，他過去一年多已經很少在牆內發言。二月二十四日，戰爭爆發，他去參加了洛杉磯的反戰遊行，結束後打開微信，看到一片挺俄言論。他忍不住將反戰遊行現場的照片發到微博，帖子很快爆火，最初大多留言持支持態度，隨後更多人來責罵，並表示俄國在烏克蘭開戰「就像當年的抗美援朝」。這個帖子獲得超過二萬個點讚、五千多條留言、三百多個轉發。

二月二十六日凌晨，帖子被刪，Lewis 被微博禁言三十天。「我都沒有陣地去反駁他們了。」

大翻譯運動：企圖打破戰狼的平行宇宙

另一些人正嘗試組織反向傳播：將中國網路上的輿論翻譯成英文，記錄在 Twitter、Telegram、Discord 等平臺上，名為「大翻譯運動」。

我們透過 Twitter 聯絡到參與這項翻譯行動的志工 Benjamin，他表示「大翻譯運動」由身處世界各地的華人志工組成，為保安全，志工之間不透露真實姓名和居住地。二〇二二年二月中，俄烏問題增溫，他們開始翻譯中國官媒的相關報導、網路熱門評論和具爭議性的帖文，並發布在網上。除英文外，偶爾也翻譯成日文、韓文。

Benjamin 表示，這項運動是為了讓海外的人瞭解在中共政治宣傳下輿論會如何扭曲俄烏戰爭，以逐步引起國際媒體、外國社會關注和討論，甚至以實際行動去回應中國發布的不實訊息。

烏克蘭戰事受到全球矚目關注，平行宇宙中的「中國真相」這次也不再停留在鍵盤和螢幕，正在現實戰局中產生影響。

中國網友在戰事爆發之初，一度戲謔調侃，表示中國男性可以「收容烏克蘭美女」。這些言論被烏克蘭網紅翻譯之後，引發當地排華情緒，一些身處烏克蘭的中國人一度呼籲中國網民停止相關言論。中國駐烏克蘭大使館本在二月二十四日呼籲，撤僑時中國人可以在車上貼上「中國國旗」，網路言論跟進回顧《戰狼2》中演員吳京高舉中國國旗、安全通過戰區的畫面；隨後大使館突然改變口風，呼籲中國公民要隱藏身分。

李方正感覺，中共營造的政治宣傳，確實影響著許多人對現實的判斷。「我感覺很多人真的相信戰狼，覺得一個中國人拿著國旗，到國外的戰場上，人家雙方都會停火讓你過。這個你覺得是神經病吧？但真的有市場，真的有人相信。」

現實國際關係裡，輿論戰的可能後果

隨著戰事膠著，俄羅斯多方戰線停滯，並且在國際上被絕大部分國家制裁和圍困，輿論關注俄羅斯將付出的慘重代價，以及作為「戰略夥伴」的中國在東西陣營中將如何抉擇：將撇下燙手山芋，抑或被俄羅斯拉入深坑。

不過，這些並非中國網路熱點。在三月中旬開始，以微博觀察，對戰事的輿論有降溫之勢，但議題設定仍集中在反美和戲謔。三月十八日，中國外交部發言人指當美國向烏克蘭提供武器援助時，中國向烏克蘭提供的是食品、嬰兒奶粉、棉被等用品，抨擊美國「過去二十年空襲致死四．九萬平民」，此番言論遭烏克蘭副總理回應「我們不需要毯子，缺的是防禦我們土地的武器」，並稱中國這番言論配不上大國地位，但這一回應在中國網路上被刪除；同一天晚上，習近平和美國總統拜登進行視訊通話，隨後中國報導強調習近平指中美要共同負起維護世界和平的大國責任，而美方則強調拜登說如果中國向俄提供實質支持，將面臨影響和後果。

Twitter 的「大翻譯運動」社群（圖片來源：網路截圖）

程益中認為，過去十年中國政治宣傳持續「打造一個戰時狀態的國家」。「但所有這樣在網上（使用）鍵盤的人，都認為自己不用真的去打仗，真的去上戰場，」程益中說，這樣的輿論戰最終很可能會造成北京當局自己的誤判，「就像這次的普丁，他活在自己的意識形態中，一開始真的覺得烏克蘭人民是等著他去搭救的。」

這樣帶風向的操作，也吹到臺灣許多社群，隨著內容農場產業鏈散播。陳至潔認為，這樣的政治宣傳在臺灣很難獲得全面成效，「大家的文化、意識形態太不一樣，反而會加深（多數）臺灣人對中國的負面印象。」但在海外華人群體——特別是仍然使用微信的群體中仍有影響，陳至潔認為，長久會造成華人和當地群體的緊張感和衝突，甚至影響外國的選舉、施政等。

近年在外國採訪時，程詩雲也常常體會到中國大外宣的威力。即使在其他國家，也不時有當地人問他：「（新冠）病毒到底是中國搞出來的還是美國搞出來的？」

目睹近年的平行真相，再觀察烏克蘭戰事的種種輿論，他生出一種擔憂，想起以前看過的二戰歷史。一九三七年，日本侵略中國，日本報紙上刊登新聞，佯稱開戰起源是他們在北平郊外聽到槍聲，同時走失了一個士兵，認為開槍者是駐守盧溝橋的中國士兵，進而要反擊。

「以前我覺得這種事情，（在）現在不可能發生。這次我好像突然有點理解，這一切是怎麼來的。」

（本文感謝台灣資訊環境研究中心〔IORG〕整理和分享微博熱搜、中國官媒引述俄國官媒次數以及協同分享的Facebook粉專等資料。）

1　本報導為《報導者》與自由亞洲電台（RFA）中文部共同製作。為尊重受訪者意願，文中許汀、李方正、張天哲、程詩雲、Janice、Benjamin 均為化名。

2 大V是指在中國微博等平臺上獲得個人認證，擁有眾多粉絲的公眾人物，類似臺灣用語KOL（網路意見領袖）或網紅。V即 verify，獲得個人認證後，網路暱稱後會出現大寫的V。

3 以往中國東北人見俄羅斯人多毛髮，因而流傳的民間稱呼。

4 中國翻譯用語，指一些有害如色情、暴力的訊息、虛假或誤導性的新聞、大量重複性的訊息無秩序地在網絡上泛濫成災。

5 獨立國家聯合體，或稱獨立國家國協，是蘇聯解體後由部分原蘇聯加盟共和國協調成立的國家聯盟，行政架構及運行模式與英聯邦類似，屬區域性政治組織，總部設在白羅斯，主席國為俄羅斯，目前有九個成員國、一個聯繫國。烏克蘭在一九九一年加入，二〇一八年因克里米亞危機和頓巴斯戰爭退出。

6 即俄羅斯總統普丁。中國翻譯為普京。

7 在中國輿論或網路上，意指比較受廣大群眾關注、歡迎的新聞或資訊，或當時引人注目的問題。

8 SWIFT 指環球銀行金融電信協會的國際支付網路。

9 微信為中國最常用的通訊軟體，它設有平臺讓媒體或商家開設公眾帳號，透過文字、圖片、語音、影片的方式發放資訊，以及與追蹤者互動。

10 http://fjlib.net/zt/fjstsgjcxx/zbzl/rdzt/202004/t20200414_432091.htm

11 用言行促使人發火或使火氣更大，點火、火上加油之意。

12 內容農場是指為了創造流量、賺取網路廣告分潤建立的網站，它們多以各種合法、非法手段大量生產文章，原創性少，內容的真實性難以確認。

13 自二〇一三年開始，以《南方週末》新年獻詞為標誌，中國以南方系為首的自由派媒體不斷遭整肅，體制內外的媒體可以操作時政議題的空間愈發狹小，網路言論空間也不斷緊縮，延長禁言事件，並且開始使用實名制，網上發表敏感言論的，甚至會被行政拘留。「用圍觀改變中國」的微博也同樣收緊，網信辦多次約談和罰款，二〇二一年三月十五日開始甚至直接進駐豆瓣等互聯網公司，整頓社交平臺。

2 今日烏克蘭，明日臺灣：拆解俄烏戰爭的資訊操弄[1]

文字——孔德廉

俄羅斯入侵烏克蘭至今，俄方發動的網路戰仍未停歇。不實訊息經過二次加工，從簡體中文世界一路蔓延到繁體中文世界裡。

台灣資訊環境研究中心（IORG）的共同主持人游知澔，在研究這波中文世界裡的宣傳攻勢時發現，過去幾年中國對臺認知作戰的宣傳（propaganda）手段與源自俄羅斯官媒的中文攻勢合流，乘著戰事在臺灣社群裡掀起新一波的「資訊操弄（information manipulation）」。[2]

結合資料科學、社會科學和媒體專業的IORG，成立於二〇一九年，是一個以反制極權擴張為研究領域的跨界民間組織。早在俄羅斯入侵烏克蘭戰事發生前，他們就開始從Facebook、LINE、微博等各種社群媒體、網站和新聞報導內容，持續蒐集資料與數據，範圍涵蓋簡體中文和繁體中文；時間則是從二〇二一年十一月俄羅斯在邊境大量集結軍隊開始，一直到二〇二二年二月底。在一共爬梳六千七百三十二萬筆資料後，他們於三月初正式發布〈俄烏戰爭下的資訊操弄：批烏、批美、挺俄、棄臺〉。

此報告中，IORG一共統整出十二項在繁／簡體中文世界（後統稱為中文世界）裡流傳的「資訊操弄論述」，範疇從「烏克蘭挑釁引發戰爭」、「美國和烏克蘭支持新納粹」，一直到「今日烏克蘭，明日臺灣」都有。這些內容有的因事實錯誤，有的是錯誤類比，有的屬於不當推論，而被IORG歸類為資訊操弄。

從中國一路吹往港臺的不實訊息

作為主要研究者之一，游知澔在這十二項資訊操弄論述中，挑出臺灣輿論環境中最常見的幾個例子來說明，它們分別是「美國、烏克蘭支持新納粹」，以及「今日烏克蘭，明日臺灣」。

游知澔指出，新納粹的論點其實從開戰前就在中文世界裡流傳，主要由大量簡體中文文章組成，同時經多個Facebook粉絲專頁轉傳。文章內容從聯合國對美化納粹主義的反制投票案作為開端，批評烏克蘭支持其境內的極端民族主義者和納粹合作，讓親納粹群體系統性地滲透烏克蘭政府。

為了更清楚地看出該論述的傳播過程，我們與IORG合作，整理並分析出新納粹論點的源頭和傳播節點。結果發現，早在二〇二一年十一月十三日就有一篇名為「西方国家再陷丑聞！培養新納粹分子，加拿大部分政客正在突破底线」的簡體文章在Facebook粉絲專頁「華人國際」上刊載。

點開此文，裡頭援引俄羅斯官方媒體《今日俄羅斯》電視臺作為消息來源的報導，文中批評北約和烏克蘭政府重用奉二戰納粹為偶像的民間軍事組織「亞速營」分子，來打擊俄羅斯，同時也點名美國、加拿大為首的西方國家提供新納粹分子幫助，讓烏克蘭成為新納粹主義最猖獗的幾個國家之一。

在二〇一九年的議會選舉中，與亞速營相關的極端民族主義政黨斯沃博達（Svoboda）、右翼部門（Right Sector）和國民兵團之間的聯盟只獲得了不到二％的選票。此外，根據英國的國際戰略研究所（International Institute for Strategic Studies，IISS）二〇二二年所發布的報告指出，烏克蘭在二〇二二年年初共有十九萬六千名士兵和六萬名國民警衛隊成員。以此推估，亞速營在烏克蘭的武裝部隊中占比不超過二％。

不只是官方色彩濃厚的《今日俄羅斯》電視臺成為訊息源頭，十一月十四日，在微博上擁有一千一百六十二萬粉絲、同為俄國官方喉舌的《俄羅斯衛星通訊社》也發布文章，以同一論調指稱「美烏投票反對打擊納粹主義」，而內容隨即引來不少中國國內網民的共鳴：「美國就是納粹」。

俄國侵烏戰爭中，中文世界裡流傳的十二大資訊操弄論述

1. 中國外交部迴避俄烏戰爭立場，國臺辦批評民進黨「倚外謀獨」
2. 俄烏關係就像前夫前妻
3. 北約、烏克蘭挑釁，所以俄烏戰爭爆發
4. 聯合國投票打擊納粹，只有美國、烏克蘭反對
5. 美國訓練烏克蘭新納粹「亞速營」，殘害烏東人民、暴力推動港獨
6. 蘭德公司：拜登政府不要把俄、中逼得太緊，防止引發世界大戰
7. 俄羅斯承認烏東兩地獨立，就像美國承認科索沃獨立；俄羅斯併吞烏克蘭，就像美國併吞德州
8. 烏克蘭「去俄羅斯化」，罔顧國內俄人權益，所以俄羅斯入侵是正當的
9. 烏克蘭是對臺軍事威脅的主要幫凶
10. 烏克蘭有一百八十個邦交國，沒人救援，所以臺灣也不會有
11. 今日烏克蘭，明日臺灣
12. 美國把烏克蘭當棋子，引發戰爭，所以臺灣不該當美國棋子

（資料來源：IORG）

這類西方國家支持新納粹的論述由俄方發起後，後續則由中國官媒接力傳播。二〇二一年十一月十五日凌晨四點，一篇《環球時報》的報導上線，文內點名烏克蘭政府正與民族激進分子和親法西斯組織調情，是公開紀念納粹的同謀。

隨後的一個月裡，論述開始經由內容農場和 Facebook 粉絲專頁來傳播。在IORG表列的傳播節點裡，「綺綺看新聞」、「華人世界」、「全球華人軍事聯盟」等 Facebook 粉專，接連數天轉傳和發布相同文章和論點。

其中，新納粹的論述也順勢成為香港親中媒體的素材。二〇二二年二月，香港《文匯報》一篇沒有記者署名的報導就進一步將矛頭指向香港反送中運動：「烏克蘭的新納粹已把黑手伸向其他國家和地區，包括兩年前參與香港的黑暴活動」。文章指控烏克蘭的「亞速營」納粹分子與港獨分子進行串聯，因此新納粹極端思想是中國和西方的共同敵人。

IORG觀察到，新納粹論述的建立成了俄羅斯出兵的正當化理由，同時站在大斯拉夫民族的立場，他們要將烏克蘭從納粹手中解放出來，讓「烏俄一家人」重新成為現實。而這個論述推演到臺灣時，便成為過去幾年中共官方長期推行的主張：「兩岸一家親」。下面這則在 LINE 中流傳的訊息便是資訊輸送到臺灣後的變型案例：

> 烏克蘭和臺灣長得一樣，但是不同父母生。
>
> 烏克蘭獨立之後人民並不認同貪瀆的政府，許多人民尚需要跨國返鄉探親，人民對政府並不信賴，而且反感。臺灣在李賊上臺之後人民並不認同貪瀆的政府，破壞憲法體

Fact Check：亞速營

亞速營（Azov Battalion）為一準軍事單位，後改稱為亞速軍團（Azov Regiment）。據法新社（AFP）報導，他們駐紮在烏克蘭東南方的馬里烏波爾（Mariupol）。起初在烏克蘭東部對抗親俄分離主義分子，之後納入國民警衛隊，受內政部指揮。亞速軍團約有二千至三千人不等，詳細數據並未有過統計；其成員一開始大多是志願者，他們配戴被稱為「狼之鉤」（Wolfsangel）的徽章，圖案類似納粹德國的親衛隊第二師標誌。

Fact Check：聯合國反對美化納粹決議草案

該項論述主要指的是二〇二一年十一月十二日聯合國社會、人道主義和文化委員會（第三委員會）通過的決議草案。該草案主要由俄羅斯等國發起，內容主要是在講述美化納粹運動與新納粹主義的行為須被禁止，特別是在社群網路上。投票結果，共有一百二十一票贊成 、 二票反對（烏克蘭、美國）、五十三票棄權。

對於投下反對票的原因，烏克蘭代表譴責草案文本「明顯操縱歷史敘述」，包括對史達林政權的頌揚。美國方面，代表團隨後也發布聲明指出，該草案幾乎不加掩飾地讓俄羅斯的不實訊息宣傳（disinformation campaigns）手段合法化；此外，美國最高法院一向認為言論自由和集會結社自由是憲法保障的最高權利，即便納粹對異端的仇視是可恥的，他們仍享有這些自由，美國並不會因投下反對票就支持納粹信條和類似的仇恨言論。

制國營事業民營化圖利財團，人民對政府並不信賴，而且反感。尤其泯燼黨執政更令人民嘔心。

拯救人民行動。

蘇聯為了國家領土完整、拯救人民生存權，不惜重兵出擊烏克蘭政府機構，並沒有攻擊平民百姓，戰爭期間，人民一樣上下班一樣逛街，反正是攻擊貪瀆政府，人民當作是在放煙火。烏克蘭人民期待回歸的日子到來。

中國是否願意效仿蘇聯只攻擊貪瀆的政府機構？！我們拭目以待！

游知澔解釋，從新納粹、與港獨的串聯、到兩岸一家親，他認為，這些論述中過度放大了亞速軍團的人數和實質影響，同時將結論進一步推導至港獨和兩岸一家親等錯誤方向和詮釋，不只是簡化歷史，也間接替中國編織入侵臺灣的正當理由。

「今日烏克蘭，明日臺灣」的恐慌

在十二項操弄論述中，結合了第十一和十二項論述的「今日烏克蘭，明日臺灣」也是在臺灣社群中傳播力道強勁的例子，甚至由陸委會和總統接連出面澄清。

調查這項論述傳遞的過程裡，我們也透過IORG就時間序進行分析。我們發現內容農場「密訊」（mission），也在戰爭發生前的二〇二二年一月中旬發布新聞，寫到「臺灣和烏克蘭同是北約的擋箭牌、同樣會被美國當成棄子，因此今日烏克蘭，明日臺灣狀況指日可待」。該文章短短二十秒內，便被分享到五個以上的粉絲專頁上，同時大量流入LINE和各種論壇，屬於「群聚分享」[3]的例子，試圖激起臺灣人對於戰爭的恐懼。

二〇二二年二月底，這個論點在臺灣社群媒體的討論度達到頂峰。

在議題熱度一向最高的PTT八卦版裡，以「今日烏克蘭，明日臺灣」為題的貼文一天就有上百則，討論從臺灣兵役制度的不足到中國侵臺的可能都有。一名曾參與聲援烏克蘭遊行的劉姓青年在不斷滑動PTT文章時感到焦慮不已，他接受我們採訪時指出，開戰以來他的心情起伏很大，擔心烏克蘭的情勢成為兩岸開戰的藉口，畢竟天天都可以看到共軍軍機侵臺的新聞。

面對臺、烏處境相似而在網路引起的熱議，陸委會副主委邱垂正在二月二十四日俄軍開戰當天召開記者會出面駁斥。會中，他強調臺灣與烏克蘭在地緣戰略、地理環境及國際供應鏈的重要性，都有「本質上的不同」。同一時間，總統蔡英文也在她的粉絲專頁上說明，政府各單位應加強防範境外勢力及在地協力者所發動之認知作戰。

回頭省視操弄論述的煉成，我們發現這些訊息傳播的節點與方式過去就曾存在。在IORG統計的十二項操弄論述中，包含「婷婷看世界」、「觸極者The Reacher」、「华人世界」與名稱包含「全球華人」的數個Facebook粉專，以及「密訊」等內容農場，都在過去幾年扮演假訊息的重要協力傳播的角色。

二〇一九年，我們就曾在〈風向戰爭與它的推手〉調查報導[4]指出，馬來西亞蒲種市

（Puchong）的余國威建立了一系列的 Facebook 粉絲頁、社團和內容農場網站，包括「全球華人風雲聯盟」、「全球華人臺灣聯盟」與「慧琪世界觀」等，有超過三十萬名粉絲和社團成員，旗下社團與網站大量轉發親中意識形態，讚揚中共成就。

其中，余國威旗下的「慧琪」粉專與一系列粉絲頁中的「琪琪看世界」、「琦琦看新聞」、「琦琦看軍事」、「琪琪看生活」使用一模一樣的頭像、網站前端程式碼與資訊操縱模式，顯示網頁背後是由同個帳號、同個人或組織在觀察和使用。當中「琦琦看新聞」與「全球華人」系列粉專就是傳遞新納粹論述的節點之一，且模式與二〇一九年幾乎如出一轍。

另一方面，充斥浮濫內容和不實訊息的內容農場「密訊」，也正循著過往的慣例在臺操作人工輿論。

二〇一九年，我們調查到「密訊」這個內容農場中的「新聞」，幾乎全是透過抄寫或改寫而來。我們根據事實查核平臺「Cofacts」的資料庫來進行比對，發現所有檢舉內容中，光是針對「密訊」就提出過三十九篇待查證要求，而其中正確訊息僅有四篇。

為此，Facebook 曾以散布虛假訊息為由下架「密訊」的粉絲頁面，但它靠著不斷建立分身來規避平臺封鎖，持續用大量不實訊息包裝成的「新聞」，來攻擊民進黨的執政不力和政策失靈，也靠著和中國媒體互相拉抬來創造聲量，大量親中、促統的觀點透過這臺高效率的政治宣傳機器，對著臺灣人強力放送。即便它們曾短暫下架，但從未中止運作。

而侵烏戰爭中，「密訊」也持續發聲。像是一篇〈默許俄羅斯入侵？拜登語出驚人　網不意外：今日烏克蘭明日臺灣〉的文章，在一月下旬先是被「青天白日正義力量」這個擁有十多萬按讚數的粉絲專頁轉傳，也在數秒內被分享至四個同性質的社團。接著隸屬於福建報業集團的《台海網》也跟進發布相同內容，種種跡象皆顯示過去輿論操縱的痕跡依然在俄烏戰事中發揮影響。

俄羅斯官媒的中文化攻勢

臺灣遭受不實訊息攻擊的程度有多深？

台灣事實查核中心（TFC）總編審陳慧敏認為，遠在俄烏數千公里外的臺灣在戰事中遭受不實訊息攻擊的程度，並沒有因為距離而減少。從二〇二二年二月二十四日到三月中旬，他們已經完成三十七則與臺灣相關的查核報告，內容從戰爭傳言到影片變造都有。他們也與國際事實查核聯盟合作，將全球各地查核訊息彙整為「俄烏戰事查核報告資訊庫」。

陳慧敏指出，戰爭恰好映照出臺灣資訊生態的脆弱，烏克蘭總統澤倫斯基逃跑的消息如何一路從俄羅斯官媒、中國官媒到進入臺灣成為報導和評論，便是一則令她印象深刻的例子。

二月二十六日、開戰後兩日，《俄羅斯衛星通訊社》便引述俄羅斯國會下議院（國家杜馬）議長沃洛金（Vyacheslav Volodin）的說法，以中文報導澤倫斯基已經匆匆離開基輔。同樣消息也登上不少臺灣媒體版面，文內雖載明消息未經證實，但仍以「找不到人」、「逃跑」作為標題。相同報導也在中國官媒《環球日報》的英文版[5]上見到。

即便澤倫斯基當日就現身社群平臺拍片闢謠，[6]說明自己「愛慢跑、沒逃跑」，但消息傳入中文世界反而經過一再「突變」。陳慧敏觀察，報導發酵後網路跟著出現不少圖卡和論述來影射臺灣高官不會死守家園，而是早已從多次「演習逃跑」中取經。

戰場前端的不實訊息演變成對自家政府的不信任，陳慧敏認為不只是因為臺灣身處「資訊空白區」易受虛假訊息攻擊，另一方面也是因為既有的媒體生態需要迅速建構現場狀況和發稿，因此大量中文化的俄羅斯官媒如《今日俄羅斯》電視臺以及《衛星通訊社》等，便容易作為訊息來源被引用。

熟稔多種語言的台灣國防研究政策會研究員魯斯濱，已在臺灣生活和工作五年，他平時的閱讀習慣是同時看中、英、俄三種語言的新聞。魯斯濱在這次戰爭中發現，臺灣媒體上特別頻繁地出現俄羅斯官方的發言、立場和論述，特別是引用俄國官媒中文版網站的內容。「這是過往不曾有的現象，我周遭很少有人知道俄羅斯官媒的中文化，大家都認為（中文化）只是為了滿足俄羅斯公務員的日常ＫＰＩ。」

但他也認為，這次戰爭卻恰好反映長久以來俄羅斯官媒中文化的進展。

早在二〇一六年，這股中文化的趨勢就已開展。當時《中國新聞社》和《今日俄羅斯國際通訊社》簽署合作協議，同意進行稿件互換、聯合採訪等。二〇二一年，《今日俄羅斯國際通訊社》也在中俄媒體論壇上表示，他們「主要合作對象過去、未來都是中國」。

魯斯濱認為，中文化的遠因或許也與二〇一七年美國司法部根據《外國代理人登記法》（*Foreign Agents Registration Act*；ＦＡＲＡ）要求《今日俄羅斯》電視臺和《衛星通訊社》需登記為外國代理人有關。當時美國就指稱上述官媒為俄羅斯政府傳遞策略性訊息，試圖影響政治、分化美國，這也使得俄方透過英文宣傳的目標受挫，因而轉向擁抱中文。

即便過去數年，俄羅斯的官方媒體因宣傳性質而屢屢備受歐美制裁，此次戰爭裡，上述兩家媒體也因替戰爭宣傳，而遭歐盟宣布禁止播送。然而自開戰以來，俄羅斯官媒在微博和中文版的新聞網站上，仍舊不斷放送有利於俄方的戰事成果與視角。這些論述並沒有因為制裁而停歇，而是隨臺灣媒體的報導進入民眾視野。

為了理解俄方官媒中文化的影響，我們也請IORG對數據進行盤點。統計了近四個月來的中文報導，發現其中至少有四百則以上的文章直接引用俄羅斯官媒作為訊息源頭，但仔細省視卻多是澤倫斯基逃跑、俄羅斯已控制烏克蘭領空、或是美國暗助烏克蘭發展生化武器等不實內容。

游知澔指出，此次傳播鏈中可以歸納出訊息操作過程：先透過俄羅斯官媒發布、由中國官媒助攻，最後再經過編譯躍上臺灣的新聞版面，或成為社群平臺裡的文字和圖卡。這些角度一併構成民眾眼裡侵烏戰爭的樣貌。

新聞編譯如何填補戰爭迷霧中的訊息空缺

當媒體和編譯工作被指稱為傳遞操弄訊息的途徑，這些產製國際新聞的工作者們也不是沒有懷疑過官方的說詞。以編譯深度內容的《轉角國際》為例，時任《轉角國際》主編張鎮

資料來源：IORG 統計；資料整理：孔德廉

17:41:42

全球華人軍事聯盟｜Facebook

【論述內容】

联合国大会通过谴责纳粹主义决议，仅有美国和乌克兰投票反对

▸ **2021/12/18**

08:52:47

迷彩虎｜Facebook

【論述內容】

联合国大会通过谴责纳粹主义决议，仅有美国和乌克兰投票反对

▸ **2021/12/19**

22:43:12

世界談談看｜Facebook

【論述內容】

美式民主在联合国遭冷遇，反对票只有乌克兰跟随

▸ **2021/12/20**

08:26:17

琪琪看大馬｜Facebook

【論述內容】

美国成了孤家寡人，大是大非问题对抗全世界，几乎被所有盟友抛弃

09:35:20

琦琦看新聞｜Facebook

【論述內容】

美国成了孤家寡人，大是大非问题对抗全世界，几乎被所有盟友抛弃

▸ **2022/2/25**

11:21:16

大公文匯全媒體｜Facebook

【論述內容】

你知道嗎？烏克蘭「新納粹」勢力曾於 2019 年滲透香港！

俄烏戰爭中的「新納粹」操弄論述如何傳遞

▸ **2021/11/13**

18:35:00

華人國際｜Facebook

【論述內容】

西方国家再陷丑 ！培养新纳粹分子，加拿大部分政客正在突破底线

▸ **2021/11/14**

11:39:00

俄羅斯衛星通訊社｜微博

【論述內容】

美国再次投票反对打击美化纳粹主义决议案莫斯科对此感到遗憾

▸ **2021/11/15**

04:01:00

環球時報｜中國官媒

【論述內容】

" 打击美化纳粹主义、新纳粹主义 " 决议案获得通过，美国和乌克兰投出反对票

▸ **2021/12/14**

04:01:00

全球華人科技聯盟｜Facebook

【論述內容】

僅 2 國反對，聯合國高票通過俄羅斯提案，美國 " 威脅 " 不管用了

▸ **2021/12/17**

15:31:34

兵部尚書｜Facebook

【論述內容】

僅 2 國反對，聯合國高票通過俄羅斯提案，美國 " 威脅 " 不管用了

15:31:40

看看新闻｜Facebook

【論述內容】

僅 2 國反對，聯合國高票通過俄羅斯提案，美國 " 威脅 " 不管用了

15:31:44

华人新闻｜Facebook

【論述內容】

僅 2 國反對，聯合國高票通過俄羅斯提案，美國 " 威脅 " 不管用了

資料來源：IORG 統計；資料整理：孔德廉

09:30:35

無色覺醒｜Facebook

【論述內容】

今日烏克蘭明日臺灣

09:30:39

大新聞大爆掛｜Facebook

【論述內容】

今日烏克蘭明日臺灣

▸ 2022/2/15

14:18:14

中國台灣網

【論述內容】

美澳国防官员称＂台湾比乌克兰重要＂害怕大陆趁俄罗斯出兵顺势＂武统＂台湾

15:05:52

海峽之聲

【論述內容】

美澳国防官员称＂台湾比乌克兰重要＂害怕大陆趁俄罗斯出兵顺势＂武统＂台湾

▸ 2022/2/23

21:18:00

中國台灣網

【論述內容】

蔡英文就乌克兰情势做出 4 点＂指示＂，＂台独＂后背发凉了？

「今日烏克蘭明日臺灣」操弄論述如何傳遞

▸ **2022/1/21**

11:33:00

青天白日正義力量｜Facebook

【論述內容】

默許俄羅斯入侵？拜登語出驚人　網不意外：今日烏克蘭明日臺灣

11:37:26

藍戰將網軍粉絲團｜Facebook

【論述內容】

默許俄羅斯入侵？拜登語出驚人　網不意外：今日烏克蘭明日臺灣

11:37:33

華人聊天｜Facebook

【論述內容】

默許俄羅斯入侵？拜登語出驚人　網不意外：今日烏克蘭明日臺灣

11:37:39

藍天再現中華民國｜Facebook

【論述內容】

默許俄羅斯入侵？拜登語出驚人　網不意外：今日烏克蘭明日臺灣

11:37:45

神力女超人藍戰將｜Facebook

【論述內容】

默許俄羅斯入侵？拜登語出驚人　網不意外：今日烏克蘭明日臺灣

▸ **2022/2/7**

09:30:05

正常發揮｜Facebook

【論述內容】

今日烏克蘭明日臺灣

宏解釋，以侵烏戰事來說，他們的訊息來源除了參考具公信力的各國主流媒體外，也會納入俄國的獨立媒體《Meduza》、《Novaya Gazete》等，以及關心該領域的資深媒體人說法。

當需要報導俄國官方說法時，張鎮宏的做法通常是選擇《俄羅斯通訊社》（*Tass*）的英文版作為素材，輔以《Meduza》等獨立媒體來做二次確認：「我的經驗告訴我，類似的爭議，官媒常常會出現俄版與國際版新聞稿用字遣詞完全不一樣的落差，寫稿時也會特別排除《今日俄羅斯RT》這類爭議媒體的資訊可靠性，畢竟RT的總編輯就是這波歐盟制裁名單裡的亮點人物。」

面對俄國官媒中文化所帶來的近用性，他強調，《轉角國際》規定除非是中國新聞，否則盡可能不用中文訊息來源；一方面是角度容易和中方重複，二來也是因為現成的資源就在眼前，反而容易在產製新聞時失去消化訊息和思考的空間。但張鎮宏發覺，直接引用《央視》報導和視角作為報導內容的媒體為數不少。

另一位資深的編譯小傑（化名）則有不同看法。他認為面對一天三至四篇的稿量壓力，很難逐字逐句完成這麼多的交叉比對過程，但基本查證仍是必須的，無論是俄羅斯官媒還是中國官媒，發言對象都必須為自己的說法負責；媒體可以引述這些宣稱，但不為這些宣稱背書，加入另一方的說法作為平衡就好。

根據台灣新聞記者協會統計，開戰前後，《報導者》還有《上報》、《鏡週刊》、《眼球中央電視台》、《天下雜誌》向記協申請了國際記者證，赴前線採訪使用，也有《華視》與《TVBS》前往波蘭採訪。但這些新聞媒體僅占整體的少數，要撥開戰場迷霧，除了遠赴現場或各種前線採訪外，關於戰爭的訊息大部分還是得仰賴新聞編譯。

但戰場遠在數千公里外，訊息的空白替資訊操弄創造出空間，除了傳統的內容農場與粉絲專頁串聯出攻勢，過去數年來，源自俄羅斯官方新聞的中文化，和經過加工的論述，更輕易地形塑出俄國和中國官方要外界讀的觀點。

在中文世界裡的讀者，面對造假的風向輿論，能做什麼？游知澔認為：「現在的訊息傳播環境已經變得太複雜，在這場戰爭中，臺灣能做的就是向烏克蘭人學習如何透過日常生活的閱讀、對話、練習，來強化自己的資訊判讀能力來對抗資訊操弄，這是強化民主防衛的重要基礎。」

1　本報導為《報導者》與自由亞洲電台（RFA）中文部共同製作。

2　根據IORG定義的「資訊操弄」，指「傳播具有至少一項以下特徵資訊」之行為：
「來源操弄」——所提及的事實，其來源資訊被證實為假，或無法被證實是否為真。
「事實操弄」——所提及的事實，其內容被證實為假、部分為假，或無法被證實是否為真。
「推論操弄」——推論內容，其事實基礎不足以支持推論結果。
「資訊操弄」行為可能同時具有「協同行為」的特徵：在新聞媒體、社交媒體、即時通訊平臺上，短時間內重複發布相同或高度相似內容，或相同連結的行為，稱「協同行為」。
在源自法國外交部「分析、預測與戰略中心」及法國「軍事學校戰略研究所」所發布的報告裡，也指出「資訊操弄」被理解為蓄意且大規模傳播造假或有偏見的新聞，而且是帶著有敵意的政治目的。

3　根據IORG定義，群聚分享是相隔一分鐘之內，超過兩個粉專同時轉發同一內容文章。

4 https://www.twreporter.org/topics/information-warfare-business

5 https://www.globaltimes.cn/page/202202/1253257.shtml

6 https://www.instagram.com/p/Casi5esgPT1/?utm_source=ig_embed&utm_campaign=embed_video_watch_again

3 全民應戰的未來：臺灣後備戰力需要什麼改革？[1]

文字——楊智強

國軍號稱擁有超過二百萬的後備大軍，並可在二十四小時內動員二十一萬五千名後備軍人投入戰場。但臺灣後備軍人過往的教育召集（簡稱教召）訓練內容不扎實，常給人入營「掃地、割草、無所事事」的印象。因此，國防部二〇二二年三月推出「新制教召」，除了將原本七天的召期延長至十四天外，也加強了教召訓練的強度，展現改革後備軍力的企圖。

新制教召是否真的可以增強後備軍人的戰力？我們採訪了多位教召員，[2]從他們的親身經驗來驗證，這次改革能否達到預期目的？我們也越洋採訪了前新加坡戰備[3]少校軍官，進一步瞭解同樣與周遭大國關係複雜的新加坡，如何打造備受專家推崇的後備軍人制度。

最「硬」教召跟過往有什麼不同？

四月初春陽光普照，將近中午時分，教召員溫曜隆從桃園市蘆竹區的住家出發，前往教召集合地點。上午八點到中午十二點是教召集合的時間，溫曜隆拖到最後一刻才去報到。從一般老百姓回到一個口令、一個動作的軍事制度裡，他百般不願意。

二十八歲的溫曜隆目前在軟體公司擔任工程師，距離二〇一八年從四個月的軍事訓練役退伍之後，這是他第一次收到教召令。從三月五日開始，溫曜隆要跟其他約六百位教召員一起渡過十四天、被稱為史上最「硬」、最扎實的教召訓練。

國防部於二〇二一年底改組成立的單位「全民防衛動員署」（簡稱全動署），在二〇二二年三月五日開始實施新制教召，預計在二〇二二年結束前，召集訓練二十五營、[4]共一萬五千位後備軍人。

過往七天的舊式教召訓練地點都是在營區內部，缺乏模擬戰時軍人需要在外野宿或是長途行軍的狀況。新

新制教召的射擊時數與戰鬥教練天數多於舊制教召

	舊制教召	新制教召
訓練天數	5~7天	14天
射擊訓練時數	12小時	28小時
手槍打靶子彈數	15發	35發
步槍打靶子彈數	21發	45發
機槍打靶子彈數	33發	69發
迫炮打模擬彈數	17發	34發
戰鬥教練時數	12小時	56小時
其他訓練	連以下戰鬥教練	連以下戰鬥教練，行軍宿營戰傷急救

資料來源：國防部全民防衛動員署

資料整理：楊智強

製圖：江世民

制教召的訓練內容增加了野外宿營、背槍行軍以及增加打靶的實彈射擊數量等改變。

「這次教召跟以前比起來，真的有比較『硬』，」從二〇一〇到二〇一八年為志願役士官、現年三十三歲的黃國賓說，過往他擔任教育班長時，只會把教召員帶到定點講課，大家坐在板凳上聊天殺時間。但在這一次訓練中，他的部隊真的到了戶外的戰時守備區域，讓教召員在自己負責的地點上、模擬戰時的狀況。

除此之外，新制教召招募人員的方式也跟過往隨機召訓的模式不同。新制教召是由訓練地點向外輻射，讓戶籍地在附近的教召員前往受訓。身為士官的黃國賓在這次教召訓練中，擔任溫曜隆的副排長；在過往四個月軍事訓練役中接受過通訊專長訓練的溫曜隆，則是黃國賓的傳令兵。在教召訓練前，兩位就曾在桃園市有過一面之緣。

為何是召集在地的後備軍人？除了讓教召員有保衛家鄉鄰里的感覺之外，在戰時，在地的後備軍人熟悉地形，是相當重要的優勢。

另一位跟溫曜隆與黃國賓被編在同一排的槍榴彈兵小羅，也是土生土長的桃園人。二十七歲的小羅個性好動、健談，他們在訓練的空閒時間，起鬨玩猜拳，輸的一方必須做伏地挺身。教召員在這十四天裡打成一片，除了認識新朋友、產生情誼之外，也知道戰爭爆發時，他們很可能要並肩作戰。小羅說：「戰爭來了，把性命交給認識的人至少比跟陌生人好啦。」

但回顧十四天的教召訓練，小羅跟溫曜隆都說，自己除了拉近跟同鄉者的情誼，也認識了未來一旦進入戰爭時期的友軍與長官之外，其他包括專業兵種該有的訓練，完全沒有複習到。像是編制為槍榴彈兵的小羅，在教召時一發槍榴彈都沒有打過。

裝備不足成教召成效隱憂

臺灣後備軍人編制零散，武器、裝備不足，因此長期受到軍事專家批評。《阿共打過來了怎麼辦？》一書的共同作者、Facebook粉絲專頁「王立第二戰研所」成員林秉宥指出，為了讓新制教召順利上路，陸軍在二〇二一年添購了二千多挺班用機槍給後備單位使用。「這代表在這之前，後備軍人沒有足夠武器可以用，」林秉宥說，以前教召的時候，單位之間會互相借用武器跟裝備，甚至訓練的人才也會互相支援，編制相當零散。

長期以來，教召是形式化的過場，理想中後備單位應該有自己的武器可用，卻長期以借用方式處理。而二〇二二年三月開始的新制教召，也沒有太多改變。擔任傳令兵的溫曜隆，照理得練習背上AN/PRC-77無線電機（軍中俗稱：拐拐），但他在教召訓練的十四天裡，一次都沒有背過。他們連上總共三個排，只有一個排的傳令兵有無線電機。當武器、裝備不夠，後備軍人的專長複習訓練就無法落實。

三月十二日於彰化縣二林鎮參加中部地區新制教召的巫柏賢說，教召編制裡，他被分派為營級的情報士官，工作應該是幫助長官蒐集各種地方情報、協助指揮判斷戰況。但他跟其他教召員一樣，只接受步槍兵的訓練，沒有人協助他複習情報士官的情蒐相關專業技能。

桃園跟彰化這兩梯次教召的接訓單位以陸軍的新兵訓練部隊[5]為主，新訓部隊的任務，是使從未受過軍事訓練的平民成為一個「合格的步槍兵」，並沒有針對其他專長進行訓練的人員。

缺乏足夠的裝備跟訓練人員的後備部隊，會有什麼結果？當戰爭爆發時，沒有合格的情報士協助長官蒐集情報、沒有通訊兵用無線電跟友軍聯繫。林秉宥說：「這支部隊連民兵都稱不上，不是一支有戰力的後備部隊。」

長期裁軍政策對後備戰力的影響

國軍後備單位缺乏人力、裝備的狀況，源自於過去二十年來裁軍的政策。

二〇〇〇年國防二法[6]通過後，二〇〇二年國防部將原本的「軍管區司令部」改組為「國防部後備司令部」，由三級上將擔任司令，跟陸、海、空三軍同等級，屬於國防部的一級單位。

但二〇〇八年總統馬英九上任時，兩岸對立的緊張情勢降低，政府政策轉向、開始更大幅裁軍，甚至在二〇一二年精粹案時，後備司令部降級為後備指揮部，將大部分訓練的任務分給陸軍與海軍等單位，後備指揮部只剩下後備動員與管理為主的業務，後備部隊的經費、人員、武器數量，都大幅縮水。

蔡英文政府在二〇一六年上臺，兩岸情勢出現變化，中國對臺文攻武嚇的威脅也逐年加劇。中國威脅論在美國受到重視，美國政府希望臺灣強化後備部隊的聲音也開始出現。

二〇一六年之後，臺美關係逐年升溫，雙方的軍事交流也愈加頻繁。二〇一八年十一月，美國在台協會主席莫健（James Moriarty）於美臺國防工業會議（U.S.-Taiwan Defense Industry Conference）上，首次公開建議國軍應該動手改革後備部隊。

從二〇一七至二〇二一年在全民防衛動員室[7]以少將階級任職主任的韓岡明，親身參與了臺灣國軍計劃改革後備軍力的討論與起步。他在接受我們的專訪時指出，是美國與國內軍事專家批評的雙重壓力下，讓政府啟動了後備軍人的改革。

蔡英文總統在二〇二〇年六月二十九日後備指揮部的活動時提到改革後備軍力，並在二〇二一年十二月二十日的全動署揭牌儀式上表示，「常後一體」（常備役跟後備役合作）、「後備動員合一」、「跨部會合作」等三大目標是全動署成立的目的。二〇二一年，全動室正式提升為全動署，人員從二十四人擴大為一百三十一人。

為了協助臺灣改革後備軍力，美國經過多年跟臺灣軍方的討論，決定讓雙邊的後備部隊進一步交流。因此，在美國拜登政府二〇二一年通過的《二〇二二財政年度國防授權法案》（*National Defense Authorization Act for Fiscal Year 2022*, FY22 NDAA）中，就有授權美國國民兵[8]跟臺灣國軍設置溝通窗口，深化互動。

二〇二一年退休的韓岡明，現為國防安全研究院的研究員，他長年研究後備制度，經常參加國際研討會、到他國參訪。「美國的國民兵是模組式軍隊，美國是攻擊方，打仗前讓國民兵在基地『受訓』後再上戰場，但是臺灣是守方，我們沒有這個時間，」韓岡明點出美國後備制度跟臺灣國情不相符之處。

他認為，跟美國國民兵交流是要學習戰場上的實戰經驗，但在後備制度方面，新加坡的

「戰備軍人」制度[9]比較適合臺灣。

「常後一體」關鍵：固定編組、原兵歸原位

新加坡跟臺灣相似，以徵兵的義務役兵源為軍隊主體，其他高專業部隊（如特種部隊）才由志願役兵源擔任。新加坡義務役軍人退伍後，會被編入「戰備軍人」列管十年，而且每位戰備軍人每年必須「回訓」（類似臺灣的教召）最少十四天。

資料來源：受訪者
資料整理：楊智強
製圖：江世民

新加坡大部分的後備單位是以「固定編組、原兵歸原位」的原則，召集戰備軍人入營回訓。韓岡明舉例說明：「我每年都來十四天、做原來的專業、拿原來的槍、睡原來的床，這部隊的人我全部都認識；下部隊、教召、

動員全部都在同一個單位，就這麼簡單。但我們目前還沒有辦法做到。」

新加坡一個旅級單位下面有三至五個營級單位，其中大部分人員是常備軍人、少部分是戰備軍人。當戰備軍人沒有回訓期間，武器是由常備軍人保養，裝備也跟常備軍人的裝備存放在一起。「這個就是固定編組、原兵歸原位，這樣才是蔡總統要的常後一體。」韓岡明強調，現在新制教召跟過去比起來可能真的比較「硬」，但如果沒有落實「固定編組、原兵歸原位」的原則，臺灣後備部隊的改革還有很長一段路要走。

為了進一步瞭解新加坡戰備軍人的制度跟細節，我們採訪了一位現年四十五歲、已從戰備軍人解除管制的關先生。

關先生服了二年半義務役，退伍時是中尉。因為他的專業是情報偵蒐軍官，特殊專長讓他原本只需要戰備十年的時間延長到十五年；再加上他表現活躍，每年「回訓」的時間也比一般戰備軍人的十四天還長，每年要入營三至四週。在義務役兵役加上戰備軍人管制總共十七年半以後，關先生的軍階為少校。

新加坡經驗之一：戰備軍人以執行「任務」作為回訓方式

新加坡戰備軍人每年訓練的時間不同，訓練內容也不同。這些訓練都是以「任務」為導向，跟臺灣教召的訓練內容完全不一樣。關先生的戰備單位是「國土防衛師」，國土防衛師的任務就是保護新加坡國內不受到外敵攻擊。他指出，有一年回訓的內容是「煉油廠遭到攻擊、發生爆炸」，他必須跟單位中的常備役人員以及其他的回訓戰備軍人，一起處理這個模擬突發事件。

新加坡的國土防衛師裡，包含了海巡人員、內政部公職人員，以及像他一樣的戰備軍人。當時，海巡人員就在煉油廠附近的海上維持保安、內政人員跟消防單位處理救災，而軍人負責現場維安、警戒跟人力支援。

關先生的任務就是負責情蒐，瞭解這個狀況發生的前因後果，再將資訊向上回報，讓上級可以做進一步的判斷。而這些突發事件的設定，戰備軍人都是回訓當天才得知，確實檢驗各部隊的反應能力。「建國到現在，我們知道是隨時準備打仗的……上面跟下面（馬來西亞跟印尼）都對我們虎視眈眈，隨時可能吃掉我們，」關先生說，新加坡的政府跟人民危機意識很強，所以願意在國防上花錢。

扎實的訓練會耗費相當大的國家預算，新加坡的國防預算超過國家GDP的三%，[10]但還有許多看不到的支出，加總後可能比帳面上看到的來得多。

新加坡戰備軍人的回訓有如部隊的小型演習，透過小型演習的方式讓部隊複習專業技能與被賦予的任務。關先生認為，義務役的兩年兵役比較像是讓新進的年輕軍人瞭解軍隊系統、熟悉自己的專業，讓他們在擔任戰備軍人時，面對戰爭來臨有能力上戰場作戰。

目前臺灣的常備部隊與後備軍人部隊，則沒有太多的協同作戰演習；軍隊跟民間單位間，也幾乎沒有常態性的演習與合作。韓岡明認為，新加坡的「動員演習」，也可以是臺灣借鏡的部分。

新加坡經驗之二：「動員演習」檢測全國臨戰時的反應速度

除了每年「回訓」的定期訓練之外，新加坡還有一個「動員演習」制度。動員演習涵蓋的範圍除了常備跟戰備部隊的單位之外，也會動員一般的民間單位，屬於全國性質的演習。

舉例來說，新加坡國防部下的主管單位會提前一、兩個月前告知某民營客運公司，必須在特定一週的時間裡隨時準備接受動員。若政府在那一週下達動員令，客運公司就必須在幾小時內動員人力、車輛，準備配合軍隊投入戰爭。

「（新加坡的）動員演習過往十幾年比較單一，只存在於軍隊裡，近幾年開始跨到民間，真的就是跨部會的演習，」關先生說。

新加坡無論是戰備軍人的回訓還是全民參與的動員演習，都符合了總統蔡英文想達到的「常後一體」、「後備動員合一」、「跨部會合作」三大目標。只是，國軍目前每年都會發動員令給後備軍人，卻沒有真的全體動員演練過。「我認為應該要全體動員看看，看我們到底能不能做到，」韓岡明說。

參加了史上最硬教召的黃國賓認為，後備單位應該要參加實戰單位的「聯勇操演」（僅次於漢光演習的三軍聯合作戰演練），或是教召時跟實戰單位一起受訓：「大家請十四天的假、排除萬難來這裡教召，沒有訓練到位的話，很可惜。」

仍處於試驗階段的新制教召

新制教召上路後受到社會輿論關注，國防部長邱國正近期在立法院備詢時回答立委，國防部正在蒐集新制教召的經驗跟各方反應，「戰備方面沒有最好，但是要好中求好。」

國防安全研究院、國防戰略與資源研究所所長蘇紫雲則認為，新制教召的大方向是正確的，「訓練內容比訓練時間長短重要，添增新裝備可以增加教召員的向心力。」但他也承認，新制教召的訓練內容，未來還需要一些「滾動式調整」。[11]

根據二〇二二年三月的民調顯示，全國有超過七成的民眾支持國防部改革後備軍力，代表民眾願意配合新制教召。而「新制教召」雖然展現了改革後備軍力的部分企圖，但訓練的內容跟改變的幅度仍受到不少軍事專家及教召員的批評。若國防部可以提出更完善的改革計畫與時間表，並且添購裝備、武器及進行必要的組織變革，在改革後備軍力的漫漫長路上，才會獲得更多支持。

1　本文為《報導者》與《自由亞洲電台》（RFA）中文部共同製作。

2　根據《兵役法》第二十七條跟三十七條，被列為後備軍人的人員必須接收動員召集、臨時召集、教育召集、勤務召集以及點閱召集等義務。接受教育召集的後備軍人統稱為教召員。

3　類似臺灣的「後備」。

4 現代陸軍、海軍陸戰隊等軍種的編制，一個「營」級單位是由三至五個「連」級單位組合而成，大約五百至六百人；「連」級單位是由三至五個「排」級單位組成，人數約八十到一百五十人；「排」級單位是由三個「班」級單位組成，人數約三十到四十人；一個「班」級單位為九到十一人。

5 新兵訓練部隊主要的任務是接受沒有服役過的民人入營，接受訓練後成為一位「步槍兵」，然後再前往如化學兵學校、通訊學校或是士官學校等地，接受第二專長訓練成為通訊兵、工兵、化學兵或士官等專業職務。

6 二〇〇〇年制定的《國防法》及《國防部組織法》簡稱為「國防二法」，這兩個法案改變了過往軍人干政的隱憂，讓「軍政軍令一元化」及「軍隊國家化」，並且明定國防部長須由文職出任。

7 國防部在二〇一三年成立全民防衛動員室（簡稱全動室），全動室只有二十四人的編制，但在二〇二一年底擴大為一百三十一人編制的全動署。韓岡明在擴編為全動署前退休。

8 美國國民兵制度（National Guard）是美國的後備軍人制度。美國國民兵基本上分為聯邦國民兵與州政府的國民兵。參加美國國民兵的人員都是自願入營，每週或每個月固定到軍營受訓。如果國家需要國民兵出國參加戰役，則會召集某一州的國民兵，先到「國家訓練中心」進行臨戰訓練、再派遣到海外作戰。

9 新加坡在一九六五年獨立建國之後，向同樣被敵國圍繞的以色列取經，開發出一套自己的後備制度。後備軍人在新加坡稱為「戰備軍人」。

10 新加坡二〇二二年國防預算約新臺幣三千五百億元、約占GDP的三．二%；臺灣二〇二二年國防預算為新臺幣三千四百二十六億元、約占GDP的一．九%。新加坡常備役為七萬二千萬人、後備役九十萬人；臺灣常備役約十六萬人、後備役二百萬人。

11 作者曾試圖跟全動署接洽、約訪，但全動署以「新制教召政策已在試行中，將於二〇二三年第三季針對試行結果及外界建議予以修正新做法」為由，婉拒受訪。

4 全民衛國思維下的民間自救與訓練互助

文字——楊智強

俄羅斯軍隊從二〇二二年二月二十四日入侵烏克蘭至今，烏克蘭民間抵抗的意志讓國際印象深刻，也跌破了許多軍事專家的眼鏡。臺灣被國際視為處境與烏克蘭相似，但檢視臺灣民間的防衛量能卻令人憂心：政府編組的民防系統中，許多成員長期缺乏訓練、年齡偏高，恐怕無法因應戰爭襲擊的強度。

國防部二〇二二年四月推出的「全民國防手冊」也遭到包括執政黨民進黨在內的各黨派立委撻伐，批判這份手冊無法讓民眾真正瞭解戰時該如何自處。在臺灣社會焦慮感提升之際，不少民間社團開始在社區舉辦急救、防護與醫療應變等訓練課程，組織自已的民防隊伍，試圖補上政府民防系統中的缺口。

「戰爭爆發若網路中斷，民眾要怎麼掃 QR code ?」「秩序都一團亂了，民眾要拿戶口名簿才可以去領物資？」二〇二二年五月五日在立法院的外交國防委員會中，各黨派立委輪番上臺批判國防部花了超過一年時間製作，[1]內容卻看似急就章的全民國防手冊。

從二〇一四年烏克蘭的克里米亞遭到俄國占領開始，俄羅斯附近的國家，如波蘭、瑞典、立陶宛等國因感到威脅加劇，都相繼推出自己的「民防手冊」，教導民眾如何面對戰爭。而臺灣的獨立媒體「沃草」也參考各國案例，在二〇二一年十二月發布了一本「公民行動指南」。

「國防部願意踏出第一步很值得鼓勵，但手冊不實用，要改進的地方不少，」主責編撰公民行動指南的蕭長展認為，全民國防手冊內容有把戰時各部會的權責劃分出來，但並沒有讓民眾知道，當戰爭來臨時，第一時間該怎麼反應。

蕭長展舉例，當戰爭爆發、住宅若遭擊毀，民眾應該要知道最近的防空避難設施跟「防災公園」在哪？或是當槍聲在自己身邊響起，應該如何反應？或是當所在的城市被占領時，應該或不應做什麼？他指出，已發出民防手冊的國家，手冊都包含上述的內容。此外，立陶宛的民防手冊還教授民眾遇到敵軍時，如何在自保的狀況下仍能以公民不服從的方式抵抗。瑞典跟拉脫維亞的民防手冊內容則有讓民眾知道，政府絕對不會投降，民眾收到任何政府放棄抵抗的訊息都是假訊息。「目前國防部手冊的想定還是比較接近平時狀態，不是真正戰時狀態，」蕭長展說。

此外，國防部也沒有與相關單位溝通與協調。被賦予不少新任務的地方里長，看新聞才知道自己多了許多戰時責任。

里長出任民防團分團長：資源和受訓皆不足

全民國防手冊總共二十八頁的內容中，超過十頁提到里長需擔負的責任。「戰時協力民防團負責引導民眾進入避難處所」、「戰時協調供給水單位設置供水站」、「戰時協助安置災民，提供維生所需物資並統計回報上級需求……」民進黨立委蔡適應在立院質詢時反應，地方里長對這些突如其來的責任，感到反彈。

二〇一八年回鄉參選的郭書成，打敗了任職十多年的老里長，選上新北市汐止區湖興里的里長。在擔任里長將近四年的時間裡，二十九歲的他常騎著機車在巷弄穿梭拜訪里民。他近期的工作是送快篩試劑到里民的住所，這些工作大多都是他獨力完成。

他沒有想過，里長除了平時要調解糾紛、幫忙銷掉交通紅單之外，戰時還要變身為村里守衛者。

依據《民防法》規定，鄉、鎮、區長擔任民防團團長，而里長則是分團長。分團長需要進行里民的家戶防護，並管理地區的防空避難設備。按照組織規劃，民防分團長可以調動由巡守隊、鄰長跟環保志工組成的「勤務組」以協助完成任務。

但在現實中，卻不是這麼回事。就以湖興里為例，因為沒有設置巡守隊，一旦戰爭爆發，郭書成只能號召鄰長與環保志工來幫忙。而湖興里總共有超過六千位里民，如此稀缺的人力要達成全民國防手冊裡賦予的多項任務，根本是緣木求魚。

另外，里長每年能動用的經費並不多。六都之一的新北市資源較豐富，但郭書成一年也只有約一百萬的預算，[2]扣除各項基本開銷後已所剩不多，面對可能斷水、斷電、斷糧的戰爭狀況，可動用的資源是捉襟見肘。此外，大部分的里長都沒有受過確實的戰災反應訓練。郭書成回想自己擔任里長將近四年內，只參加過一次類似民防教育相關的課程：「那不是強制要到，去的人也都在打瞌睡。」

而年齡偏高也成隱憂。全國總共七千七百六十位里長中，有三千八百二十年紀在六十歲以上，甚至也有不少七十歲到八十歲的高齡里長。平時里長的任務是服務里民，但在兵荒馬亂的戰爭中，要保護里民的安全，對多數年事已高的里長來說，可能是一件相當吃重的任務。

臺灣四大民防系統

里長擔任的民防團分團長是臺灣民防系統中，民眾會直接接觸的單位。在戰時，還有其他民防單位可以伸出援手。

根據《民防法》、《全民防衛動員準備法》和《民防團隊編組訓練演習服勤及支援軍事勤務辦法》，各地方政府與單位在戰時必須編組四個民防系統組織，由中央主管機關指揮，反應戰爭帶來的各種災變。

這四個民防系統包含：

民防總隊：由各縣市首長擔任指揮官，下轄民防大隊、義勇警察大隊、交通義勇警察大隊、山地義勇警察隊等由警察單位管理的組織，還有以社會局、環保局、消防局等政府機關組織的戰時災民收容救濟站、醫護大隊、環境保護大隊、工程搶修大隊與消防大隊等單位。

民防團：由鄉鎮區長擔任團長，地方政府成員擔任團長轄下的消防班、救護班與管制中心成員。地方村、里長擔任分團長，分團長下的勤務組則由巡守隊、鄰長跟環保志工等人擔任。

特種防護團：專門保護鐵路、港口、電力、煉油等重要設施。特種防護團成員多為單位組織內部員工，平時是單位職員，戰時才會被編入特種防護團成員。

防護團╱聯合防護團：學校、團體、公司與廠場等地若工作人員超過一百人，需設防護團；若人數未達一百人，但在同一建築物或工業區內，應編組聯合防護團。防護團╱聯合防護團成員多為單位組織內部員工，平時是單位職員，戰時才會被編入防護團成員。

在上述四大民防系統中，民防總隊跟特種防護團為「機動派遣式」的反應單位，民防團跟防護團則是「保護地方」的守護單位。

民防系統大多數成員都是直接納編社會局、衛生局、環保局與消防局等政府單位的專職人員，只有民防總隊裡的義警大隊、義交大隊、民防大隊等是由熱心民間人士擔任，這些單位是由地方警察機關所管理。

民防總隊的受訓與汰換機制

新北市作為臺灣人口最多的縣市，轄區內有多個軍事基地與發電廠，及核一、核二廠核能設施，在戰爭爆發時會是敵軍的重要目標之一。

位於新北市板橋區新海派出所四樓的新北市警局防治科，辦公室裡堆著滿滿的檔案櫃，燈光昏暗，沒有什麼人員進出。一位長期跑社會線的記者觀察，被派到民防相關單位的警察，通常不是被排擠的人，就是準備退休的資深員警。

新北市警察局防治科的專員伍世裕，二〇一八年從地方分局的副局長調任，今年六十四歲的他，在警界經歷了四十年的歲月後，來到防治科度過警察生涯的最後幾年。

防治科的工作之一，就是管理義警、義交跟民防等「協勤人力」（協助員警執勤的人力）。當戰爭來臨，義警大隊、義交大隊的任務是協助警方管理戰時治安與交通秩序，民防大隊則是扮演餘裕人力的調動。

以新北市的民防總隊為例，編制總共有一萬零八百零九人，其中由警察單位管理的民防大隊、義警大隊跟義交大隊就占了八千四百五十人。

根據法令，民防總隊下所有大隊的成員一年只需受訓四到八小時。消防大隊跟醫護大隊等隊伍是由消防局、衛生局等專職人員擔任，他們原本就是做這些相關任務的公務人員；但義警大隊、義交大隊跟民防大隊是由一般民眾擔任，所以警察局會以輪調的方式請他們來警局協助警察執勤，一個月大概執勤四個小時。

伍世裕承認，因為沒有發生戰爭，這些協勤人力主要是來警局熟悉環境，其他時間就是辦聯誼，跟大家（地方警察）聯繫感情。

民防人員是由地方分局甄選，成員除了不得有前科外，只要是國民都可以入選。伍世裕解釋，隊伍每年會有異動遞補二次的機會，但沒有確切的考核機制，通常都是年齡超過七十歲才會汰換。單以新北市而言，空有數千位民防人力，卻缺乏有效的檢驗與淘汰機制，其他縣市的情況也大同小異。

蕭長展指出，義警、義交跟民防大隊的民防系統中，除了編列人員年齡偏高之外，也沒有確切的任務導向，再加上單位編列的訓練預算偏低，讓人懷疑這些民防隊伍的實質功能。他認為，政府應該著手改革民防體系，讓對民防有熱情的新血加入：「只是現在遴選民防人員的機制很不透明，好像沒有鼓勵大家去參加民防的感覺。」

擔任義消多年的阿國（化名）告訴我們，警察體系中的民防隊伍，常在政治聯誼場合出現，有時候會被視為選舉時的樁腳，前往造勢場合充人數。「救護義消都比他們有用多了，我都不知道民防這些人在做什麼」，阿國認為，民防隊伍的功用沒有被重視，相當缺乏訓練。協助民眾避災的里長資源不足以發揮功能，協助警方的民防隊伍又沒有接受精實的訓練，臺灣的民防體系似乎出現不少漏洞。

地方政府、警察局跟中央警政署在民防體系中的權責不清

對上述里長人力不足、民防人員訓練不夠的問題，新北市主管地方村里長事務的民政局

發言人回應，雖然民防團與民防分團成立的權責在民政局，但訓練是由地方警察機關督考跟訓練，因此希望我們洽詢警察單位。

新北市警局防治科則回覆：「有關里長在國防業務上的職責，則視中央主管機關依其全民國防策略訂定計畫及法規，給予角色定位。如有需要亦將配合主管機關規劃，加強村、里長教育訓練。」

中央主管機關內政部警政署防治組則以「本案事涉國防軍事機密，相關演訓均配合全民防衛動員署辦理相關事宜，相關資料請洽全民防衛動員署（簡稱全動署），以全民防衛動員署所提供之資料為主。本署不宜對外發言」作為理由，婉拒受訪。

但根據《民防法》第三條規定：「本法所謂主管機關：在中央為內政部；在直轄市為直轄市政府；在縣（市）為縣（市）政府。」在臺灣社會普遍沒有戰爭危機意識的狀況下，民防單位的主管機關卻互踢皮球，地方政府推給警察單位、警察單位推給國防部，各單位之間出現權責不清的狀況。

國防安全研究院的政策分析員陳柏宏認為，從臺灣過往大型災難的經驗可以看出來，民間自主救災的量能相當足夠，若能受過妥善的訓練跟組織後，民間將有相當大的活力。由於目前政府體制下的民防系統令人擔憂，來自中共武力犯臺的威脅又加劇，民間團體於是發起了各種活動與訓練，探索社區在戰時可以發揮的量能。

民間自組民防訓練團補缺口

週五傍晚七點半，結束了一週的忙碌、下班後應該回家休息或跟好友聚餐談天的時間，有十多位年齡在三十到四十五歲的成年男女，聚集在臺北市內湖區的大湖公園捷運站旁，拿著繃帶互相練習包紮技巧。這些人來自各行各業，有英文老師、工地監工、市場分析師等職業，他們都是台灣民團協會的會員與學員。

英國《衛報》二〇二二年四月的報導以「感覺世界末日來臨：侵烏戰爭引起臺灣民間準備未來可能來到的中國入侵」作為新聞標題，報導臺灣的民間組織積極發起活動，訓練臺灣人民準備面對戰爭。

其中，以推廣社區民防觀念為宗旨的台灣民團協會在二〇二〇年九月登記為社團法人，除了原本就擁有相關技能的會員可以直接開班授課之外，部分會員也自發性完成如消防署防災士的培訓或是其他民防相關訓練，再回到協會教導學員。

從二〇二二年年初開始，台灣民團協會推出「體能訓練」、「防衛訓練」與「急救訓練」等基礎課程訓練。參加完課程的學員，都會被鼓勵在自己鄰近社區參加或是舉辦「自訓團」，繼續自我練習。

台灣民團協會目前在臺北市的大安森林公園、大湖公園，以及新北市的板橋沙崙國小等地，每週都有自訓團的活動。三十七歲、留著短髮、說話快速的台灣民團協會祕書長陳麗伊說，戰爭發生時政府民防系統反應不夠快，他們自己組成的社區民防團可以補足這些缺口。

除了在雙北有自訓團之外，也有幹部完成專業訓練之後，因為換工作到臺南籌備「台南民團協會」。陳麗伊指出，台南民團協會跟台灣民團協會沒有隸屬關係，學員自發地到各地成立新的民防組織就是他們想要推廣的概念。

「我們要找的人不是來這裡一起重訓、跑步而已，要跟我們一起推廣民防的概念。」陳麗伊以日本社區民間組織「町內會」[3]作為比喻，她希望臺灣的社區民防可以自發性地組織成類似町內會的團體，除了平時可以自決各項社區公共事務，當戰爭來臨時，年紀較輕、受過訓練的民防團成員，可以成為保護社區的重要力量。

在地居民對於自己居住的環境最熟悉，自發性地發起鄰里合作，組織保護自己社區的活動，是直接、有用的方法。

「我們民防發展仍不完美，但是一定要開始做，」陳麗伊說，台灣民團協會發起至今訓練超過一百五十位學員，雖然人數不多，但他們積極地跟其他民間團體合作，希望達到一加一大於二的效果。台灣民團協會會員就曾參加由吳怡農發起的壯闊台灣聯盟所辦理的醫療急救課程。

現年四十二歲的吳怡農在二〇一五年從陸軍航空特戰隊退伍之後，曾在一年間做了將近一百場的演講，致力於推動臺灣社會更加認識國防事務。二〇二〇年他參選臺北市立委時引起矚目，外界也開始注意他所積極推廣的全民國防理念。吳怡農向我們強調：「我們應該要民主化國防事務。」過往保衛家園被認為是軍人的事，但他希望讓全民都參與、出力。吳怡農在二〇二〇年成立了社團法人壯闊台灣聯盟之後，陸陸續續地推出幾個大型的急救醫療課程。

二〇二二年三月，壯闊台灣聯合台灣醫療救護學會與美國非政府組織 Spirit of America，合作推出「後盾計畫」基礎工作坊「I Can Help!」，以小班制的方式教導學員個人緊急應變的基礎訓練課程。

俄烏戰爭提升臺灣的危機意識

烏克蘭在二月二十四日遭到俄羅斯入侵後，臺灣社會對於極權國家肆意侵略他國的危機意識上升，吳怡農將原定五月才要推出的工作坊提前到三月舉辦，課程推出馬上被搶購一空。「手指跟紗布要一起擠到傷口中，這樣才能止住大量出血！」教官在一旁教導學員，並要學員在模擬肌肉上操作。雖然救護車平均六分鐘會到達事故現場，但是大量出血若沒有止血，二到三分鐘就因會失血過多而死；戰爭中會有很多大量出血的狀況，因此，如何止血是這堂課訓練的重點之一。

每一場工作坊的課程只要兩個半小時就可以完成。「我們就是希望以一張電影票的價錢跟時間，讓民眾可以快速學習到重要的知識，」吳怡農說，以前臺灣人可能只願意看看電視、聽聽講座，但現在民眾危機意識升高，大家除了聽，也願意花錢、花時間來學習。

工作坊一週三堂課，每堂課人數三十到四十人，一個月有超過四百人參加。參加完緊急應變基礎課程的學員，還可報名進階的自救跟救人課程。臺北之外，吳怡農跟壯闊台灣團隊也準備在臺中、高雄等地舉辦這樣的課程。除了招收民眾接受訓練，他還希望測試上過課的學員，是不是真的有把這些救命的技能牢牢記住。

壯闊台灣計劃在年底舉辦一場大型的「演習」計畫，號召曾經參加過基礎跟進階緊急應變課程的學員加入。「我們到時候會計劃一些突發事件，測驗學生在面臨短暫時間的高壓下，能不能把所學派上用場，」吳怡農說，就算只有一〇％的學生通過測驗，他也認為團隊的努力沒有白費。他認為，如果沒有確實的測驗，就無法知道這些準備有沒有到位。

相形之下，政府機關下的民防系統，卻把應該要測驗能力的演習，變成了「表演」。

當民防演習淪為給大眾看的表演

「噠！噠！噠！」救災直升機在離地面約一百公尺的上方盤旋，繩索垂降模擬救援任務；幾位身穿如太空裝般的核生化防護衣人員模擬輻射檢驗；一塊大帆布上寫著「飛彈襲擊建築物倒塌」的字樣，象徵戰爭時民宅遭到攻擊時的狀況。結合了警察、消防、醫護、工程等彰化縣政府各單位，還有鄉鎮公所、後備指揮部等，上百人頂著烈日，在溪湖鎮的湖西國小停車場進行「民安八號演習」。

每個參與演習的人員無不拿出渾身解數，就是要達到長時間演練的效果，讓自己的長官不會在更大的長官面前丟臉。

民安演習的全名是「全民防衛動員暨災害防救演習」，從二〇一五年開始舉辦。民安演習每年會在全國二十二縣市中選十一個縣市舉辦。每縣市演習為期一天，各地方政府「全民防衛動員、戰綜、災防（三合一）會報」動員各單位進行演練。但無論是民安演習、萬安演習[4]、同心演習[5]或是自強演習[6]常常是「行禮如儀」對外展演裝備與高科技器具。但若要測驗人員的反應與相互協調合作能力，沒有真正檢驗式的演習，很難測驗出成果。

從上午九點開始一直到下午三點左右，彰化縣的民安八號演習圓滿落幕。特別前來觀看的國防部常務次長李宗孝在致詞時，不經意說出了不能說的「祕密」：「今天謝謝大家的『表演』，辛苦了。」

「我們的Demonstration（表演）太多、Drill（演習）跟Exercise（演練）太少。其實很多單位自我檢驗的演習，是不需要公開的，」吳怡農認為，臺灣各種演習表演性質太強，應該要把公關性質的演習跟測驗能力的檢驗分開，這樣不只能夠檢驗個別單位的能力，也可以鞭策政府民防隊伍的訓練。蕭長展則表示，各種民防演習的想定，應該要讓地方民眾切身參與，而不是只有讓人民到場在一旁「看表演」。

俄國軍隊在三月初要進攻烏克蘭東南部城鎮安能核達（Enerhodar）附近的核電廠時，數百位民眾自發性用人牆阻擋核電廠聯外道路，讓俄軍相當頭痛。另外，烏克蘭各地也不斷傳出公民自發性將俄軍的行蹤告知政府，讓俄軍到處都遇到困難。從烏克蘭戰爭中的許多案例發現，公民在戰爭中可以扮演更多角色。

國防安全研究院的政策分析員陳柏宏認為，從許多民間團體自發性訓練的趨勢看來，臺灣人民已經準備好要接受更多自我防衛的責任，政府應該要審慎思考如何改革民防系統，真正強化民間的防禦量能。

在溪湖鎮的湖西國小停車場進行的民安 8 號演習，包含中央、地方、民間義工等團體參與演練及觀摩人數將近八百五十人次，各式車輛機具一百一十部，以及空勤總隊海豚直升機一架。（攝影：林彥廷／報導者）

【專欄】

全民衛國的另一種可能：國土防衛部隊

俄國侵略烏克蘭已經超過三個月，除了正規軍奮勇抗敵外，由烏克蘭民眾組成的「國土防衛軍」也展現強大韌性，成功牽制俄軍。部分國內外軍事專家建議，臺灣應該吸取經驗，成立自己的「國土防衛部隊」。

英國在第二次世界大戰期間就曾組織「國民軍」（Home Guard），二戰期間有一百五十萬名民眾參加，一致對抗納粹入侵。俄軍於二〇一四年入侵克里米亞後，波蘭也在二〇一七年成立了國土防衛軍（Wojska Obrony Terytorialnej；WOT）。當時的國防部長馬切雷維奇（Antoni Macierewicz）認為，國土防衛軍是提升波蘭年輕人愛國心的好方法。在二〇二二年一月，侵烏戰爭爆發之前，烏克蘭武裝部隊納編各地的領土防衛營和領土防衛國際戰隊，正式成立烏克蘭國土防衛軍，全境有超過五十個營的兵力。

早在侵烏戰爭爆發之前，前參謀總長李喜明[7]提出過類似的建議：臺灣應該要有自己的國土防衛部隊。

國家是否能夠自衛，取決於戰略、能力跟意志三個要素。李喜明解釋，能力就是飛機大炮等武器，戰略就是他倡議的「ODC（Overall Defense Concept）整體戰略構想」，意志就是人民堅決反抗的決心。「你要告訴敵人，我有很多人都願意去（上戰場），」李喜明說。

但臺灣的政治意識形態相當多元，難以產生共識。李喜明認為，當國家成立國土防衛部隊，成員都是來自各地的自願者、目的都是保衛鄉土，此刻成員的目標一致，才可能團結抗敵。

國土防衛部隊的精神之一，是當地的自願者保衛自己居住的地方。因此，部隊的規模應以班、排、連級的小單位，散落在臺灣各縣市、鄉鎮。依照李喜明的構想，訓練跟領導國土防衛部隊的軍官，應該以現役或退役的特戰軍官擔任，因為特戰部隊所學的城鎮戰跟獨立作戰非常適合國土防衛部隊所需要的能力。

但因部隊成員不是職業軍人，被分配應該學習的軍事專長後，按照守備位置不同，只學習特定武器與裝備。國土防衛部隊的成員不需要接受立正、稍息等制式行伍訓練。如何在守備地區中跟友軍互相支援，才是部隊成員真正需要熟練的技巧。

「看到敵人打了就跑，然後在全國各地的警察局都有標槍飛彈小組，像7-Eleven一樣（遍布），全臺灣有上千家的7-Eleven，看他們怕不怕？」李喜明說，這種分權式指揮（decentralized command）才可以面對瞬息萬變的戰場，機動、分散、存活度高，才是重點。

國土防衛部隊除了遍布全國之外，一些小型但致命的武器應該也要讓國土防衛部隊在戰時可以快速取得。李喜明認為，這一次在侵烏戰爭中大放異彩的標槍、刺針飛彈就是可以部署的武器。這些武器平時存放在各地的的警察局，並落實嚴格的安全管制跟審查，防止武器外流。這種分散式武器存放方式，可以降低武器集中存放、遭到一次性摧毀的可能性。

國土防衛部隊的裝備以輕兵器系統為主，如輕便保密的通信系統、機動性車輛、小型的無人機等，跟一般正規軍要全副武裝的模式不同。但國土防衛部隊需要與常備部隊一起進行漢光演習、聯勇操演等軍事演習。而每年由地方政府舉行的民安演習，地方的國土防衛部隊也要加入。

李喜明認為，建立這支部隊除了提升臺灣民間抵抗的韌性之外，也可以減輕國軍常備部隊的壓力。當臺灣遇到天然災害，可以動員災害地點附近的國土防衛部隊前往救援，讓常備部隊可以有更多時間專注在防範戰爭的專業上。

軍事專家的不同意見

李喜明對於國土防衛部隊的構想，也有不少軍事專家反對。台灣國際戰略學會執行長羅慶生曾提出質疑，他認為將輕型飛彈藏於警察局並交給由民眾組成的國土防衛部隊，會讓人民從沒有戰鬥力的百姓變成為戰時目標，讓中共有了攻擊民眾的藉口。

國防部則對於李喜明國土防衛部隊的想法不予置評，並表示：「各縣市後備指揮部平時實施教召訓練，戰時編成城鄉守備旅，結合民防形成全民聯防強韌戰力。」

淡江大學國際關係與戰略研究所所長翁明賢認為，烏克蘭在二〇一四年的克里米亞危機後，人民自組的領土防衛營累積了豐富「反叛亂戰鬥」的經驗與能力，這才是讓烏克蘭國土防衛軍可以發揮作用的重要原因。臺灣沒有這樣的背景，成立國土防衛部隊不一定會達到烏克蘭的效果。

他進一步指出，臺灣若要成立國土防衛部隊會有三個困難需要克服：

一、是否有足夠的國防經費招募國土防衛部隊？

二、是否有足夠的訓練基地跟武器裝備讓部隊受訓、使用？

三、若調動常備役來訓練國土防衛部隊，會不會影響到正規軍的訓練跟戰力？

翁明賢認為，國防部近期要改革後備軍力以及作戰區的編制，甚至可能要將義務役的服役期限改回一年，這些都需要花費相當大的資源跟人力，額外再成立一支國土防衛部隊，應該不會是當務之急。他表示，若真的想要測試國土防衛部隊的可能性，可以從小範圍的試驗開始，測試地方民眾的反應跟警局存放武器、裝備的可能，或是將這些想定納入兵推[8]中做參考。

不論國土防衛部隊構想能否在臺灣適用，侵烏戰爭已讓部分臺灣民眾的戰爭危機意識提升，踴躍報名參加民間舉辦以空氣槍作為訓練裝置的「類軍事訓練課程」，學習用槍準則跟城鎮戰的技巧。二〇〇七年由幾位退伍軍官共同成立的民間組織「極光訓練」，在侵烏戰爭發生後，課程報名人數暴增。

侵烏戰爭爆發後，烏克蘭民眾組織而成的國土防衛軍在戰爭中發揮功效。有鑑於此，不少臺灣民眾自發性報名民間組織的軍事訓練，學習基本的手槍、步槍用槍要領跟方法。（攝影：林彥廷／報導者）

民間組織與共同倡議者的觀點

空軍上尉退伍、四十七歲的Max是民間自辦的軍事訓練單位極光訓練的創辦人之一。在極光訓練的官方網站上，有戰鬥手槍訓練課程、戰鬥步槍訓練課程、進階戰術射手訓練課程、高風險突入訓練課程和軍用自救互救訓練課程等選項。在侵烏戰爭爆發之後，民眾的危機意識上升，讓極光訓練的課程場場爆滿。

Max表示，臺灣製作的空氣步槍、手槍在重量跟樣式幾乎完全擬真，只有射擊實彈的後座力跟音爆等部分無法模擬。有很多成員受訓後再到美國參加真槍實彈的訓練與測考，進入狀況的速度比一般人來得快，因為很多基礎用槍知識跟安全規則已經在臺灣學會了。

Max相當認同烏克蘭的國土防衛軍，但他認為極光訓練並不適合組織類似的「部隊」，這種事情仍需要政府單位出面：「我們在做的事就是把種子撒出去……這些學員會用學到的量能來整合自己的安全系統，我們會鼓勵他們自己去學（其他急救、生存技能）。」

有不少軍警、特戰人員還有生存遊戲愛好者都來到極光訓練受訓，他們花自己的錢來上課，自己租用或添購裝備受訓。Max認為，有不少來受訓的學員，都會是國土防衛部隊希望召募的人選。

國防安全研究院國防戰略與資源研究所長蘇紫雲認為，臺灣成立國土防衛部隊是一個對的方向。他認為國軍可以從原有的編制下去改革，例如國軍有一個後備戰士的制度，但目前因為入選的要求過高，導致一年只有一百多人前往受訓。「放寬後備戰士甄選條件，讓更多人可以參加，未來滾動式再調整，」蘇紫雲說。

但，成立國土防衛部隊還有另一個問題：這個部隊應該交給誰管？

二〇二〇年李喜明第一次提出「國土防衛部隊」[9]構想時，是與壯闊台灣的創辦人吳怡農一起聯名投稿。吳怡農說，大部分的國土防衛部隊構想他都跟李喜明有共識，但他認為國土防衛部隊應該讓原本管理民防體系的內政部管轄；他也認為應該招募新血，改變原本民防系統的缺乏訓練與老化人力，並且導入新的訓練制度，將民防隊伍改造成為國土防衛部隊。

吳怡農表示認為，這支部隊可以有別於國軍體系，可以跟國軍產生良性競爭，並且更貼近民眾的生活。

國際媒體的觀察

侵烏戰爭顯示國土防衛部隊可以有效抵抗外敵，部分國際媒體也希望臺灣效仿。英國《經濟學人》雜誌二〇二二年四月以〈如何嚇阻中國攻打臺灣〉（How to deter China from attacking Taiwan）為題指出，臺灣應該需要建立自己的國土防衛部隊，以不對稱作戰的作戰思維，向中共展現出人民抵抗侵略的意志。尤其是戰爭爆發後，臺灣必須獨自面對戰爭，如同烏克蘭抵抗愈久，獲得國際援助就愈多。

二〇二二年五月十七日在臺灣的自由記者 James Baron 投書美國《外交家》雜誌（*The Diplomat*），以〈為什麼臺灣不可能複製烏克蘭的民防規畫〉（Why Taiwan Can't Copy Ukraine's Civil Defense Blueprint）為題指出，如果臺灣要成立國土防衛部隊，勢必要修改法律或是由內政部警政署來推動。James Baron 認為，以目前的狀況來看，臺灣的槍枝管制仍相當嚴謹，警察對於武器是否可以給非軍事單位使用的態度也相當保守。要成立國土防衛部隊，難以被主流民意接受。

儘管國土防衛部隊對臺灣似乎仍然遙遠，現階段政府並沒有推動跡象，但從侵烏戰爭可以發現，當戰火蔓延全國，沒有人可以置身事外。民間要如何面對戰爭危機感？各種討論與構想正要起步。

1 二〇二〇年九月，行政院長蘇貞昌在接受時任立委陳柏惟質詢時，就答應以行政院「全民防衛動員會報」的跨部會層級，研製臺灣版的「民防手冊」。

2 湖興里每年的一百萬的預算包含：每個月五萬元的里基層工作費、依人數多寡有十萬到四十萬的里活動經費以及十萬元的里設備維護費。

3 町內會是日本社區民間自治團體，可以自由加入或退出。主要任務為共同解決社區裡的大小事務，若沒有加入町內會的社區成員則不能使用町內會的垃圾處理場或其他自治管理的資源系統。日本全國人口超過七成都有參加各社區的町內會。

4 萬安演習在二〇〇三年以前由軍方主導、縣市地方政府配合演練。二〇〇三年之後，改由地方首長主導、軍方配合演練。演習期間國防部、警察機關與相關單位實施防空演習，命令實施疏散避難與交通、燈火、音響及其他必要之管制。

5 同心演習是每年國軍重大動員演訓工作之一，主要目的是在運用各種召集方式〈教育、勤務召集〉，動員納編年度動員計畫之後備軍人，編成後備部隊，通常會與自強演習共同舉辦。

6 自強演習是國軍每年度的「物力動員」計畫，演習的目的是模擬戰時徵用民間物資的狀況。相較萬安、民安演習，自強演習跟民間比較沒有直接關聯。

7 李喜明十五歲就加入海軍預備軍官學校，四十九年的戎馬生涯一直到二〇一九年六月從參謀總長位置退休時，軍階為三星上將。退休後李喜明先到美國的二〇四九智庫擔任客座研究員，也曾在胡佛研究所跟美國前國家安全顧問麥馬斯特（Herbert Raymond McMaster）等人交流。李喜明的臺灣戰略思想受到不少美國官員與學者認同。

8 指兵棋推演（Military Simulation），為一種室內軍事演習方式，也稱指揮所演習（Command Post Exercise；CPX）或桌上演習（Table Top Exercise；TTX）。

9　當時李喜明希望以改革後備部隊的方式，來成立國土防衛部隊。但在全民防衛動員署推動新制教召後，李喜明改變想法，建議新成立的國土防衛部隊應在國防部的管理之下，與陸、海、空三軍有對等的位階，屬於準軍事部隊。

5 來自外交前線的箴言，臺灣能從俄烏戰爭中學到什麼？

文字——劉致昕

俄烏戰爭開打以來，擔任國會外交委員會主席、駐北約代表團副代表的烏克蘭國會議員伯布羅芙絲卡（Solomiia Bobrovska），不僅從未離開首都基輔，每週還前往前線，關切軍隊的運作以及士兵權益。

在外交與軍事前線來回奔波的她，二〇二二年六月底參加完北約十年一次的策略高峰會後，以越洋方式接受我們的專訪。此次北約峰會不僅以俄烏戰爭為焦點，也出現政策性的歷史性轉向，首度將中國視作「系統性的挑戰」、將印太地區視為北約國家的核心利益。

北約祕書長斯托爾滕貝格（Jens Stoltenberg）在高峰會後的聲明中更明言，「我們看到莫斯科和北京之間的戰略夥伴關係不斷加深，而中國愈來愈強硬的態度跟威脅性的政策，影響了盟國和北約夥伴國家的安全。」「中國正在大幅增強其軍事力量，霸凌其鄰國並威脅臺灣……」「中國不是我們的敵手。但我們必須看清楚中國所代表的嚴峻挑戰。而且我們必須持續與夥伴站在一起，來維持這個立基於規則的國際秩序，一個立基於規範與價值而非野蠻武力的全球體制。」

三十二歲的伯布羅芙絲卡在訪談中直言，在北約會議現場看見了國際現實、國際組織的沉痾，以及國際安全體系面臨的考驗。但她沒有氣餒。親身經歷過二〇一四年烏克蘭廣場革命長達百日的考驗後，她選擇從政，與親俄政黨、親俄媒體交鋒，試圖在政治現實中尋找屬於烏克蘭自由民主的路徑。

八年來，為數不少的烏克蘭人為對抗極權而付出生命，伯布羅芙絲卡稱烏克蘭人是民主戰士，將被寫進歷史。在我們的對話裡，她仔細解釋戰爭中烏克蘭做對的事、犯下的錯誤，以及烏克蘭在這場二戰後歐陸最大戰事中面對的考驗、極權國家混合戰事的手法，還有新興民主國家可能的反制之道；她說，「你可以當作這是我們給臺灣的忠告。」

以下訪談以對話形式呈現，我們的提問以黑體標示。

問：妳目前是烏克蘭國會外交委員會主席，在戰爭時期，委員會內部最關注的重點是什麼？以外交途徑停下這場戰爭，可能的做法和策略有哪些？

伯布羅芙絲卡（後簡稱答）：

烏克蘭外交委員會跟俄羅斯的談判，先前和談並不順利，只有一些關於換囚的對話，還有糧食的出口問題。

由於目前是軍事對抗最激烈的時刻，我們的討論集中在如何確保西方的援助，讓抵抗能夠持續。關於與俄羅斯的談判、和談的可能，完全不是委員會討論的內容。目前在烏東，已是兩國間炮彈的對抗，他們每發射三十發，我們大概只能反擊一發，這樣的情況已經不能用挑戰形容，而是災難了。在前線，我們看到的是無庸置疑的戰鬥意志，但炮彈的攻擊是另一回事，敵人在數十公里之外就能攻擊我們。烏克蘭在沒有足夠的軍事援助下，不可能用空手打這場仗。武器的援助必須更快。

對我來說，這場戰爭的關鍵不在外交場域，最終的定局還是靠傳統軍事手段來決定，目前不管哪一方，離足以讓戰事告終的決勝點都還有很長一段路。我必須誠實地說，沒有武器支援，我們幾乎完全不可能打贏這場仗。

另外一方面，外交途徑主要的目標是尋找盟友。我們有的國會議員甚至去了韓國，在軍事援助上他們也幫得上忙。我們的盟友必須拓展到歐洲、美國之外。一旦這種以民主價值、公民社會為核心的國家陣線建立起來，受到支持的將不只是烏克蘭。

在尋找盟友的過程中，我們也透過民間的互動、公民團體的倡議，爭取人們的注意力。「戰爭疲乏」是正常的，包括烏克蘭在內，人們已經累了，不可能一直都處於戰爭的壓力之下。這是我們目前最優先要做的事，我們尋求盟友的腳步必須走得比過去更遠，建立一道國家陣線，共同支持烏克蘭所代表著的價值。

在外交場域，還有一項重要的進展——西方現在理解了，不可能在沒有烏克蘭（代表）

的情況下討論俄烏戰爭的未來；關於俄烏戰爭的「解決方案」、各種「決定」，不能在烏克蘭不在場的情況下產生。像之前有歐洲國家想要協助雙方達到停火的協議，但在現行情況下停火，俄羅斯仍占有烏克蘭的土地，而以他們過去的紀錄，極有可能藉著停火協議時補足兵力、調節後勤，待一切到位之後棄停火協議於不顧。

給臺灣的忠告：更好的戰備訓練、更多的團結與信任

問：過去四個月來，對妳來說，烏克蘭政府哪些做對了、哪些做錯了？

答：以下你可以當作我給臺灣的忠告。

關於軍隊，你必須提供他們盡可能完備的訓練，再把他們送上前線。我們與極權國家的不同，是我們在乎每一個士兵，我們與西方、與臺灣是一樣的標準，不是只要「大我」而忽略「小我」，軍人們的確有他的職責、他的義務，但我們仍把他們個人的權益視為最優先的事項。

更好的訓練、更完備的準備絕對是重要的。我們的戰備起步得實在太晚，我們沒有料到俄羅斯會對全境同時展開攻擊，畢竟烏克蘭的領土如此廣闊。所以千萬、絕對不要低估你的敵人，不要小看他們發動攻擊的決心跟能力，尤其對極權國家而言——包括俄羅斯、中國、北韓——他們與一般國家不同，是不同世界的邏輯，對民主國家來說，他們的行

事邏輯是無法預測的。我們能做的，就是隨時準備好，如同以色列一樣，我想那會是最好的策略方針。

烏克蘭有四千萬人口，但我們能夠作戰的軍隊數量，不足以守護與俄羅斯接壤的一、二千公里長的邊界，我們應該盡早開始準備，從地方防衛隊開始訓練、做好戰備，並加強可作戰部隊的建置跟訓練，這是我們先前浪費掉的機會。我們現在士兵折損的速度實在太快了，每一天，傷亡大約都超過五百人，每失去一個人力，都需要花數個月訓練士兵才能補齊，雖然我們的人民有意願戰鬥，但光有意願跟意志是不夠的，更重要的是專業能力的養成。

關於我們做對的事，首先，戰爭開始的第一週、第一個月，立法部門設法保持安全與運作，而且沒有離開首都，也沒有考慮遷到海外。

烏克蘭總統、議長、總理決定都留在基輔，這是非常關鍵的決定。面對一切的未知，這個決定給西方一個明顯的訊號。當全世界都覺得你們開戰三天就會被攻下時，你可以想像當時的壓力有多大，但包括我在內，我們都留在基輔，告訴世界我們不會放棄。雖然這不是一個理性考量後的決定，但在情感上，這股信念支持了整個國家。

另一個做對的事，是烏克蘭媒體的團結跟表現。一方面，要完全抵擋俄羅斯的政治宣傳跟不實資訊幾乎不可能，但另一方面，你看到媒體前所未有地團結，二十四小時支持著前線軍隊、服務民眾。開戰至今我想我們經歷了一場全國性的重生（reborn），不管來自東或西邊的烏克蘭人，包括許多過去幾十年都把俄羅斯當作兄弟姊妹的烏克蘭人，如今都看得清清楚楚，真正的敵人是誰，全境國民一致對外。

而在國際外交上，不只是國會議員，還有非營利組織，必須即刻到世界各地去「作證」，給予證詞，把自己的經歷、見聞，讓世界各地的人聽見，讓更多人知道前線的真實情況。因為個人的經歷、故事、照片，遠比媒體上的報導更直接，（這）建立起人們之間的關係跟信任。

順帶一提，信任，是這場戰爭裡最重要的關鍵字。人們對總指揮官的信任，對最高領導層的信任，在這種關鍵的危急時刻是非常重要的，一但總統離開了，我不確定人們會不會留下來，會不會繼續為烏克蘭而戰，我們的總統做了一個非常勇敢的示範。

「現實政治」下的挑戰

問：這次俄羅斯的全面性進犯，許多人提出國際組織已失去確保國際秩序跟和平的能力，妳的觀察是什麼？

答：關於國際組織，尤其是國際紅十字會、歐洲安全與合作組織（OSCE），[1]我必須公開地這麼說，這些組織必須重新審視它們運作的規則——或許在一百年前是有效的，但已經不符合現代的情勢，它們的存在恐怕只能應付像課本上一戰、二戰那樣的傳統戰事。面對現代的戰爭，它們不能再隱身幕後、被動地處理事務，保護人權不能只是說說或是掛個國旗、送水就能算數，這些事情任何組織都能做到。

我想它們必須重新檢視行事的準則。國際紅十字會在這次俄烏戰爭中有過幾次醜聞，尤其當我們期盼它們主導人道走廊的開闢，它們非常被動；或是當它們拿到新的款項，卻選擇在俄羅斯，而非烏克蘭或者烏東地區開設新的辦公室。它們應該要讓俄羅斯願意參與雙方戰俘的交換、協助雙方將士兵屍體運送回國等。

關於歐盟，我想我們是為了取得歐盟候選資格付出史上最高代價的國家。我知道有哪些加入的標準我們必須要符合，以及我們的責任跟義務，例如國內要進行反貪腐的改革等等，這些代價很高，我們都懂。但我不能理解的是，為什麼我們要花這麼大的力氣去說服某些歐盟國家，讓它們點頭？更何況最終也只是給了我們候選國資格，那並不具有任何承諾的效益，就像土耳其，一直都也只是歐盟的會員候選人。

北約的話，很不幸的，它們的態度非常明確——既然正在戰爭中，那北約與烏克蘭之間的關係沒有任何變動的空間。北約當然說它們的 open door（開放門戶）政策依然有效，[2]我想或許有一天，我們就會在「開著的門前」被殺死吧，因為它們永遠不會讓我們真正走進門裡。我們可能會在打開著的門前，等到累死、等到被殺，這大概是我關於北約的結論。

別誤會，我們當然仍抱著希望，以上是我長期在北約參與會議、對話，從馬德里高峰會回來之後的結論，就是現實政治（Realpolitik）。這是我的看法跟評估，不代表現任烏克蘭政府的政策跟看法。

問：如果既有的國際組織無法回應烏克蘭面對的挑戰跟安全威脅，你們有什麼替代方案嗎？如何尋求國際支持？

答：我們必須自己找到一條道路，在國際上找到能夠協防我們安全與利益的盟友國家。英國、波羅的海國家，都有機會。

問：過去幾年，你們對同盟國有提出過警告嗎？要它們回應俄羅斯的作為？

答：當然有。但你也看到，一些歐洲和美國的政治人物，都想替普丁保留面子，他們維持現況的意願非常高，想繼續跟俄羅斯做生意的意志非常強，錢永遠、永遠是決定一切的關鍵。尤其是對經歷過二戰的國家、政治人物，沒有人想要再次經歷衝突，只想著發展、繁榮、向上、重建。

問：即使到現在（開戰的第五個月），錢還是比價值重要？

答：是的。那是歷史告訴我們的一課。

抵抗世代出現了

問：妳會感到失望嗎？作為一個二〇一四年，曾在廣場革命上，對歐洲抱持希望、對未來的轉變如此渴望的運動者？

答：我的想法是這樣的，現實就是，烏克蘭身處東方與西方的衝突之間，我們的土地、我們的社會成為兩股力量的交戰之地，所有的世界盟國都不能否認這點，烏克蘭的人民跟國家為（西方與俄國的）衝突正付出代價，我們以性命、眼淚、軍隊付出代價，它們（盟國）能做的只有一點點。我們要的不多，不要你（盟國）出兵，但要你提供用錢就買得到的東西，這是簡單、單純的需求，如果你要我們贏，你就必須給我們軍事武器，而且是能致勝的武器，要一百塊，不能只給我們五元、十元。

如果以二〇一四年當時的經驗來看，我想烏克蘭所經歷的一切，是更清楚地向西方點明，俄羅斯並不是一個文明的夥伴，在G8、在G20，西方必須與其斷絕往來，它不是你們應該打交道的對象。俄羅斯作為一個破壞國際秩序的成員國，連它自己簽訂的文件都可以丟棄。[3]國際社會必須正視這件事情，從聯合國到各個國際組織，這是一記警鐘，每個人都要誠實自問，國際組織是否已經失效？該怎麼改革才能阻止這樣的行為者破壞國際秩序、破壞和平？一切的規則已經無用，這不只是關於烏克蘭人的事，人們必須都打開眼睛，看看這世界所面臨的挑戰，我們必須要誠實、清楚地看見現況：世界秩序已經沒有什麼效用了，原本的國際規則不再提供安全或是任何秩序的保證。

問：烏克蘭八年來走過漫長的抵抗路，妳希望世界能從妳的家鄉看見什麼？

答：世界必須看看烏克蘭，作為一個血淋淋的例子，俄羅斯用了哪些方法讓烏克蘭人閉上雙眼甚至沉睡，沒有警覺地讓俄羅斯一步一步欺壓跟威脅烏克蘭。很不幸的，我們並沒有為克里米亞而戰，但我們現在覺醒了，必須要為烏克蘭每一寸土地而戰。我們看見一整個抵抗的世代出現了，從小孩到長者，有人在文化陣線上對抗，有人站上戰爭的前線，有人在各地努力維持生活和生意，因為他們知道經濟的重要性。每個人都在自己的位置上付出，成為抵抗的一部分。

三百年前我們犯了一個錯，我們曾經試著與俄羅斯組成盟友（coalition），但俄羅斯的內在、它的思維，事實上就是一個侵略者，這是我們在面對俄羅斯所做的選擇中，最大的誤判。對喬治亞、對白羅斯、對摩爾多瓦，所有曾經在蘇維埃政權下的國家，俄羅斯的存在始終是一個威脅。

我們學到最大的一課是什麼？之前在課本上面讀到的烏克蘭獨立的過程、付出的代價，如今在我眼前以另一個形式重演。尤其在開戰後的第一、第二週，我完全想不到，有一天我必須離開自己的國家，因為我的家園已被敵人占領，同時俄羅斯還廣發護照給烏克蘭人，我甚至隨時可能變成敵人的俘虜，那些你以為已成歷史的事情，突然又回到你眼前，變成你每一天的生活，那是戰爭裡最可怕的一件事。你知道你有可能會完全失去一切，你的家、你的國，你必須重頭來過，必須一年、一年地把獨立的國家爭取回來。

「沒有任何事情是不用代價的」，我們現在徹底理解這件事情了，我的世代，以及那些相信俄羅斯的世代，發現一九九一年烏克蘭的獨立幾乎是一場意外所促成的，獨立之路猶未完成。現在我們必須真正地戰鬥，不留餘力地守護土地。

問：面對在臺灣、在亞洲的人們，妳會如何對他們述說這場戰爭的重要性以及烏克蘭戰勝的重要？

答：請你們看著這場戰爭，並不要忘記歷史，從歷史中學習，尤其是在你們旁邊的那個國家，它的本質是不會變的。請為會發生的事情做好準備。當清晨四點有人轟炸你的家園，你已經準備好該怎麼做。這是第一件事。

第二，如果我們贏了，歷史將是屬於為自由而奮鬥戰鬥的人的，而不是屬於殺人犯、侵犯他人家園的那一方。烏克蘭的軍人們是這麼說的：我們是為了我們所愛的人而戰鬥，不是為了恨，我們戰鬥是為了保護我們身後的人。那一直是激勵著烏克蘭人的動力，即使是在如此血腥的戰鬥當中。

政治上來說，為什麼烏克蘭必須、且必定要是最後勝出的那一方？因為那代表了，世界秩序不會因為一個國家的惡意破壞（sabotage）而蕩然無存。而當有些人們選擇視而不見、無所作為，對軍事援助小心翼翼，我們選擇抵抗，我們頑強的抵抗是要守護世人一直以來所相信的、所認知的世界秩序跟價值觀，這是我們抵抗的意義，這是我們必須勝出的原因。

我們勝利的那天，人們會知道，即使是世界第二強大的軍隊都會被追求自由、獨立、公民社會的人們擊垮，因為來自民主社會的人們，除了炮彈跟軍事力量的決勝之外，我們的心、我們的意志、我們的腦，是更強大的決勝點。

對其他國家來說，大家可以繼續在追求民主自由的道路上努力前進，知道目標不是遙不可及的。這些事情我們不一定會大聲說，但這是這場戰鬥中我們所看見的涵義跟戰鬥的最終目標。我們付出的代價是數不清的淚水、屍體、流離失所的家庭，母親跟孩子們為了失去的一切掉下淚水，但他們是帶著尊嚴地哭，因為他們知道自己的爸爸、自己的丈夫是鬥士，以他們為榮，他們的名字與這場戰爭，都將被寫進歷史。

【專欄】從澤倫斯基、德國議員到臺灣駐外大使，他們怎麼看這場戰爭對臺灣的啟示

我們從俄烏戰爭開打第一天至今，採訪了五國（烏克蘭、俄羅斯、德國、波蘭、白羅斯）逾七十名以上的受訪者，從難民、學者、官員到一般民眾，幾乎每位受訪者都在採訪中主動向我們提及在俄烏戰爭中看見的臺灣。

以下摘錄外交前線上四位受訪者的第一手觀察，以及烏克蘭總統澤倫斯基的公開發言。在他們眼中，俄？

烏克蘭總統澤倫斯基

二〇二二年六月於新加坡登場的「香格里拉對話」會議，[4]《華盛頓郵報》專欄作家羅金（Josh Rogin）向以視訊發表演說的澤倫斯基提問，「臺灣正面臨來自鄰國中國類似（儘管

尚未造成衝突）的經濟和軍事脅迫，會給什麼樣的建議？」澤倫斯基雖沒提到臺灣兩字，但他的回答中，間接回覆了臺灣面對中國威脅的處境。

澤倫斯基：我認為國際社會可將烏克蘭視作一個前例，未來當有國家面臨侵略者的威脅，必須在戰爭爆發前盡早提供支援。除了那些因為野心而對現況不滿的特定政治領袖，沒有人會因為戰爭而得到任何好處，同時，他們的野心跟「胃口」還不斷地變大。烏克蘭的例子更讓世人知道，一旦暴力衝突爆發，人命的損失極為驚人，世界必須盡可能地把握任何機會，透過外交談判努力避免衝突發生。國際社會必須在緊張氣氛變成實質暴力衝突之前介入，確保小國能夠抵禦強權的侵犯。我們不能讓這些國家任由另一個在財政、領土和裝備上都更強大的國家擺布。

柏林全球公共政策中心主任班納（Thorsten Benner）

俄烏戰爭讓德國知道，不能再因為無所準備，而無法對中國提出反制，如同德國受到俄國的能源箝制一樣。我認為這對德國是非常急迫的事情，我們必須重新思考與中國的關係。包括德國在內的民主國家，必須調整自己各方面的策略，不要讓自己成為弱者。

我認為我們的確必須盡一份力，阻止中國攻擊臺灣。發生在臺灣的戰爭，連鎖反應會比俄烏戰爭大得多，那是中美對戰，全球都無法排除在外。就算德國離臺海這麼遠，但就經濟、政治上來說，德國也站在前線上，代價是極為巨大的。這是為什麼我們必須擔起我們該做的事，阻止（deter）中國對臺灣的進犯（aggression）。德國政府慢慢意識到這件事的重要性，但遠遠還不夠。我認為一旦開戰，德國的干預不會是軍事上的，軍事必須由日本、美國、澳洲跟印太裡的臺灣盟友來對抗。德國、歐盟的貢獻，是透過非軍事的方式介入臺海。

有件事情是我們必須做的，必須清楚對中國領導高層表態，如果他們想要實現中國二〇四九年的民族統一大夢，他們是要強用武力拿下臺灣？還是當世界的經濟強權？他們必須擇一，至少現在，他們不能兩者都拿，要讓他們知道動武的代價有多大。現在對俄國的制裁，等同一場試驗跟展示，讓中國知道選擇動武的代價為何。

同時，在公共討論上，有很多工作等待我們去做，我們才能真正理解為什麼依賴威權體制是危險的，依賴俄國、中國都是。目前在德國的溝通太慢了，公眾的認知仍有大量的錯誤，上一次的選舉中，大部分主要候選人都還是說不支持與中國經濟脫鉤、不支持新冷戰，但如果你從中國的角度來看，它們正在努力脫鉤！它們要建立經濟獨立的完整性，它們內心知道，它們面對的是與美國之間的競爭。

另外一方面還有市場的誘因。利潤大部分時刻主導一切。聽起來的確很棒，你可以說服自己，你可以一方面賺中國市場的錢，還能幫助中國走向開放、讓它們整合進我們的世界等等。現在，一切再清楚也不過了，這種說法是不可能實現的。我們必須付出一切短期的經濟後果，來重新調整跟中國的關係。但許多人不願意面對，就像不願面對我們對俄羅斯的能源依賴，因為實在太便宜了，短期之內看來是滿合理的經濟決定，但卻沒看到對政治、跟國家安全造成的長期後果。而這樣的誤判，也是中國的政治宣傳機器的目標。

德國聯邦議院議員
穆勒－羅森特里特（Frank Müller-Rosentritt，自由民主黨）

如果我是臺灣人，我也會看著這場戰爭然後問，如果是臺灣，會怎麼樣？當然其中還是有所不同，臺灣有美國的安全承諾，但當你看到北約的決定，恐怕也會懷疑，美國真的會冒著第三次世界大戰的風險，介入臺灣跟中國之間的軍事衝突嗎？

這就是此時全世界對俄羅斯採取制裁的重要性，這是做給中國看的，「如果你越線了，我們將站在一起對抗你」，這不只是給俄羅斯的訊息，更是給中國的。但問題是，軍事上能夠做些什麼？烏克蘭並沒有從美國得到它所期待的協助跟幫助，因為美國在過去跟烏克蘭沒有直接的軍事同盟關係，這也是可以預期的；但我覺得美國做錯的一件事，就是在戰爭開打前，先宣告了自己不會介入，這就等於是門戶洞開的局面。臺灣應該讓美國清楚地表達，一旦中國對臺灣動武，美國的戰機就會飛向北京，如此才能確保臺海平衡。

過去，人們以為和平是一件理所當然的事，你們臺灣人知道並不是這樣，威脅每一天都看得到，如果你不為自由而戰，你們很快就會成為中國的一部分。這些德國人可能不知道，我女兒的那一代，不知道什麼是戰爭、什麼是失去自由。現在這場戰事發生了，社會的轉變極大也極快，人們對於極權的想法變了。這是一個警訊，提醒我們必須要用另一種方式與極權者互動。

現在人們的心態跟認知轉變了，知道我們必須跟亞洲的民主國家站在一起，韓國、日本、臺灣、馬來西亞、印度等等，在民主自由社會之間建立陣線。這是我們接下來努力的方向，要讓極權者知道自由世界的強大跟團結，讓他們知道他們所走的道路是錯誤的。

德國聯邦議院議員
威爾許（Klaus-Peter Willsch，德國基督教民主聯盟）

戰爭開始的那天，我就跟謝志偉大使說，同樣的事情也發生在兩岸，習近平也用一樣的語彙，說兩岸一家親、要收復臺灣等等，我想我們必須要認真對待這些字句。我很清楚在中國，他們怎麼對待香港、對待少數族裔、怎麼對待你們的國家，所以在烏克蘭的戰事爆發後，我很憂心，我們必須做好戰爭的準備，才能擁有和平。

戰爭的準備除了武器，第二個要素是心態跟意志。烏克蘭人在戰爭中守護家園、對抗敵人的意志，讓我非常佩服，我非常期待這種願意為了自己的國家獨立、為自由抗戰的意志，能再度回到德國社會的主流。

臺灣人也長期活在中國的威脅之下，你們看著烏克蘭，領土兩邊接壤著俄國，但他們守住了他們的國家。要攻下一個島嶼是更困難的，所以不要覺得抵抗沒有用，如果你們決心想要守護自己的國家，你們是有機會對抗比你們強大好幾倍的敵人。我想這是烏克蘭人至今一直堅持教給我們的事。這一點，我想是臺灣人最應該記得的一課，你可以保護自己的國家，問題在於你有沒有足夠的意志。

臺灣駐德大使謝志偉

從烏克蘭對抗俄國來看，烏克蘭如果沒有堅持的話，它很有可能一個星期之內就被俄軍拿下來。可是堅持，就要有犧牲的準備，才有可能讓你的國家、你的家族、你個人的生命、家園獲得保護，不會變成鐵蹄下被蹂躪的對象。這個過程有可能會嚇到臺灣人。

開戰後，我在歐洲經常被詢問到臺海的現況以及臺灣的準備。我從烏俄戰爭中看到，普丁對火車站、對平民、對醫院轟炸，屠殺後讓散落街頭的屍體被看見，就是為了毀掉烏克蘭人的意志。他們要讓民間的士氣渙散，讓各種怨言出來，讓烏克蘭人產生恐懼，這也是認知戰的一種。

俄烏戰爭的戰事和畫面，對臺灣人來說是各方面的考驗——對中國的態度，對自由民主的珍惜，對所謂反戰、堅持和平的主張等，每一項都受到了考驗。想捍衛國家的人繼續勇敢地保衛國家，也有人反對各種衝突、不顧一切要堅持和平，臺灣社會在這兩者間一定會出現拉扯，希望俄烏戰爭能讓臺灣人沉澱思考後，會有交集。

除了內部的溝通，俄烏戰爭也告訴我們，需要盡快讓世界認知到臺灣是實質獨立的民主國家，不是中華人民共和國的一部分。

如果以烏克蘭和香港面對極權的經驗來看，這兩者對臺灣來說都是重要的參照。後者是中國的一部分，前者是聯合國的創始會員國，[5] 聯合國、歐盟都支持烏克蘭。但臺灣不是聯合國的會員，而且中國一直在灌輸全球「臺灣是中國的一部分」。臺灣要透過官方、商人、民間、媒體、學生，讓世界認知到，即便它們承認中國而不承認臺灣，臺灣也不因此是中國的一部分。否則萬一打起來，來救援、來支持的國家不會多。

這些年來，「臺灣作為自由的燈塔」已經成為國際媒體的一個常見的說法。臺灣近年在民主、性別、人權、公共衛生等議題，在國際社會的曝光和活躍，已看到初步的進展，臺灣不用再強調自己不是泰國（Thailand）。現在人們都在說「今日烏克蘭明日臺灣」、「今日俄國明日中國」，臺灣在國際媒體上、戰略上占據了一個重要的位置，我們可以做的其實很多，不要只聚焦在我們做不到的地方。

在不同的場合，我感受到的就是德國社會來自理智跟情感上的支持，那是不會消失的，只要臺灣人自己站穩腳步——如果烏克蘭第一週就放棄了，後來的軍援、資金、人道物資，都不會有、也沒有烏克蘭了！

臺灣或許可從正面來看待這場考驗。臺灣年輕世代（擁有的是）是天然的自由，一旦（自由）被剝奪，他們不會接受，可是年輕世代不知道什麼叫作失去自由，而我們上一輩知道。臺灣在未來的這段時間，還必須承受來自中國的各種攻擊、認知戰威脅，必須經過考驗，才有資格說我們通過了試煉。

1　OSCE擁有五十七個成員國，包括俄羅斯、烏克蘭和美國，OSCE是唯一一個歐洲各國都參與其中的國際組織。過去八年，它們在烏克蘭東部執行觀察和監測任務，是唯一一個在烏東監督衝突的國際機構。但俄羅斯透過組織規章否決延長觀測任務，其餘成員國未能即時回應俄羅斯的突襲，OSCE在烏東的特派團於二〇二二年四月底被迫結束任務。

2　意圖恢復前蘇聯勢力範圍的普丁，數度要求北約改變開放門戶政策，承諾不讓烏克蘭、白羅斯與喬治亞加入為成員國，並從十個前華沙公約（Warsaw Pact）成員國撤軍，撤除歐洲所有的核武。

3　英國、美國、俄國在一九九四年時，三國與烏克蘭簽訂《布達佩斯安全保障備忘錄》，以保證其「領土完整和政治獨立」，換取烏克蘭放棄世界第三大核武力量的核武器。

4　二〇〇一年開始，由英國國際戰略研究所和新加坡國防部亞洲安全峰會辦公室共同舉辦的國際安全會議。

5　指烏克蘭的前身：烏克蘭蘇維埃社會主義共和國。

【後記】我們為什麼在這裡

文字——劉致昕

「你們為什麼現在要進去?」二〇二二年三月十三日下午，拿著三名臺灣記者、一名波蘭嚮導的共四本護照，波蘭邊防人員在我們往烏克蘭出發前，又問了一次，「你們沒看到他們（俄軍）今天開始殺記者了嗎?」當天，是第一次傳出有記者被當成目標擊斃的消息。「你們不知道你們要去的城市今天也被空襲了嗎?」

我們點頭。「那你們答應我，等等一開進烏克蘭邊界，就把防空背心、頭盔戴上。從那邊開始（手指著烏克蘭國境），這條高速公路上的車子就是活靶，有消息說俄軍的地面部隊已經來了，你們過去之後開車要小心一點。」

到了烏克蘭邊界，邊防人員又問了相同的問題，「你們為什麼現在要進去?」「你們過去之後會發生什麼事，沒有人能夠保證，回去吧。」他拒絕了我們的入境申請，烏克蘭國防部發出的採訪許可和國際記者證沒有發揮作用。

「你們為什麼來這裡？」身為臺灣記者，在歐洲採訪這場戰爭，這道問題不斷出現。我們為什麼來？我們為什麼寫？我們為什麼在全球注意力進入戰爭疲乏的此時，繼續關注這場戰爭？對我們提問的，是受訪者跟其他國家的記者，接著，問出問題的他們，清楚、長篇大論地把各種答案告訴我們，臺灣為什麼得理解這場戰爭？

「我現在說的，你們臺灣人應該早就知道了吧。」當烏克蘭人說出三十年來極權鄰國如何在經濟、文化、媒體、軍事、外交等面向，以代理人、資訊戰、經濟協定、歷史詮釋等手段，持續不斷地在地理、心理、認同等戰場上蠶食鯨吞，許多烏克蘭人，把臺灣當作是最能理解他們處境的國家，更有許多烏克蘭人，因為經濟表現、多元性別認同、多元宗教與文化共融、穩定的民主制度等，將臺灣視作烏克蘭獨立之路的理想目標。抵達當地才發現，兩國之間的心理距離，比我們想像中要來得近。

「我們為什麼在這裡？」我還記得，落地華沙的第一天、抵達烏克蘭邊界的第一天、第一次參與柏林街頭上的反戰遊行時，我、子磊、映妤，不斷這麼問自己，那是提醒自己不忘初衷的方式，也是採訪過程中做選擇時的依歸。我們不是為流量而來，不是為了點閱率，也不是要擷取戰爭受難者的情緒與畫面，是為理解當代戰爭中的手法，以及還原戰爭中每一個人的面容與選擇。

在現場，其實處處都是選擇。在邊界上，那些走了幾天，饑餓、疲憊、恐懼，生命正被戰爭碾壓的每個活生生的人，從烏克蘭境內逃到這裡，他們可能剛跨越邊界，可能睡在華沙火車站的地板上，更可能仍在逃亡之中。拿著錄音筆的我們，要問什麼問題才不是打擾？要如何拍攝才不是消費苦難、侵犯隱私？這些選擇並不簡單。

在採訪的過程中，我們放掉的比報導出刊的多。我們想在完成記者工作之前，先做到人與人之間的尊重。我們有時花了幾個小時只為融入，若沒有取得他們的信任，我們不按快門、不走近，不打擾受難者寶貴的喘息時間與空間。我們選擇傾聽、接收他們的情緒，完整聆聽他們的故事、透過他們的傷痕理解戰場，聽他們打算怎麼繼續走下去。我們以臺灣記者的身分，努力接近這些現場與人們，並記錄下這場戰爭想要留給我們的訊息。

許多的訊息讓人意外，例如，旅館裡主動拍我肩的烏克蘭難民，作為千人公司執行長的他，在大廳裡向我解釋，八年前他的家鄉烏東地區被俄國勢力占領後，他如何跨國創業，把戰爭計畫寫進創業企劃書中，如今更以公司的力量在雲端上、地面上跨國動員，為國打仗，「烏克蘭人是在這樣的情境下努力茁壯的。」例如烏克蘭人帶我進入的各個群組，我們看見德、俄、烏、英、白羅斯等國的ＬＧＢＴＱ＋社群如何跨國互助，還有藝術家們傳給我的作品、展覽、線上策展，我跟著他們一同感受到藝術鼓舞人心的力量，也懂得這是戰火下他們少數可以儲存在心裡的溫暖。

意外的故事還有很多，因著現代戰場的多元，我們看到人在美國的俄烏混血兒如何在世界各地動員集會，施壓政府採取經濟制裁，還有防空洞裡的脫口秀、柏林公寓裡俄羅斯人與普丁的對抗、以及網紅與駭客群組裡頭發起的全球資訊攻防等。我們五個月來跟著他們在虛實之間、不同語言之間穿梭，記錄意想不到的戰場、戰鬥，見證想要民主自由地活著，人們如何以不同方式成為平民戰士，以對抗那雙想勒住自己的極權之手。

我們為什麼在這裡？以一個不消費苦難、不抒情、不純粹理論的方式，積極地貼近，但把主動權讓給受訪者，走進他們身處的各種「戰場」，聽每一天面對戰爭苦難逼迫、每一天盯著歷史之輪轉向地獄的他們，想跟臺灣記者說什麼、對臺灣人說什麼。我們是用這種方式，走過這趟長達五個月的採訪與記錄過程，當國際社會以二〇二五年、二〇二七年預測臺海衝突，並多次點名臺灣為下一個烏克蘭時，我們也走進臺灣現場與臺海之間，帶領讀者理解現況跟可能的未來。

在採訪烏克蘭戰爭第三個月後，我開始收到來自烏克蘭戰場的問候，「我們電視上都在播共機擾臺的新聞，你們還好嗎？他們是真的要打，還是在展現肌肉而已？」訊息上問道。當活在空襲警報聲隨時會響、飛彈在各城隨意落下的烏克蘭人們傳來問候，在臺灣，我們面對的是掉入戰爭疲乏的臺灣閱聽大眾，以及持續運作的跨國政治宣傳、資訊操縱，對這場戰爭實況的誤導與扭曲，我們只能持續地在自己的位置，透過線上、線下各種方式，採訪、報導，甚至出版成書，接住受訪者的棒子，把故事傳出去。

這是一本來自五國受訪者與《報導者》團隊一起完成的紀錄，是他們透過《報導者》團隊，傳遞給臺灣的訊息，如今閱讀的你也成為了其中一部分，「臺灣記者為什麼在那裡？」「臺灣人為什麼需要理解這場戰爭？」期待看完書的你心底也有了答案，那是五個月來，我們持續努力的原因。

（攝影：楊子磊／報導者）

國家圖書館出版品預行編目(CIP)資料

烏克蘭的不可能戰爭：反抗，所以存在/
劉致昕, 楊子磊, <<報導者>>團隊作. --
初版. -- 臺北市：春山出版有限公司,
2022.08
面； 公分. --(春山之聲；38)
ISBN 978-626-96129-3-2(平裝)

1.CST: 戰爭 2.CST: 國際關係 3.CST: 俄國
4.CST: 烏克蘭

542.2 111009991

Voice

春山之聲 038

烏克蘭的不可能戰爭：反抗，所以存在
War in Ukraine

主編 李雪莉、劉致昕
作者 劉致昕、《報導者》團隊
攝影 楊子磊

總編輯 莊瑞琳
責任編輯 夏君佩
行銷企劃 甘彩蓉
封面照片攝影 楊子磊
封面圖像合成 吳政達
封面設計 陳永忻
內文設計&排版 陳靖玥
法律顧問 鵬耀法律事務所戴智權律師

出版 春山出版有限公司
地址 116 臺北市文山區羅斯福路六段297號10樓
電話 (02) 2931-8171
傳真 (02) 8663-8233
總經銷 時報文化出版企業股份有限公司
電話 (02) 2906-6842
地址 桃園市龜山區萬壽路二段351號
製版 瑞豐電腦製版印刷股份有限公司
印刷 搖籃本文化事業有限公司

填寫本書線上回函

初版一刷 2022年8月
定價 560元

All Voices from the Island

島嶼湧現的聲音